DUMONT

Korruptionsskandale, die Finanzkrise und eine immer größere Kluft zwischen Arm und Reich haben das Vertrauen in die Führungskräfte der Wirtschaft stark erschüttert. Daniel Goeudevert, viele Jahre Spitzenmanager in der Automobilindustrie, wirft einen Blick hinter die polierten Fassaden der Geschäftswelt. Dabei zeigt er, wie uns die alles beherrschende Wirtschaft immer weiter unserer Lebensgrundlagen beraubt. Wir dürfen sie nicht weiterwuchern lassen wie bisher, müssen die Krise als Chance für Veränderungen begreifen. Denn eine unserer wichtigsten Ressourcen steht auf dem Spiel: das Vertrauen. Und nur verantwortliches Handeln kann jenes Vertrauen schaffen, auf das nicht nur die Gesellschaft, sondern auch der Markt dringend angewiesen ist.

Daniel Goeudevert, geboren 1942 in Reims, galt als »Paradiesvogel« unter den Topmanagern. Der Literaturwissenschaftler hat 25 Jahre lang in Deutschland gelebt und eine außergewöhnliche Karriere gemacht. Er war Vorsitzender der deutschen Vorstände von Citroën, Renault und Ford sowie Mitglied des Konzernvorstands von VW. Nach seinem Ausscheiden aus dem Management stand er dem Green Cross International als Vizepräsident vor und war Berater des Generaldirektors der UNESCO. Seine Bücher ›Wie ein Vogel im Aquarium‹, ›Mit Träumen beginnt die Realität‹ und ›Das Seerosen-Prinzip‹ wurden zu Bestsellern.

Daniel Goeudevert

DAS SEEROSEN-PRINZIP

Wie uns die Gier ruiniert

Für Volker – meinen Sonnenflecken-Freund

März 2010
DuMont Buchverlag, Köln
Alle Rechte vorbehalten
© 2008 DuMont Buchverlag, Köln
Umschlag: Zero, München
Autorenfoto: Claus Sautter
Gesetzt aus der Documenta und der Bell Gothic
Satz: Fagott, Ffm
Druck und Verarbeitung: CPI – Clausen & Bosse, Leck
Gedruckt auf säurefreiem und chlorfrei gebleichtem Papier
Printed in Germany
ISBN 978-3-8321-6108-8

www.dumont-buchverlag.de

Die gemeine Seerose (Nymphaea maligna comunalis) ist eine erdachte Unterart aus der Familie der Seerosengewächse (Nymphaeaceae), ein mehrjähriger, krautiger Oberflächenwucherer, der in modernen, schnelllebigen Gesellschaften immer größere Verbreitung findet. Zum einen gilt die Seerose als Meister der Selbstinszenierung, weil alle Voraussetzungen ihrer Schönheit unter Wasser verborgen bleiben. Zum anderen enthalten ihre Blüten eine berauschende Substanz namens Nuciferin, nach deren angstlösender, antiseptischer, beruhigender und stimmungsaufhellender Wirkung der Bedarf ebenso steigt wie nach einer aus getrockneten Seerosensamen hergestellten Seife, die wegen ihrer schuldabwaschenden Reinigungskraft vor allem bei Managern, Bankern und Politikern sehr begehrt ist.

Von der Antike bis zur Neuzeit galt die Seerose als Symbol für Unschuld, Reinheit und Keuschheit; die triebdrosselnde Wirkung der Seerosensamen half Mönchen und Nonnen, ihr Keuschheitsgelübde einzuhalten. Allerdings gab es auch weltliche Mahner, die in der Pflanze einen »Vernichter der Liebe« sahen. Und auch die moderne Wertschätzung der Seerose als Vorbild der Selbstdarstellung bleibt ambivalent. Ihre wohlriechenden Blüten mit den spiralförmig angeordneten Kronblättern decken zwar einen wunderschönen Mantel des Vergessens über alles Darunterliegende – über Grund und Tiefe, Motive und Absichten; Botaniker weisen aber zu Recht darauf hin, dass die Seerose ein Starkzehrer ist und ihrem Untergrund so viel Nährstoffe entzieht, dass sie ihren eigenen Lebensraum zu zerstören droht.

Inhalt

VORWORT ZUR TASCHENBUCHAUSGABE   9

Die Wetterwette   11

DER GEIST, DEN WIR RIEFEN.
KOLLATERALSCHÄDEN DER RATIONALISIERUNG
Das Wesen des Fortschritts   23
Die Revolution der Arbeit   24
Verfleißigung und Beschleunigung   28
Freiheitsschatten:
   Das Unzeitgemäße an der Moral   36
Das Leben verbessern   41
Big cars – big profit?   45
Gespaltene Moral   53
Von Heuschrecken und Piranhas   57
Raubtierfütterungen   60
»Second Business«   69
Das Prinzip Verantwortung   75
Verantwortung in der Praxis   79

OBEN OHNE. ÜBER MANAGEMENT UND MORAL
Starkzehrer   85
Mehrwert schafft nur der Mensch   86
Die kapitalistische Welt-Maschine   92
Vorstand ohne Anstand   97
Demokratischer Abbruch   108

Die autoritäre Herausforderung:
  China als Vorbild? 117
Eingebildet und ungebildet:
  Über Elitenbildung 127
Die Leistungslüge 140
Eine Klasse für sich 148
Jedem das Seine:
  Von Mindest- und Höchstlöhnen 155

VON DER EGONOMIE ZUR ÖKONOMIE.
DER MARKTWERT DES GUTEN
Wohlstandsträume 167
Selbstmord-Kapitalismus oder
  Der Markt frisst seine Kunden 168
Die Globalismus-Legende 174
Freihandels-Piraten 183
Wie die Gier der Satten hungrig macht 190
»Wo Gefahr ist ...« 198
Von der Globalisierung zur Lokalisierung 206
Zukunfts-Treibstoffe 216
Who's first? Das Gefangenendilemma 223
Fairer Feinripp aus Burladingen 231
Die Wiederentdeckung des Ganzen oder
  »Deus sive natura« 239

DIE ZUKUNFT DER MARKTWIRTSCHAFT.
EIN MEMENTO 249

Vorwort zur Taschenbuchausgabe

Als die erste Auflage dieses Buches im Sommer 2008 erschien, war ich gebremst optimistisch. Trotz des Abgrunds an Verantwortungslosigkeit, Gier und Rücksichtslosigkeit, den zu beschreiben ich mich aufgrund zahlreicher Fehlentwicklungen veranlasst sah, konnte, nein, wollte ich nicht glauben, dass wir uns von der »starkzehrenden« Seerosenpracht länger würden täuschen lassen. Die sogenannte Finanzkrise schien international sich vereinigende Gegenkräfte zu mobilisieren, die letzten Endes verhindern würden, dass der Teich vor unseren Augen kippt und ganze Biotope – in unserem Fall »Ökotope« – zugrunde gehen.

Nun, ich habe mich geirrt. Wie wir heute wissen – aber viele immer noch nicht wirklich zur Kenntnis nehmen wollen –, hat das Sterben unter den wuchernden Blüten bereits eingesetzt. Einige Banken, Finanz- und Industriekonzerne, ja komplette Volkswirtschaften (Griechenland, Dubai) sind praktisch tot und werden lediglich durch externe Sauerstoff- (Finanz-)Gaben künstlich am Leben gehalten. Begriffe wie »Abwrackprämien«, »Bad Banks« oder ein wegen immenser »Staatshilfen« erweiterter »Nachtragshaushalt« kaschieren mehr als dürftig, wer die Zeche zu zahlen hat: zunächst die Gemeinschaft der Geschädigten und später die nachfolgenden Generationen. Das Heer der Steuerzahler ist zu einer gigantischen Herz-Lungen-Maschine geworden, um ein System zu stützen, das offenkundig versagt hat und dessen wenige Profiteure nach kurzer Erholungspause genauso weitermachen wie bisher.

Ich gestehe, ich bin einigermaßen fassungslos. Denn die Gier, die uns ruiniert, ist ja nicht nur irgendwelchen sinistren Hedge-

Fonds-Managern anzulasten, sondern hat sich zu einer Massen-infektion ausgeweitet, deren Erreger gegen den einzig bekannten Impfstoff, die Vernunft, scheinbar immun geworden ist. Was soll ich von einer Landeskirche halten, die auf ihrer Website über das »Unternehmen Kirche« schwadroniert und statt der Lektüre theo-logischer Fachzeitschriften das Studium des Manager-Magazins empfiehlt? Wie ist es um unsere – allein dem Geist verpflichte-ten – Universitäten bestellt, die ihre wissenschaftliche Exzellenz primär an der Einwerbung von Drittmitteln, also industriellen For-schungsgeldern, messen lassen wollen – dadurch aber im Innern zu einer erweiterten Oberstufe verkommen? Was sagt es über unsere politische Kultur, wenn öffentlich-rechtliche Körperschaften (wie die Landesbanken) im Ausland Zweckgesellschaften gründen, de-ren einziges Ziel darin besteht, die eigene Steuer zu unterlaufen? Und wie ist es um den Gestaltungswillen der Politik bestellt, wenn die versammelten Regierungschefs auf dem Kopenhagener Klima-gipfel nicht einmal einen kleinsten gemeinsamen Nenner finden?

Ist die Katastrophe also unausweichlich? Ich bleibe dabei: Nein! Gerade die vergangenen Monate könnten in dieser Hinsicht so-gar hilfreich sein, weil sie uns eines gelehrt haben sollten: Wir dürfen nicht nur auf die Weisheit anderer, etwa auf politische Lö-sungen, hoffen, sondern müssen selber handeln. Wie das möglich ist, versuche ich im dritten Teil dieses Buches beispielhaft zu zei-gen. Dabei wird deutlich, dass verantwortliches Handeln keines-wegs mit Einschränkungen und Verzicht einhergeht, sondern öko-nomisch erfolgreich sein kann. Und solche Erfolge, da bin ich mir sicher, werden Schule machen, weshalb es mir, trotz aller nieder-schmetternden Nachrichten, die uns täglich ereilen, weiterhin möglich ist, gebremst optimistisch zu bleiben.

Daniel Goeudevert, Januar 2010

Die Wetterwette

Viel Zeit wird gewonnen,
wenn man ein Problem zu Ende denkt.

Alfred Herrhausen

Anfang Mai in der Provence. Vorsommer. Licht und Wärme. Die milde, würzige Luft schmeichelt allen Poren. Blühende Landschaften entfachen ein Fest aus Farben und Düften und machen den Winter vergessen. Es ist, als ob plötzlich alles zurück ins Leben drängt. Eine kleine Orgie des Seins.

Wann immer ich es einrichten kann, verbringe ich den Mai in der Provence. Das ist für mich die schönste Zeit in Südfrankreich. Oder sollte ich inzwischen die Vergangenheitsform wählen? »Das war dort einmal die schönste Zeit!« Denn in diesem wie schon im vergangenen Jahr war alles ganz anders. Über Wochen wurde das südwestliche Europa von einer nicht endenden Kette atlantischer Tiefausläufer heimgesucht. Es war nass und es war kalt. Von Vorsommer, milder Luft und blühenden Landschaften keine Spur – während der Norden und Osten des Kontinents über ungewöhnliche Trockenheit klagten und einen Hitzerekord nach dem nächsten vermeldeten.

Das Wetter. Ein unerschöpfliches Thema. Tatsächlich bin ich gar nicht sicher, ob ich nicht auch früher schon ähnlich verregnete Maitage in der Provence erlebt habe. Gut möglich. Erinnerung neigt zu Retuschen. Dem letzt- und dem diesjährigen Mai allerdings haftete dennoch etwas Endgültiges an. Mit der Verlässlichkeit stabiler Wetterlagen scheint es vorbei zu sein. Wir befinden uns mitten im Klimawandel.

Höchstwahrscheinlich. Der eine oder andere Experte pflegt ja bekanntlich weiterhin seine wissenschaftlichen Zweifel, ob Erderwärmung und Wetterextreme wirklich durch menschlichen Einfluss verursacht sind. Das Klima sei viel zu komplex und ließe sich nicht auf einfache Kausalitäten reduzieren. Zwar gebe es eine augenfällige Korrelation zwischen der Kohlendioxid-Anreicherung in der Atmosphäre und steigenden Temperaturen. Ein ursächlicher Zusammenhang sei dadurch aber noch längst nicht bewiesen. Zumal noch viele weitere Faktoren wie Schwankungen der Sonnen- und Weltraumstrahlung, Positionsänderungen der Erdachse, Verschiebungen der Meeresströmungen und ungezählte weitere Einflüsse für das Klima verantwortlich seien. Außerdem hätten sich Kalt- und Warmzeiten schon immer abgelöst, und zwar unabhängig davon, wie viel Kohlendioxid gerade in der Atmosphäre war. Nicht zuletzt hätten Untersuchungen des Isotopenspektrums tiefer Gesteins- und Eisschichten ergeben, dass unsere Lufthülle während der letzten 500 Millionen Jahre mehrmals bis zu zehnmal reicher an Kohlendioxid gewesen sei als heute, ohne dass sich das Klima aufgeheizt hätte. Wir könnten also gar nicht mit Sicherheit wissen, wie dies alles miteinander zusammenhängt, weshalb es auch keinen Grund gebe, hysterische Aktivitäten zu entfalten.

Ja, so ist sie, die moderne Wissenschaft. Zum Teil. Für Thomas von Aquin war noch »das Geringste, was man an Erkenntnis der höheren Dinge haben kann, erstrebenswerter als die gewisseste Erkenntnis, die man von den geringsten Dingen hat«. Unsere heutigen Experten hingegen haben den Irrtum längst zum Hauptfeind erklärt und zählen nur noch das mit Gewissheit Wissbare zum Bestand der Wissenschaft. Sobald Antworten mit dem Makel irgendeines Zweifels behaftet sind, erklären sie sich lieber für nicht zuständig. So erhalten sie sich ihre Unschuld und können im strengen Sinne niemals irren. Aber diese scheinbar rationale Strenge ist nur um den Preis der eigenen Bornierung aufrechtzuerhalten, denn es handelt sich hierbei im Grunde um nichts anderes als um eine Kapitulation vor der Komplexität der Wirklichkeit.

Viele wichtige Fragen lassen sich gerade nicht aus dem Horizont strengen Wissens beantworten – und müssen doch beantwortet werden. Wissenschaftlicher Purismus ist hierbei nicht immer hilfreich und erweist sich darüber hinaus oftmals – vor allem wo es um Geld und Karriere geht – als bloße Pose, um die Überzeugungskraft der Expertise zu erhöhen. Für jedes erstellte Gutachten lässt sich problemlos ein »Experte« finden, der exakt das Gegenteil nachweist. Das muss gar nicht unlauter sein. Und dennoch sollte man sich ein gesundes Misstrauen bewahren – und sich nicht wundern, wenn etwa ein von der Tabakindustrie bestellter Gutachter die Gesundheitsrisiken des Rauchens doch deutlich geringer einschätzt, mindestens als noch nicht hinreichend erforscht, als etwa der wissenschaftliche Dienst eines Gesundheitsministeriums.

In der Frage, ob die Erderwärmung durch menschlichen Einfluss verursacht ist, sind die Stimmen der Zweifler angesichts der sich häufenden Umweltkatastrophen sowie nicht zuletzt angesichts der inzwischen einhelligen öffentlichen Meinung erfreulicherweise sehr viel leiser geworden. Das ist gut so, längst überfällig, nicht nur in diesem Fall, sondern in allen Fragen, die von lebenspraktischer Bedeutung sind. Denn selbst wenn irgendwelche Einwände berechtigt wären, führten sie doch zu nichts anderem als zu Stillstand. Seit Jahrzehnten. Regelmäßig münden Expertentum, wissenschaftliche Kraftmeierei und notorisches Rechthabenwollen darin, dass es in Wirtschaft und Politik oftmals lähmend lange dauert, bevor man sich neuen Herausforderungen mit konkreten Maßnahmen stellt. Denn solange die Gelehrten streiten, wird sich kaum jemand die Mühe machen, sein Verhalten zu ändern und auch von anderen Veränderungen einzufordern. Und bis solcher Streit nicht entschieden ist, geben sich alle so unschuldig wie die schönen Blüten der Seerose.

Das nenne ich verantwortungslos. Es soll gezweifelt, es soll geforscht, es soll gestritten, aber es muss auch gehandelt werden. Manchmal eben alles gleichzeitig. Verantwortlich sein heißt, auf neue Fragen oder Herausforderungen Antworten zu geben – selbst wenn die Zusammenhänge noch nicht in vollem Umfang verstanden sein mögen, selbst wenn unsere Rolle etwa bei der jetzigen Klimaveränderung noch nicht vollständig durchschaut ist. Sobald etwas als gefährlich eingeschätzt wird – gesellschaftlich, politisch, ökologisch –, muss das Vorsichtsprinzip gelten. Das ist alles andere als Hasenfüßigkeit, es ist ein Gebot des gesunden Menschenverstandes, eine Überlebensregel, die keineswegs den Köpfen naiver Weltverbesserer entsprungen ist. Schon der bloße Verdacht mahnt auch Buchhalter und böse Kapitalisten zur Vorsicht. Wie sie damit umzugehen haben, ist im deutschen Bilanzrecht sogar förmlich geregelt: Danach dürfen Gewinne erst ausgewiesen werden, wenn sie realisiert worden sind, während Verluste hingegen bereits bilanziert werden müssen, wenn deren Eintritt wahrscheinlich ist. In anderen Worten: Mit dem Schlimmsten ist stets zu rechnen, damit es möglichst nicht eintritt.

Alle Versuche, die Zukunft vorherzusagen, bleiben läppisch. Glücklicherweise. Doch auch wenn die Ursachen und Folgen eines Geschehens noch nicht abschließend erforscht sind – sobald ein Risiko existiert, sobald Schäden wahrscheinlich sind, muss ich mein Handeln an diesen Risiken ausrichten. Alles andere wäre fahrlässig, ist fahrlässig. Und es ist schon mehr als erstaunlich, wie wenig, mindestens wie langsam wir in dieser Hinsicht aus schlechten Erfahrungen zu lernen imstande sind. Immer wieder werden berechtigte Bedenken leichtfertig vom Tisch gewischt. Wohin das dann führt, das haben zum Beispiel die 2007 einsetzende Bankenkrise und die seitdem anhaltenden Börsenturbulenzen eindringlich gezeigt, in deren Verlauf Milliardenwerte vernichtet und viele Existenzen gefährdet wurden, weil zahlreiche Bankinstitute viel zu hohe Risiken bei der Vergabe von Immobilienkrediten eingegangen waren.

Wohin solche Fahrlässigkeit führt, habe auch ich, vorerst noch harmlos, in der Provence erfahren. Für Millionen von Menschen – an den Küsten, in Hochwasser- und Dürregebieten – sind die Folgen unserer Umweltbeeinflussung aber nicht lediglich eine Einbuße an Lebensqualität, sondern akut lebensbedrohlich. Denn am stärksten unter den Auswirkungen des Klimawandels zu leiden haben ausgerechnet jene, die ihn am allerwenigsten verursacht haben. Die hundert am schlimmsten betroffenen Länder, so hat es das Internationale Institut für Umwelt und Entwicklung jüngst ermittelt, kommen zusammen gerade einmal auf einen Anteil von knapp fünf Prozent an den globalen Treibhausgas-Emissionen; allein die USA blasen etwa fünfmal so viel in die Atmosphäre, verweigern sich aber hartnäckig international verbindlichen Reduktionszielen. Das heißt, vor allem in armen Ländern, wo für Schutzmaßnahmen kaum Mittel zur Verfügung stehen, werden die durch unseren Wohlstand verursachten Veränderungen verheerende Konsequenzen haben. Der Klimawandel ist damit zugleich eine unmittelbare Bedrohung für die Gerechtigkeit auf dieser Welt. Und beide Gefahren gehen mich, gehen uns alle unmittelbar an, und zwar ohne jeglichen Verweis auf Moral und Anstand, auf das Gute oder die Vernunft; solche Appelle sind erfahrungsgemäß ohnehin vergeblich. Im Falle der Erderwärmung ist es völlig ausreichend, an den eigenen Vorteil zu denken.

Das lässt sich spielerisch veranschaulichen, zum Beispiel mit einer Wette, wie sie mein Landsmann Blaise Pascal, ein großer Philosoph und der Begründer der Wahrscheinlichkeitsrechnung, vor etwa 350 Jahren auf die Existenz Gottes angeboten hat. »Lassen Sie uns ein Spiel spielen«, hat er gesagt, bei dem es zu einer Entscheidung »Kopf oder Zahl« kommen müsse. Mit Sicherheit können wir weder wissen, ob Gott existiert, noch, ob er nicht existiert. Wir müssen uns aber entscheiden, »einen Mittelweg gibt es nicht«. Worauf sollten wir setzen? Nach Prüfung der verschiedenen Optionen ist Pascals Antwort eindeutig. Und sie ist absolut plausibel: »Wägen wir den Verlust dafür ab, dass Sie sich dafür entschieden haben, dass es Gott gibt: Wenn Sie gewinnen, gewinnen Sie alles, wenn Sie verlieren, verlieren Sie nichts. Setzen Sie also ohne zu zögern darauf, dass es ihn gibt.«

Und ich wette, dass der Klimawandel stattfindet und dass die Folgen schneller eintreten und katastrophaler ausfallen werden als erwartet. Welche Möglichkeiten des Wettausgangs gibt es hierbei?

1. Ich setze auf den Klimawandel, und der Klimawandel findet statt. In diesem Fall werde ich Maßnahmen einleiten und die Folgen mindestens mildern können, also gewinnen.

2. Ich setze auf den Klimawandel, und der Klimawandel findet nicht statt. In diesem Fall werde ich, ohne Schaden anzurichten, die Umwelt- und Lebensqualität verbessern, also ebenfalls gewinnen.

3. Ich bezweifle den Klimawandel, solange es keine letzte Gewissheit gibt, und der Klimawandel findet tatsächlich nicht statt. In diesem Fall gewinnt und verliert man nichts.

4. Ich bezweifle den Klimawandel, aber der Klimawandel findet statt. In diesem Fall ereilt uns die Höchststrafe.

Das Ergebnis lässt an Eindeutigkeit nichts zu wünschen übrig: Setzen Sie also ohne zu zögern darauf, dass der Klimawandel stattfindet! Sie würden auch gewinnen, wenn Sie die Wette verlieren.

Wo also liegt das Problem? Warum tun wir so wenig, obwohl wir doch schon so viel wissen – wenn auch längst nicht alles. Gibt es einen Mangel an technischen Lösungen? Nein! Die Automobilindustrie beispielsweise wäre schon seit Jahren in der Lage, den Kraftstoffverbrauch deutlich zu verringern; auch die Hybrid-, Erdgas-, Wasserstoff- oder Biomassentechnologie sind längst für den alltagstauglichen Gebrauch ausgereift. Ebenso ließe sich in vielen anderen Sparten die Energieeffizienz mit vorhandenen Technologien deutlich verbessern und der Anteil alternativer Energien sukzessive erhöhen.

Woran also liegt es, dass dies nicht oder nur so schleppend geschieht? Sind es die Kosten? Ebenfalls nein! Die Einführung etwa des Katalysators oder der Einsatz von Rußpartikelfiltern haben keineswegs deshalb so lange gedauert, weil dadurch die Produktion und damit das Produkt nennenswert teurer geworden wäre. Natürlich ist neue Technik nicht zum Nulltarif zu haben. Aber als prohibitiv hat sich bislang noch keine mir bekannte Maßnahme erwiesen. Und spätestens, wenn man eine mittel- bis langfristige Perspektive einnimmt, wird das Kostenargument vollends absurd. Nicht nur gibt es inzwischen Berechnungen, die den volkswirtschaftlichen Schaden des Klimawandels nüchtern beziffern; und in allen Studien ist dieser Schaden stets deutlich höher als sämtliche Kosten für alle erdenklichen Klimaschutzmaßnahmen. Auch gibt es zahlreiche Beispiele, wie etwa die Solarindustrie, die belegen, dass sich die Erforschung und Entwicklung alternativer Technologien buchstäblich bezahlt macht, dass solche Investitionen die Wirtschaftskraft erhöhen.

Wo also liegt das Problem? Wieso schwimmen wir weiter fröhlich auf der Oberfläche und entfalten dort unsere Blütenträume, obwohl schon längst nicht mehr zu übersehen ist, dass der See bereits »Todeszonen« ausbildet und zu kippen droht? Warum wurden und werden wir nicht sofort tätig, wenn Gefahr im Verzug ist? An einem Handeln hindern uns ja in Wahrheit weder mangelndes Wissen noch mangelndes Können, nicht einmal mangelnder Wille. Das Problem scheint mir darin zu bestehen, dass im gesellschaftlichen Klimawandel unsere Fähigkeit abschmilzt, das Richtige zu tun und den langfristigen Vorteil sowohl über die eigene Bequemlichkeit als auch über den kurzfristigen Profit zu stellen. Dass wir in der arbeitsteilig organisierten und hochgradig technisierten Welt die eigene Verantwortung für das, was um uns herum geschieht, aus dem Blick verlieren. Dass wir in der schnelllebigen Moderne verlernen, Anstand zu wahren und Rücksicht zu nehmen; denn sowohl Anstand als auch Rücksichtnahme brauchen Zeit, und die haben wir scheinbar nicht – wobei zu fragen bleibt, wer hier eigentlich wen antreibt. Und warum?

Das Richtige tun, verantwortlich, anständig und rücksichtsvoll sein – das mag altmodisch und betulich klingen. Und das ist es in gewisser Weise auch, weil all diese Fähigkeiten oder »Tugenden« dem modernen Geschwindigkeitsgebot widersprechen und sich dem vorherrschenden Erfolgsdruck widersetzen. Verantwortlich, anständig und rücksichtsvoll zu handeln setzt Umsicht voraus, es führt notwendig zu Entschleunigung, und es basiert auf allgemein gültigen Werten, also auf so etwas, was man früher die guten Sitten nannte. Denn nur wenn ich weiß, was sich gehört, kann ich sowohl dafür wie auch gegen etwas eintreten, was sich nicht gehört.

Verantwortliches Handeln und Anstand haben darüber hinaus

nicht nur eine zivile und soziale, sondern auch eine eminent ökonomische Dimension. Das scheint fast vollständig in Vergessenheit zu geraten. Rücksichtslosigkeit wird irgendwann vom Markt
bestraft. Nur wer die Konsequenzen seines Tuns bedenkt, wer
verlässlich ist, Qualität liefert und wem seine Kunden vertrauen,
wird sich dauerhaft gegen seine Mitbewerber behaupten können.
Erst Anstand ermöglicht Vertrauen – und wie viel solches Vertrauen wert ist, lässt sich eindrucksvoll am Erfolg der deutschen
Exportwirtschaft bemessen. »Made in Germany«, das war dabei
nie nur die hohe Produktqualität, das waren immer auch Verlässlichkeit und Fairness.

Darum, um Verantwortung und Anstand, soll es in diesem
Buch gehen – und nicht etwa um den Klimawandel, der sich lediglich als anschaulicher Einstieg eignet. Denn der Klimawandel
ist ein besonders gutes, weil fühlbares Beispiel, das dramatisch
vor Augen führt, was passiert, wenn wir nicht immer wieder neu
unser Verhältnis zueinander wie zu unserer Umwelt suchend in
Frage stellen und auf die sich permanent verändernden Herausforderungen die »richtigen« Antworten finden. Wenn wir uns
nicht immer wieder neu auf die sowohl im privaten wie im ge-
schäftlichen Umgang gebotenen Regeln verpflichten.

Verantwortung und Anstand sind aber, das scheint jede Nach-
richtensendung und leider auch viele Blicke auf den Alltag belegen zu wollen, vom Aussterben bedrohte Tugenden. VW, Siemens,
Nokia oder die Bankenkrise, Schmiergeld-, Sex-, Steuer- oder Ab-
höraffären: Die Gier scheint zum obersten Geschäftsprinzip, Ge-
winnmaximierung zum geheiligten Ziel aller professionellen Aktivitäten geworden zu sein. »Dieses Rattenrennen nach immer
höheren Gewinnen«, zu solcher Mahnung sah sich sogar schon
der Bundesfinanzminister veranlasst, »kann das System buchstäblich erschüttern«.

Was also heißt verantwortliches Handeln heute? Warum ist es scheinbar immer schwieriger geworden, das Richtige zu tun? Wieso fällt es so schwer, Lösungen zu Ende zu denken? Warum ist ausgerechnet in den Vorstandsetagen sowohl der Wirtschaft wie der Politik so wenig Anstand auszumachen? Wie ist dieser gesellschaftliche Klimawandel zu erklären, und wie ist ihm entgegenzutreten? Denn wir brauchen nicht nur Maßnahmen gegen die Erderwärmung, wir brauchen auch gesellschaftliche Klimaschutzziele.

Das sind große Fragen, ich weiß. Und damit ich mich daran nicht verhebe, werde ich diese Fragen nicht frontal und systematisch, wie ein »Experte«, angehen; ich habe auch keinen Königsweg zu bieten, keine glasklaren, »zielführenden« Maßnahmen und schon gar keine fertige Gebrauchsanweisung, wie Gesellschaft und Wirtschaft wieder auf den »richtigen« Weg zu bringen sind. Ich kann im Wesentlichen nur zeigen, wie ich die Welt sehe, und andeuten, wie ich sie mir wünschte. Mein Vorgehen ist eher assoziativ, praktisch. Ich denke, dass Beispiele, Beobachtungen, Situationen mindestens so erhellend sein können wie theoretische Erörterungen oder therapeutische Belehrungen, zu denen ich mich ohnehin nicht berufen fühle.

Warum ich mich überhaupt mit solchen Fragen beschäftige, führt mitten hinein ins Thema. Etwas ver-antworten heißt, nach Antworten zu suchen. Und dazu habe ich mich, nicht nur während meiner Zeit als Manager, immer aufgerufen gefühlt. Dennoch verdankt sich dieses Buch zugleich einem atavistischen Anfall. Es markiert für mich gewissermaßen einen Rückfall ins Management: Wir müssen etwas unternehmen. Nicht nur mitbestimmen, sondern mitgestalten.

Bleibt zu klären, warum ich meine Beschäftigung mit solchen Fragen öffentlich mache, wieso ich annehme, dass meine Antworten von allgemeinem Interesse sein könnten. Denn das ist ja keineswegs selbstverständlich, zumal ich nichts wirklich Spektakuläres aufbieten kann, um meinen Worten zusätzliches Gewicht zu verleihen. Auch in der medialen Öffentlichkeit dominiert ja längst das Seerosen-Prinzip: Je mehr ich auf der Oberfläche wuchere – vorzugsweise auf der Bildschirmoberfläche –, desto größer sind meine Chancen, Gehör zu finden, egal wozu ich mich äußere. Das ist ein zwar sehr seltsamer, aber der zurzeit wohl anerkannteste Qualitätsausweis, den ich, das bekenne ich lieber gleich zu Beginn, leider nicht erbringen kann. Weder habe ich den Jakobsweg beschritten, noch konnte ich verhindern, dass die Chinesen das olympische Feuer auf den Mount Everest tragen; weder mag ich an den Nationalsozialisten irgendein gutes Haar finden, noch möchte ich die gute alte Eva zurück. Ebenso wenig könnte ich mich dazu durchringen, eine altbackene Disziplin über den grünen Klee zu loben. Auch in erotischer Hinsicht habe ich nichts Skandalöses zu offenbaren: Ich stehe zu meiner Heterosexualität, die sich an einer erwachsenen, mit mir lediglich durch Heirat verwandten Frau entzündet, und ich kann mich nicht einmal damit rühmen, diverse Nebenbuhler im Gefrierschrank entsorgt zu haben.

Was also sollte mich als Autor interessant machen? In dieser Frage muss ich mich nun selbst als Seerose zu erkennen geben und meine Hände in Unschuld waschen. An dem hiermit vorliegenden Buch tragen in erster Linie meine Leser – und auch die vielen »Hörer« – die Verantwortung, die nicht müde werden, mich auf Veranstaltungen zu neuen Taten anzustacheln. Ihnen verdanke ich sehr viele inhaltliche Anregungen sowie die Grundmotivation, meine Gedanken in Schrift zu stellen und mühevoll zu Papier zu bringen – eine Mühe, deren Last mir glücklicherweise, wie schon bei meinen vorherigen Büchern, Rüdiger Dammann zu tragen geholfen hat. Ihn an meiner Seite wissend, ließ ich mich am Ende sogar gern anstacheln, da viele Fehlentwicklungen in jüngerer Vergangenheit und Gegenwart meine, unsere Aufregung verdienen und da die meisten dieser Entwicklungen einen Motor haben, der auch mich ein Leben lang angetrieben hat: die Wirtschaft.

In der Wirtschaft, die ich meine, hat die Gier allerdings keinen Platz. In der Wirtschaft, die ich meine, ist auch Geiz alles andere als geil. Denn wer geizig oder gierig ist, das hat schon Sigmund Freud erkannt, »wird Sklave eines Triebs, der den Verstand ausschaltet«. Eine Ökonomie mit »ausgeschaltetem Verstand« ist aber keine mehr. Gier und Geiz sind antiökonomisch, weil sie, ähnlich wie die schönen Seerosen, aufzuzehren drohen, was uns – einschließlich der Gierigen oder Geizigen selbst – am Leben erhält.

Juni 2008

Der Geist, den wir riefen.
Kollateralschäden der Rationalisierung

DAS WESEN DES FORTSCHRITTS

Industrialisierung, Automobilisierung, Globalisierung, elektroni-
sche Medien, moderne Telekommunikation – um nur einige Groß-
bereiche zu benennen – haben die soziale Wirklichkeit auf eine Wei-
se und in einem Ausmaß verändert, wie es sich die Pioniere des
Fortschritts ganz sicher nicht haben ausmalen können. Diese Ver-
änderungen lassen sich zwar beschreiben, sie sind aber gar nicht so
leicht auf den Begriff zu bringen, weil sich die entscheidenden Ver-
wandlungen sozusagen subkutan vollzogen haben.

Das Wesen des Fortschritts besteht nicht so sehr in Rationalisie-
rung, Beschleunigung, Qualitätsverbesserung und so fort. Das We-
sen des Fortschritts ist eher darin zu suchen, was all die fortschrei-
tenden Errungenschaften mit uns gemacht haben und bis heute
mit uns machen. Dieser »Geist« des Fortschritts ist sehr viel prä-
gender als all seine konkreten Hervorbringungen. Das Automobil
beispielsweise hat nicht nur das Transportwesen revolutioniert
und ein völlig neues Verhältnis zu Raum und Zeit begründet; es hat,
wie der österreichische Nationalökonom Joseph Schumpeter schon
1936 schrieb, den Lebensstil und die Lebensanschauung der Men-
schen nachhaltiger verändert als je ein Prophet.

DIE REVOLUTION DER ARBEIT

Die Moderne beginnt mit einem kurzen, fließenden Geräusch. Es ist der 25. April des Jahres 1792. Ein schweres Metallmesser saust eine hölzerne Vorrichtung hinunter und prallt unten mit einem lauten Knall auf einen ebenfalls hölzernen Bock. Auf seinem Weg von oben nach unten trennt das Fallbeil mit großer Präzision und kaum hörbar den Kopf vom Rumpf eines zuvor auf den Holzbock geschnallten Delinquenten; der abgeschnittene Kopf fällt vornüber in einen Ledersack, dann ist das Spektakel vorbei.

Die Menschenmenge, die sich an jenem Tag am Pariser Place de Grève versammelt hatte, um der Einweihung dieses neuartigen, von einem gewissen Monsieur Guillotin entwickelten Instruments beizuwohnen, soll ziemlich enttäuscht gewesen sein. Eine derart »saubere« Hinrichtung war gar nicht nach dem Geschmack des Publikums. Sie ging viel zu schnell, sodass die Guillotine nach dieser ersten öffentlichen Vorführung lauthals verschmäht worden sein soll. Die aufgebrachten Leute wollten stattdessen ihren guten alten Galgen wiederhaben.

Der Fortgang der Geschichte dürfte bekannt sein. Die anfangs ungeliebte Guillotine trat ihren blutigen Siegeszug an und wurde geradezu zu einer Metapher der Französischen Revolution. Und mit der Zeit fanden auch die Zuschauer schließlich Geschmack an ihr. Zwar liefen die nach wie vor populären Hinrichtungen von nun an seltsam »klinisch« und unspektakulär ab, aber der sprichwörtliche Gang zum Schafott wurde bald zu einem beliebten Schauspiel. Und an Aufführungen herrschte in jenen Tagen wahrlich kein Mangel, denn durch die Guillotine war der Tod gewissermaßen in Serie gegangen. Mit der Guillotine hatte die Hinrichtung die Sphäre des Handwerkers verlassen und war in die Welt der Maschine übergetreten.

Tatsächlich lässt sich die Geschichte der Guillotine als ein Lehrstück moderner Rationalisierung lesen. Zunächst einmal waren es durchweg ehrenwerte, ja humanitäre Gründe, die Monsieur Guillotin, Doktor der Medizin und Deputierter von Paris, dazu veranlasst hatten, sein fortschrittliches Dekapitations-Instrument zu entwickeln. Zum einen sollte das grausige Todesgeschäft – die Henker müssen zum Teil fürchterlich gepfuscht haben – »humaner« betrieben und zum Zweiten der Akt selbst rational und präzise ausgeführt werden. Dagegen gibt es wohl, unter den damals obwaltenden Umständen, auch gar nichts Kritisches einzuwenden.

Daneben aber hatte die Todesmaschine Folgewirkungen, die ihr Entwickler sicher nicht antizipiert hat – und womöglich auch nicht hat voraussehen können. Denn was passierte, wenn man eine Guillotine auf dem Marktplatz irgendeines französischen Departements aufstellte? Zunächst einmal erschien diese Maschine wie eine Verkörperung der Staatsgewalt. Darüber hinaus kam sie dem Betrachter aber die meiste Zeit auf durchaus anstößige Weise »untätig« vor. Das heißt, als Maschine bringt die Guillotine ein Konzept von Arbeit, Effizienz und Geschwindigkeit ins Spiel, das für die gut tausendköpfige Henkerschar, die die Revolution vom Ancien Régime übernommen hatte, noch nicht gegolten hatte. Vom staatlich bestallten Henker, dessen verdeckte Arbeitslosigkeit die Guillotine nun sichtbar machte, hatte zuvor niemand regelmäßige Proben seiner Arbeitskraft abgefordert. Die Maschine hingegen, die nun untätig und nutzlos auf dem Marktplatz herumsteht, wird quasi gefräßig und verlangt, dass man ihr Futter zuführt. So kommt es, dass im Revolutionsfuror binnen Wochen mehr Menschen hingerichtet wurden als während mehrerer Jahrzehnte zuvor von der gesamten Henkerschar.

Dr. Guillotin erlangte eine traurige Berühmtheit. Ob er seine Erfindung deshalb bereut hat, ist nicht bekannt. Dass ihn ihr massenhafter Einsatz gereut hat, darf hingegen als sicher gelten. Sein Ruf war beschädigt, sein Name stand fortan für Ströme von Blut. Immerhin hat er selbst die Revolution überlebt. Als er 1814, 76-jährig, in Paris verstarb, hielt sein Mediziner-Kollege, Dr. Bourru, am 28. März die Totenrede. Darin heißt es voller Bedauern: »Unglücklicherweise hat die philanthropische Neigung unseres Kollegen ein Instrument hervorgebracht, dem das gemeine Volk seinen Namen gab. Wieder einmal findet sich bestätigt, wie schwer es ist, den Menschen Gutes zu tun, ohne dass daraus für einen selbst Unannehmlichkeiten resultieren.«

Die Guillotine – diese Maschine, die nichts produziert und gleichwohl das Urbild einer seriellen Produktionsweise darstellt – markiert, nicht nur buchstäblich, einen tiefgreifenden Einschnitt. Sie leitet einen Paradigmenwechsel ein, der sich weder mit rationalen noch mit moralischen Kategorien allein vollständig erfassen lässt. Die Hinrichtung durch die Guillotine war zweifellos »sauberer«, und das Ansinnen des Monsieur Guillotin war ebenso zweifellos »gut gemeint«. Die seltsame, sicher unbeabsichtigte Gefräßigkeit dieser neuen Tötungsmaschine entsteht nun jedoch dadurch, dass man ihr, als einer apersonalen, gleichsam übersubjektiven Instanz, Verantwortung übertragen kann. Die Maschine wird zu einer Art Blackbox, in die sich alle möglichen Motive und Wünsche hineinprojizieren lassen. Am Ende sind die menschlichen Träger dieser Motive und Wünsche nicht mehr zu erkennen. Etwas passiert, aber niemand ist es gewesen. Das heißt, die Maschine entlastet nicht nur von Arbeit – wobei man die Henker als erste Rationalisierungsopfer betrachten könnte –, sie entlässt den Menschen immer auch ein Stück weit aus der Verantwortung. Sie macht auch im übertragenen Sinne kopflos. Und diese Nebenwirkung verändert unser Denken, unsere Einstellungen, unsere Verhaltensweisen, unsere Moral.

Schon damals, zu Beginn der Moderne, wurde ein Wesensmerkmal des Fortschritts offenbar, das bis in die Gegenwart hinein eine immer stärkere Prägekraft entfaltete, das aber viel zu selten in offenes Denken übersetzt wird: Eine Maschine, eine technische oder technologische Neuerung lässt sich nicht allein auf ihre Funktion reduzieren. Sie ist nicht neutral. Sie enthält einen Wirkungsüberschuss. Sie beeinflusst immer auch den politischen, ökonomischen, gesellschaftlichen oder ökologischen Kontext, in dem sie zum Einsatz kommt. Sie verströmt gewissermaßen einen »Geist«, der dazu tendiert, alle Poren des Gesellschaftlichen zu durchdringen. Für diesen »Geist« aber, den ich für das Wesen des Fortschritts halte, kann schwerlich jemand Konkretes in die Verantwortung genommen werden. Denn wofür, um im Beispiel zu bleiben, wäre Monsieur Guillotin zur Verantwortung zu ziehen? Wofür wäre er gar haftbar zu machen? Welche Nebenfolgen hätte er bedenken müssen, welche Handlungsfolgen hätte er vermeiden können?

Solche Fragen nach der Verantwortung sind heute drängender und ihre Beantwortung schwieriger denn je. Denn gegen die moderne, industrielle, arbeitsteilige Technik nimmt sich doch sogar die Guillotine wie ein Unschuldslamm aus, jedenfalls was die Verschleierung von Verantwortlichkeiten angeht. Diese neue Unübersichtlichkeit, die sämtliche Lebensbereiche erfasst, ist wie eine Art Rückkehr des Schicksals und rührt an menschlichen Urängsten, die wir rational gebändigt zu haben schienen. Wie die Protagonisten in Kafkas Romanen und Erzählungen wissen wir oftmals weder, was um uns herum geschieht noch warum es geschieht. »Etwas passiert, aber niemand ist es gewesen.« Als hätten die Ereignisse wie auch die eigenen Hervorbringungen einen autonomen »Geist«, der Gesetze zu erlassen imstande ist, denen wir uns machtlos ausgeliefert fühlen und die wir dann mit Namen wie »Sachzwang« oder »Notwendigkeit« belegen, um das ja durch und durch falsche Ohnmachtsbewusstsein ein wenig zu kaschieren. Diese Selbstentmächtigung – das bestätigen leider zahlreiche Umfragen – ist ein Mehrheitsphänomen. Kaum jemand glaubt heute noch, die politische oder ökonomische Situation konkret beeinflussen zu können.

In der Tat ist es ja immer schwieriger geworden, den Durchblick zu behalten. Es gibt heute kaum noch Produkte oder Dienstleistungen, für die ein Einzelner allein verantwortlich zeichnete. Es gibt kaum noch Einzelne, die auch nur ihren Spezialbereich vollständig zu überblicken imstande sind – geschweige denn die anderen Wirklichkeitsbereiche, in die eine etwa im Team entwickelte technische Lösung hineinwirkt. Und welcher Börsenmakler oder Finanzinvestor könnte auch nur erahnen, welche vielfältigen Konsequenzen aus seinen Kauf- oder Verkaufsentscheidungen erwachsen? Wie soll ich das Spektrum der Wirkungsmöglichkeiten noch bedenken können? Und wie soll ich, wenn ich in meiner Folgenabschätzung überhaupt zu Ergebnissen komme, damit umgehen – zumal mein Handeln ja wiederum Konsequenzen hätte, die bedacht werden wollen? Und so fort.

Solche Komplexität macht die Sache mit der Verantwortung ungeheuer vertrackt. Sie ist deshalb aber keineswegs hoffnungslos. Verantwortliches Handeln ist und bleibt möglich. Und es ist nötig. Darum dieses Buch.

VERFLEISSIGUNG UND BESCHLEUNIGUNG

Die Guillotine war nur einer von vielen richtungsweisenden Signalgebern. Mit dem im 19. Jahrhundert einsetzenden triumphalen Siegeszug der Maschinen nahm dann eine stetig an Geschwindigkeit zunehmende Entwicklung ihren Lauf. »Industrialisierung«

heißt wörtlich »Verfleißigung« (lat. *industria*, Fleiß) und meint eben die Beschleunigung, die das menschliche Handeln durch die Maschine erfährt – eine Beschleunigung, die nicht nur unumkehrbar, sondern auch schwer abzubremsen ist und die sich schon längst nicht mehr nur auf die Arbeit erstreckt. Der Geist der Maschine hat inzwischen alle Lebensbereiche erfasst. Vertane Zeit gilt als Verlust an Dasein. Effektivität ist zur allumfassenden Maxime geworden. Tempo! Speed!

Was heute gefordert ist, erweist sich schon morgen als wert- und nutzlos. Produkte, Anforderungen, Kenntnisse werden in immer schnellerer Abfolge erneuert, sodass das Erfahrungswissen, auf das sich vergangene Generationen verlässlich stützen konnten, kaum noch etwas zählt. Das Leben hat sich derart beschleunigt, dass wir, um mithalten zu können, immer mehr Bindungen lösen und alles abzuwerfen geneigt sind, was uns bremsen könnte. Derart windschnittig surfen wir nun durch die Zeiten, ohne überhaupt angeben zu können, was uns eigentlich antreibt, wohin wir unterwegs sind und wodurch unsere Hast zu rechtfertigen wäre.

Natürlich sind die Gründe solchen Geschwindigkeitswahns primär wirtschaftlicher Natur. Ende der 1990er-Jahre bereiste der US-amerikanische Sozialforscher Robert Levine mit einem Forschungsteam 31 Länder, um das Lebenstempo der dort jeweils ansässigen Bevölkerung zu ermitteln. Wie schnell gehen Passanten im Zentrum der Großstädte? Wie steht es mit der Pünktlichkeit im öffentlichen Nahverkehr? Wie genau gehen die öffentlichen Uhren? Wie lange brauchen Postbedienstete zum Verkauf einer Briefmarke?

Das Ergebnis war wenig überraschend: In den USA, in Europa und Japan leben die Menschen am »schnellsten« und am »pünktlichsten«, während es in Asien, Afrika, Mittel- und Südamerika wesentlich geruhsamer zugeht. In Brasilien beispielsweise ist es durchaus nicht ungewöhnlich, wenn ein Busfahrer sein vollbesetztes Gefährt fahrplanwidrig stoppt, um schnell zwischendurch für den Abend einkaufen zu gehen. Und wer in Mexiko, dem damaligen Schlusslicht der Beschleunigung, pünktlich zu einer vereinbarten Zeit am Treffpunkt erscheint, ist selber schuld und sollte besser ein gutes Buch dabeihaben.

Selbstverständlich wissen wir auch um den »Preis« solcher Laschheit und Langsamkeit. Wer, wenn nicht wir? Wir zählen uns schließlich zu den Gewinnern, wir haben es geschafft. Länder mit hohem Lebenstempo verstehen sich entsprechend als Teil der Ersten, der entwickelten Welt. Sie verfügen über einen weitaus höheren Lebensstandard, über deutlich mehr Reichtum als die der langsameren Kategorie, die in vielerlei Hinsicht Nachholbedarf haben und ja auch tatsächlich dem Vorbild der »entwickelten« Länder nacheifern.

Aber lässt sich Lebensstandard wirklich nur nach ökonomischen Kriterien erfassen? Immerhin gibt es in den »schnelleren« Ländern auch signifikant höhere Herzinfarkt-, Scheidungs- und Selbstmordraten als in solchen Gegenden, in denen es gemächlicher zugeht. Erst kürzlich hat etwa eine mysteriöse Selbstmordserie beim ehemaligen Staatskonzern Renault in Frankreich für Aufregung gesorgt. Nachdem die Konzernführung im Jahr 2006 einen ehrgeizigen Entwicklungsplan, »Renault Contrat 2009«, verkündet und ein die interne Konkurrenz anheizendes System der Arbeitnehmer-Bewertung eingeführt hatte, um das Unternehmen mit 26 neuen Modellen bis 2009 zum profitabelsten Autobauer Europas zu machen, war es im Entwicklungszentrum Guyancourt Anfang 2007 innerhalb weniger Wochen zu drei Selbstmorden gekommen. Ein Informatiker war aus dem Fenster seines Büros gesprungen, ein Ingenieur hatte sich in einem Teich ertränkt, ein dritter Mitarbeiter zu Hause erhängt. Alles nur eine zufällige Koinzidenz privater Problemlagen, wie die Konzernspitze beschwichtigend erklärte? Angehörige und Mitarbeiter sahen das anders. Alle Opfer, darunter ein 38-jähriger Familienvater, hatten vor ihrer Verzweiflungstat über zunehmenden Stress am Arbeitsplatz geklagt.

Woran bemisst sich die Qualität des Lebens? An permanenter Leistungssteigerung? An Effizienzkriterien? An wirtschaftlichen Wachstumsraten? Am Bruttosozialprodukt? An den Aktienkursen? An der Taktung meines Computers, der Pixelzahl meiner Digitalkamera oder der Wattstärke meines Staubsaugers? Jeder wird hoffentlich spontan bestreiten, dass solche »Werte« einen entscheidenden Einfluss auf seine Lebenszufriedenheit haben. Und doch sind es ebendiese Kriterien, die unseren Alltag diktieren, die wir offenkundig für maßgeblich halten, obwohl sie in Wahrheit gar nicht »maßgebend« sein können – und die vor allem keine Mäßigung mehr zulassen, weil sie der ökonomischen Logik verhaftet sind und stets auf Vermehrung, Wachstum, Beschleunigung abzielen. Das ist alles.

Das ist aber eindeutig zu wenig. Wie wir uns auch drehen und wenden: Der Tag behält 24 Stunden. Mehr gibt es nicht, auch wenn es uns vorkommt, als vergehe die Zeit immer schneller, als hätten wir nicht mehr genug davon. Und so folgen wir willig den Ratschlägen omnipräsenter Bescheidwisser, die uns ein konsequentes Wirtschaftlichkeitsdenken predigen, und werden zu Minuten-Managern des eigenen Lebens, zu Optimierungsstrategen. »Effizienz« ist zum obersten Wert in allen Lebenslagen geworden. Keine Zeit mehr für Experimente. Kein Platz mehr für den Zufall, für das Besondere, für das Behutsame und Tastende. Kein Raum mehr für Fantasie. Alles soll hier und jetzt sein, gleichzeitig, gleich gültig.

Die Chronologie scheint stillgestellt: Die Zeit ist keine Linie mehr, an der entlang wir uns fortbewegen und die wir, um Orientierung zu gewinnen, stets auch zurückverfolgen können. Nein, die Zeit hat sich in eine lose Abfolge unverbundener Punkte aufgelöst, und jeder »Zeitpunkt«, so scheint es, ist absolut, ohne Vorher, ohne Nachher, nur jetzt. Eine Richtung ist weder vorgegeben noch auszumachen, und so springen wir ziel- und ruhelos von Punkt zu Punkt, in der Hoffnung, irgendwo anzukommen. Dieses Lebenshopppping führt aber – im Unterschied zum Lebenslauf – nirgendwo mehr hin. Jede neue Station ist immer nur Anfang, Ausgangspunkt für den nächsten Sprung ins Ungewisse. Und jede neue Effizienzstufe erhöht den Druck, anstatt ihn abzusenken. Denn die dem Menschen angeborene Ungeduld wird mit zunehmender Geschwindigkeit nicht etwa geringer; paradoxerweise geschieht das Gegenteil: Je schneller es geht, desto ungeduldiger werden die Menschen.

Das hat etwas Irres, wie es Heinrich Böll einmal in einer »Anekdote zur Absenkung der Arbeitsmoral« treffend beschrieben hat. Er schildert darin beispielhaft eine Begegnung, die den ganz normalen Wahnsinn sichtbar macht: Ein moderner, auf Effizienz getrimmter Tourist trifft in einem Hafen an einem abgelegenen, »rückständigen« Küstenstreifen auf einen ärmlich gekleideten Fischer, der neben seinem kleinen Boot am Strand in der Sonne liegt und döst. Was für ein Bild! Der Tourist zückt den Fotoapparat: »blauer Himmel, grüne See mit friedlichen, schneeweißen Wellenkämmen, schwarzes Boot, rote Fischermütze. Klick.« Das kaltmechanische Geräusch – Digitalkameras waren zu Bölls Zeiten noch unbekannt – weckt den Mann, der Tourist fühlt sich ertappt und versucht, seine Verlegenheit durch ein Gespräch zu überbrücken. Der Fischer berichtet ihm wortkarg, dass er heute schon hinausgefahren sei und einen guten Fang gemacht habe – so gut, dass es sogar für morgen und übermorgen ausreichen würde. Der Tourist setzt sich daraufhin kopfschüttelnd auf den Bootsrand und beginnt, die Segnungen der Effizienz zu preisen.

»Stellen Sie sich mal vor, Sie führen heute ein zweites, ein drittes, vielleicht sogar ein viertes Mal aus … und nicht nur heute, sondern an jedem günstigen Tag. Stellen Sie sich das mal vor!« Dann könne sich der Fischer bald einen Motor, später einen Kutter kaufen. Die Fänge würden immer besser, sodass er schließlich ein Kühlhaus, eine Räucherei, eine Marinadenfabrik bauen und vielleicht ein Fischrestaurant eröffnen könne. »Und dann«, sagt der Tourist, aber die eigene Begeisterung verschlägt ihm kurz die Sprache. »Was dann?«, fragt der Fischer. »Dann«, erwidert der Tourist mit beseelter Emphase, »dann können Sie beruhigt hier im Hafen sitzen, in der Sonne dösen – und auf das herrliche Meer blicken.« »Aber das tue ich ja schon jetzt«, entgegnet der Fischer trocken, »nur Ihr Klicken hat mich dabei gestört.«

Der erfolgsorientierte und effizienzdurchwirkte Böll'sche Tourist hatte immerhin noch eine Ahnung davon, dass die Arbeit, dass die Wirtschaft nicht alles ist, sondern dass Arbeiten ein Mittel ist, das zum Beispiel dem Zweck dienen könnte, das Leben zu verbessern und irgendwann vielleicht einmal weniger oder gar nicht mehr arbeiten zu müssen. Und stattdessen möglicherweise am Strand zu dösen und aufs Meer hinauszublicken – oder sich sonstwie einem verdienten Müßiggang hinzugeben. Denn der Müßiggang ist ja keineswegs aller Laster, sondern in erster Linie aller Tugenden Anfang. Schon Friedrich Nietzsche wusste: »Aus Mangel an Ruhe läuft unsere Zivilisation in eine neue Barbarei.« Es gehöre deshalb zu den notwendigen Korrekturen, »das beschauliche Element in großem Maße zu verstärken«.

Eine solche Ahnung verflüchtigt sich jedoch zusehends. Was gibt es heute noch neben oder nach der Arbeit, außerhalb des Ökonomischen? Auch die sogenannte Freizeit steht ja längst unter deren Diktat, sodass, wie die Freizeitforschung alarmiert feststellt, bereits zwei Drittel aller Berufstätigen unfähig seien, nach

33

der Arbeit abzuschalten. Lebenssinn und Zeitempfinden scheinen ausgezehrt. Und so nimmt jeder heute, was er kriegen kann, sei es an der Börse, sei es im zwischenmenschlichen Bereich. Morgen beginnt eh ein neues Spiel, morgen gelten womöglich schon wieder andere Regeln. Nur eine Regel, die wird weiterbestehen, die ist sozusagen zeitlos geworden: Die Effizienz ist zu steigern. Für alles andere haben wir keine Zeit mehr.

Aber das ist ein seltsamer Furor. Denn worin besteht der Lohn für diese massenhaft verinnerlichte Verfleißigung? Immer mehr Menschen arbeiten tatsächlich immer länger, verdienen aber immer weniger, während wenige Menschen ihre Gehälter und ihren Reichtum unablässig steigern. Post und Bahn schreiben nach verlustreichen Jahren wieder schwarze Zahlen und reagieren darauf im Gegenzug mit Preiserhöhungen und der Schließung von Dorffilialen und Nebenstrecken. Eine Gesundheitsreform, die Arbeitnehmer und Kranke teuer zu stehen kommt, beschert den Krankenkassen Rekordeinnahmen, deren Manager sich daraufhin zunächst einmal die Bezüge erhöhen, anstatt, wie vor der Reform angekündigt, die Beiträge für die Versicherten zu senken. Die großen deutschen Unternehmen fahren Gewinne ein wie noch nie und klagen umso lauter über zu hohe Steuerlasten, die den Standort Deutschland schwächten, und über zu hohe Lohnkosten, die sie in ihrer internationalen Wettbewerbsfähigkeit einschränkten. Und während die Aktionäre noch über die Umsatz- und Renditesteigerungen jubeln, kündigen die Vorstände einschneidende Sparmaßnahmen und die Streichung Tausender Stellen an.

Wer angesichts dieser als »Globalisierungserfordernisse« verkleideten Raffgier leise die Stimme erhebt und an so etwas »Unzeitgemäßes« wie gesellschaftliche Verantwortung erinnert, gilt als old-fashioned und bedroht die Zukunft des Standorts. Um die Wettbewerbsfähigkeit »unserer« Wirtschaft zu erhalten und möglichst zu verbessern, seien vielmehr weitere steuerliche Entlastungen der Unternehmen sowie weitere arbeitsrechtliche Deregulierungen erforderlich – was die Politik dann in der Regel parteiübergreifend mit einer nächsten »Reform« auch in Angriff nimmt.

Dieser von fast allen »Experten« seit langem propagierte ökonomische »Königsweg«, wonach wirtschaftliches Wachstum und gesellschaftlicher Wohlstand nur durch weniger Staat, weniger Soziales, weniger Steuern, weniger Lohn, weniger Freizeit, weniger Anspruch erreicht werden können, führte uns aber bislang lediglich dahin, dass die Staatsverschuldung, die Arbeitslosigkeit und die Armut in gleichem Maße zugenommen haben wie die Gewinne der Unternehmen. Dass dieser Weg, der in den westlichen europäischen Industriestaaten nun schon seit 20 Jahren beschritten wird, gesellschaftlich – oder auch »nur« volkswirtschaftlich – zum Erfolg führen würde, dafür gibt es in Wahrheit in der Realität keinerlei Bestätigung.

Zugespitzt formuliert, fordern die Gewinner (Manager, beamtete Wissenschaftler, Politiker) den Verlierern immer neue Verzichtsleistungen ab, ohne ihnen hierfür noch irgendeinen Mehrwert für die Zukunft in Aussicht zu stellen. Allein um den prekären Status quo, etwa den eigenen Arbeitsplatz, zu erhalten, seien Einschränkungen unvermeidlich. So »sparen« sich die Firmen auf Kosten ihrer Arbeitnehmer und ihrer Konsumenten gesund, entziehen sich damit aber – so das paradoxe Ergebnis – am Ende selbst den Boden, weil jede weitere Optimierung und Rationalisierung dem Markt mehr und mehr Kunden entziehen. Denn dass beispielsweise die Löhne gesamtwirtschaftlich eine entscheidende Doppelfunktion haben und eben nicht nur Kosten, sondern auch Nachfrage sind, bleibt zumeist ausgeblendet. Dabei macht diese Binnennachfrage selbst beim »Exportweltmeister« Deutschland immer noch gut 70 Prozent des Bruttoinlandsprodukts aus.

Es ist erstaunlich, wie wenig Widerstand die fortschreitende Verwirtschaftung unseres Lebens in diesem einstmals so ideologiekritischen Land bislang hervorgerufen hat. Denn in großen Teilen handelt es sich hierbei tatsächlich um Ideologie, um ein am Profitstreben und am Machterhalt Einzelner ausgerichtetes Glaubenssystem, dessen Vertreter jeden Hinweis auf gegenstehende Fakten als inkompetent zurückweisen. Jenseits jeder Argumentation wird von »Sachzwängen« fabuliert, denen sich keiner entziehen könne: In Zeiten der Globalisierung gebe es keine einfachen Kausalitäten mehr. Ja, die Dinge seien so komplex geworden, dass sie sich nicht einmal mehr erklären ließen. Also hätten wir zu glauben, was die berufenen »Eingeweihten« uns unablässig predigen: weniger, weniger, weniger...

Unglaublich ist indessen, wie lange diese Verdunkelung schon funktioniert, denn hinter dem Vorhang sind die Dinge viel weniger komplex als behauptet. Man muss ihn nur hin und wieder mal beiseite schieben. Dann erkennt man schnell: Viele der vorgeblich notwendigen Veränderungen dienen nahezu ausschließlich den sie fordernden Wirtschafts- und den sie ausführenden Politikeliten – und haben in ihrer Summe schon heute zu einer sozialen, kulturellen, intellektuellen und moralischen Verarmung geführt, die ohnegleichen ist.

FREIHEITSSCHATTEN:
DAS UNZEITGEMÄSSE AN DER MORAL

Jedes Handeln, sagt Aristoteles, strebt nach einem Gut. Und jedes Streben, argumentiert er weiter, muss, will es sich nicht im Unendlichen verlieren, ein Ziel haben, an dem alle einzelnen Handlungen ausgerichtet sind. In der Benennung dieses Ziels, so der griechische Philosoph, sind sich wohl auch alle Menschen einig: Es ist die Eudaimonia, das Glück oder das gute und gelingende Leben. Nicht einig waren und sind sich die Menschen freilich darin, worin denn dieses Glück besteht und was ein gutes Leben ausmacht. Wie soll ich handeln, damit es mir gut geht?

Die Antworten darauf sind natürlich vielfältig, und sie sind historisch wandelbar, weshalb es mir hier nicht darum geht, irgendeinen Tugendkatalog herunterzubeten. Es kommt vielmehr darauf an, dass die Frage nach dem guten Leben keinem primär oder gar ausschließlich egoistischen Impuls folgt. Schon für die antiken Autoren war ein »gutes Leben« nur in Gemeinschaft vorstellbar, also davon abhängig, dass die Individuen einander respektieren und aufeinander Rücksicht nehmen. Entsprechend liefert die Moral, von der hier die Rede ist, auch weniger einen positiven Handlungsleitfaden, sie sagt nicht ein für alle Mal, welche konkreten Ziele ich zu verfolgen und worauf ich mein Leben auszurichten habe. Sie formuliert allerdings immer – man denke an die zehn Gebote des Christentums – Vorschriften, die unserem Handeln, als einem Handeln in Gemeinschaft, Grenzen setzen. »Du sollst nicht stehlen.« Sie dient dem Schutz der Gemeinschaft. Es kann mir nur gut gehen, wenn es auch den anderen gut geht.

Für den engsten Familien- oder Freundeskreis wird wohl kaum jemand bestreiten, dass dieser Grundsatz zutrifft. Aber dort, wo die Liebe aufhört, wo wir weder auf Verwandte noch auf uns sonst wie Nahestehende treffen, ist das nicht mehr so unmittelbar einleuchtend. Was tangiert mich, ob es einem mir Wildfremden gut geht oder nicht? Doch genau an dieser Grenze zum Sozialen entsteht Zivilisation und wird die Moral überhaupt erst relevant. Nach welchen Werten muss eine Gesellschaft von überwiegend lose bis gar nicht miteinander Verbundenen organisiert sein, damit mir und also jedem ein gutes Leben möglich ist? Wie nähern wir uns beispielsweise Fremden, ohne ihnen zu nahe zu kommen? Wie entfernen wir uns von ihnen, ohne sie durch Gleichgültigkeit zu verletzen? Und solche Fragen haben überhaupt nur unter der Voraussetzung von Freiheit einen Sinn.

Moral ist daher für mich in erster Linie die Lehre vom richtigen Umgang mit der Freiheit. Sklaven oder Untertanen werden sozusagen in einem vormoralischen Zustand gefangen gehalten, sie kennen nur Befehl, Gehorsam, Strafe, Disziplin. Der Unfreie kann auch nicht schuldig werden, denn Schuld setzt ihrem Begriff nach Freiheit voraus. Ich kann nur schuldig werden, wenn ich mich gegen eine Verbotsnorm und für ein Unrecht entschieden habe, wenn ich also frei gewesen bin, das zu tun, was mich hat schuldig werden lassen, und wenn ich ebenso frei gewesen bin, es zu unterlassen.

Das heißt, mit der Freiheit verhält es sich im Grunde wie mit der Moral: Sie ist nicht egoistisch aufzufassen, sie gilt nicht absolut, sondern nur unter der Bedingung von Gemeinschaftlichkeit. Sie erfährt sowohl durch die Freiheit der anderen als auch durch die jeweils vorherrschenden Moralvorstellungen, etwa durch ein Gerechtigkeitsgebot, Einschränkungen. Schon das Credo der Französischen Revolution, »Freiheit, Gleichheit, Brüderlichkeit«, versammelte sich widerstreitende Werte, die der Staat und seine »freien« Bürger fortan auszubalancieren hatten.

Alles in allem hat das sicher nie optimal, aber in großen Teilen Europas mindestens seit dem Ende des Zweiten Weltkriegs ganz ordentlich funktioniert. Inzwischen sind jedoch Veränderungen auszumachen, die das Koordinatensystem deutlich verschoben haben. Durch die Globalisierung und einen radikalen Marktliberalismus ist die Freiheit gewissermaßen übergewichtig geworden. Die Dominanz des Wirtschaftlichkeitsdenkens hat die Emanzipation des Individuums buchstäblich vollendet – und damit zugleich überzogen, weil sie den entfesselten Einzelnen auch zunehmend von der Moral zu »befreien« droht. Der neue Sozialisationstyp ist der eines Unternehmers, der sein eigenes Leben autonom zu managen hat: mobil, flexibel, initiativ, sich selbst verantwortlich, wettbewerbsfähig und dazu verpflichtet, er selbst zu werden.

Natürlich hat die neue Freiheit auch viele Vorzüge. Die demokratische Moderne hat uns tatsächlich in die Lage versetzt, unser Leben selbst zu gestalten. Das ist gut so. Im Unterschied zu fast allen Generationen vor uns schreiben uns heute nichts und niemand mehr vor, wer wir zu sein haben und wie wir uns verhalten müssen. Weder Tradition noch moralische Gebote haben noch eine unbedingte Gültigkeit. Aber die Abnahme gesellschaftlicher Zwänge hat auch einen Preis. Sie geht, wie es der französische Soziologe Alain Ehrenberg in seinem Buch »Das erschöpfte Selbst« ausführlich beschrieben hat, mit gestiegenen psychischen Belastungen einher. Jeder müsse sich nun beständig an eine Welt anpassen, die vor allem durch Unbeständigkeit gekennzeichnet ist. Das erzeugt eine nie dagewesene Offenheit, eine Unbestimmtheit, bringt ein vielfältiges Angebot an Orientierungen hervor und verwischt zugleich jede klare Orientierung. Wir können alles machen, aber was sollen wir tun? Keine Antwort!

Die Grenze zwischen dem Erlaubten und dem Verbotenen, so Ehrenberg, schwinde zugunsten der Spannung zwischen dem Möglichen und dem Unmöglichen. Dadurch verändere sich das Bild des Subjekts: »Die Frage bei der Handlung ist nicht: Habe ich das Recht, es zu tun?, sondern: Bin ich in der Lage, es zu tun?« Und der Unterschied zwischen beiden Fragen ist ein kategorialer: Die Moral wird dem Machbaren untergeordnet, das Leben einer Kosten-Nutzen-Rechnung unterzogen, Gewinn wird wichtiger als Gerechtigkeit, Freunde werden zu Kontakten, der Freundeskreis gerät zum Netzwerk, das Subjekt zu seinem eigenen Manager.

Und das ist ja tatsächlich, was sich vor allem im Wirtschaftsleben, aber nicht nur dort, vermehrt beobachten lässt – und was ich oben mit der übergewichtigen Freiheit gemeint habe. Es bleibt deshalb eine permanente Herausforderung, nach dem »richtigen« Umgang mit der Freiheit zu suchen. Wirtschaft, Wissenschaft und Technik haben die Freiheitsräume derart ausgeweitet, dass heute alles möglich erscheint. Aber das »Nichts ist unmöglich« führt nicht nur zu wissenschaftlicher und wirtschaftlicher Hybris, es sorgt zugleich für eine massenhafte Überforderung, erzeugt das Gefühl der Unzulänglichkeit, der Minderwertigkeit, und endet nicht selten in Erschöpfung. Denn natürlich ist den verschiedenen Einzelnen nicht alles möglich. Und darin hat, so noch einmal Alain Ehrenberg, die neue Volkskrankheit »Depression« ihre wesentliche Ursache: Sie »ist die unerbittliche Kehrseite des Menschen, der sein eigener Herr ist«, der sich scheinbar von den Verboten emanzipiert hat, aber nun durch die Spannung zwischen dem Möglichen und dem Unmöglichen zerrissen wird.

Und dieses psychische Symptom schlägt sich selbstverständlich auch gesellschaftlich nieder. Dasselbe unternehmerische Handeln, das viele Einzelne überfordert, lässt auch die soziale Verantwortung erodieren. So ergab eine Studie des Sozialwissenschaftlers Wilhelm Heitmeyer im Jahr 2007, dass bereits 33,3 Prozent der Deutschen die Meinung vertreten, die Gesellschaft könne sich wenig nützliche Menschen nicht mehr leisten; sogar 40 Prozent gaben an, dass man insgesamt zu viel Rücksicht auf Versager nehme. Das sind deutliche Ansagen, wie ich sie noch vor wenigen Jahren für unmöglich gehalten hätte.

In anderen Worten: Eine radikalisierte Freiheit, auf dem Markt wie anderswo, führt zu Dysfunktionen, weil sie die Grundlagen des Miteinanders beschädigt – und damit die Voraussetzungen der Eudaimonia, des guten Lebens, missachtet. Die Freiheit, eben auch die Freiheit des Marktes, braucht Regeln, damit die Gesellschaft der Freien geschützt wird. Wenn sich alles in Konkurrenz auflöste, könnten wir die schöne Idee vom guten Leben begraben, wüssten aber garantiert nicht mehr, wozu wir uns überhaupt noch anstrengen sollten oder was es bedeuten könnte, das Leben zu verbessern.

Um aber nun nicht länger im Ungefähren zu verbleiben, will ich versuchen, die Dinge etwas handfester anzugehen und das theoretische Kapital der Antike in die Praxis umzumünzen – oder, bescheidener formuliert, wenigstens die Problemlagen praktisch zu veranschaulichen.

DAS LEBEN VERBESSERN

Was heißt verantwortliches Handeln heute? Um verantwortlich zu handeln, bedarf es als Grundvoraussetzungen zum einen eines Problembewusstseins und zum anderen einer klaren, ethischen Orientierung. Das ist schon alles. Und doch sind diese Voraussetzungen offenbar schwer zu erfüllen. Zwar nimmt das allgemeine Problembewusstsein – beispielsweise durch die spürbaren Folgen des Klimawandels, durch die öffentliche Aufdeckung von Schmiergeld- und Steueraffären, durch das Bekanntwerden von Korruptionsskandalen – durchaus zu, an einer klaren Handlungsorientierung, wie dagegen vorzugehen und wie Derartiges künftig zu verhindern sei, scheint es jedoch allenthalben noch zu mangeln. Wir wissen so wahnsinnig viel und tun so wahnsinnig wenig.

Dabei wäre es gar nicht so schwer, sein Handeln auszurichten. Lassen wir die Affären und Skandale hier zunächst einmal beiseite und sehen wir auch vom Spezialfall »Guillotine« ab, so ließe sich beispielsweise eine erste, bescheidene und sicher mehrheitsfähige Technik-Orientierung folgendermaßen formulieren: Die Technik im Allgemeinen soll helfen, das Leben zu verbessern oder zu erleichtern. Und solche Verbesserungen oder Erleichterungen dürfen nicht mit Nebenfolgen erkauft werden, die den beabsichtigten Nutzen am Ende konterkarieren.

Das klingt im Prinzip einfach, ist aber nicht nur in der konkreten Umsetzung, sondern schon prinzipiell äußerst schwierig. Und das hängt nicht nur damit zusammen, dass ein Einzelner, wie schon erwähnt, die möglichen Folgen einer neuen Technik heute vielfach gar nicht mehr allein abzuschätzen vermag. Nein, die Schwierigkeiten beginnen in Wahrheit schon früher, weil ich meine Berufsarbeit ja zunächst einmal nicht im Dienste der Menschheit, sondern im Dienst eines Unternehmens, einer Firma, eines konkreten Auftraggebers ausführe. Da mag es zwischen den unterschiedlichen Dienstherren schon mal zu Interessenskonflikten kommen. Was eine Unternehmens- oder Firmenleitung heute für geboten hält, kann sich morgen durchaus als schlechter Dienst an der Menschheit erweisen. Was aber mache ich als Arbeitnehmer, wenn ich diese Sorge habe? Wie kann ich agieren? An wen kann ich mich wenden?

Eine solche Konfliktsituation ist für einen Einzelnen kaum zu lösen. Nahezu alle Betriebe stehen heute unter großem, auch internationalem Konkurrenzdruck und deshalb unter einem permanenten Innovationszwang. Marketing und Absatz geben die Schlagzahl vor. Aber ich frage mich, ob es auf dem Weg zu immer mehr Perfektion überhaupt noch darum geht, »Leben leichter zu machen«. Ich frage mich, ob die Entwickler eines neuen, wiederum höherwertigen Produkts immer über den Sinn ihres Tuns nachdenken, über die Funktion des Produkts – und vor allem: über den Benutzer, den Menschen. Wohin führen die immer neuen Effizienzstufen? An welchem »Optimum« sind die Optimierungsstrategien ausgerichtet, die uns gebetsmühlenartig verordnet werden?

Sowohl die Automobil- wie auch die IT-Branche beispielsweise kommen mir heute vor wie um sich selbst kreisende Systeme. Und die Mitarbeiter in diesen Systemen kreisen kräftig mit, bilden dabei eine Betriebsblindheit aus und betreiben am Ende nur noch eine Art Inzucht. Ohne auf die Bedürfnisse der Verbraucher und Benutzer zu achten, wetteifern sie untereinander mit immer ausgefeilteren Novitäten. Es geht letztlich überhaupt nicht mehr darum, Bedürfnisse zu befriedigen oder Probleme zu lösen, sondern darum, immer neue, immer anspruchsvollere Erwartungen zu generieren, um sie dann durch immer schnellere Produktzyklen profitabel stillen zu können. Wer glaubt, Marketing und Marktforschung hätten die Funktion, Bedürfnisse, Gefühle und Stimmungen in der Gesellschaft wahrzunehmen, damit solches »Nachfragepotential« dann mit einem passenden »Angebot« bedient wird – und ich selbst habe sehr lange daran geglaubt –, der irrt. Es ist genau andersherum. Das Ziel der gesamten Marketing- und Presseaktivitäten eines Unternehmens besteht darin, den Verbrauchern zu verkaufen, was sich der Vorstand im Elfenbeinturm oder eine Entwicklungsabteilung im Labor ausgedacht hat. Nur sehr selten wird ein Produkt tatsächlich – wie es so schön heißt – vom Markt her entwickelt. Stattdessen werden immer neue Seerosen kurzfristig zum Blühen gebracht, ohne Rücksicht darauf, was dies langfristig für Konsequenzen hat.

Kaum habe ich mir den leistungsstärksten, schnellsten, narrensichersten Computer zugelegt und mich, aller Narrensicherheit zum Trotz, mühsam mit ihm vertraut gemacht, gibt es schon wieder die nächste Generation – und mit ihr auch die nächsten Programme, für die meine Neuanschaffung schon nicht mehr ausgelegt ist. Das mündet schließlich in einer Art Diktatur des Angebots, in einer neuen Form des technischen Fundamentalismus. Und solch ein Fundamentalismus ist nicht nur nicht menschlich; er ist, auch wenn er sich einen anderen Anschein gibt, in höchstem Maße unmodern, weil statisch und verschlossen gegenüber allem Neuen. Und das ist es, was man vielen Branchen heute vorwerfen muss: ihre Unmodernität, ihre Fantasielosigkeit, ihr manchmal verbohrtes Suchen nach linearen Lösungen für komplexe Probleme, ihr Streben nach Perfektion um der Perfektion willen, ihre Unfähigkeit, aus einmal etablierten Denkweisen auszubrechen.

Viele der auf diese Art und Weise entstehenden »Segnungen« mögen für sich durchaus sinnvoll, fortschrittlich, hilfreich, vielleicht sogar elegant sein. In der Summe entsteht dennoch etwas Falsches. Die eindimensionale Produktions- und Konsumtionslogik sowie die kühle Effizienz der vermeintlichen Innovationsapparaturen übertragen sich schließlich auch auf alles Nicht-Wirtschaftliche. Mensch, Umwelt, Kultur und Gesellschaft geraten unter einen Anpassungsdruck, dem nachzugeben aber einer Selbstaufgabe gleichkommt. Mobilität beispielsweise ist zweifellos unverzichtbar. Aber wenn wir nicht sehr bald andere Lösungen finden, als unseren Mobilitätsbedarf mit Hilfe fossiler Brennstoffe zu befriedigen, wird sich in absehbarer Zeit wohl niemand mehr bewegen.

Diese Gefahr hat mittlerweile immerhin die Schwelle des Bewusstseins überschritten – sei es wegen steigender Energiekosten, sei es wegen des Klimawandels. Leider braucht es für gewöhnlich eine gehörige Zeit, bis sich solche Bewusstwerdung dann auch in der Handlungswirklichkeit niederschlägt. Aber es sind zunächst mal immer Einzelne, die schließlich aus den alten Gewohnheiten ausbrechen und in eine neue Richtung voranschreiten – und deren Beispiel dann im Erfolgsfall trendsetzend wird.

BIG CARS – BIG PROFIT?

Nehmen wir die Automobilindustrie, die längst an einen Scheideweg gekommen ist, die aber, eingeklemmt zwischen Absatzschwierigkeiten, Kostendruck, hohen Kraftstoffpreisen und einem wachsenden Klimaproblem, nicht weiß, wohin sie sich wenden soll. Der Markt ist zwar riesig und wird vor allem durch die aufstrebenden Schwellenländer noch einmal deutlich an Größe zunehmen, aber sein kurzfristig profitables Wachstum wird mittel- und langfristig verheerend sein. Nach Prognosen von British Petroleum wird der weltweite Fahrzeugbestand von heute rund 800 Millionen Autos bis zum Jahr 2050 auf rund zwei Milliarden Fahrzeuge ansteigen. Und der damit ebenfalls enorm steigende Energiebedarf wird, wie es heute aussieht, nach wie vor überwiegend mit fossilen Brennstoffen gedeckt werden.

Die Folgen sind schon heute absehbar. Was aber macht nun ein Manager oder ein Entwicklungsingenieur bei VW, Renault oder Opel, der angesichts dieser Entwicklung erkennt, dass es nicht mehr nur darum gehen kann, bessere Autos als die Konkurrenz zu bauen? Dass es vielmehr darum gehen müsse, nach neuen Lösungen zu suchen, neue Antriebsarten und Modelle zu entwickeln, die eine ökologisch und sozial verantwortbare Mobilität auch in Zukunft gewährleisten können? Und der ebenfalls erkennt, dass nur wer hierauf als Unternehmen Antworten findet, damit letztlich auch seinen ökonomischen Fortbestand sichern kann?

Wie also geht ein »abhängig Beschäftigter«, sei er Lackierer, Ingenieur oder Abteilungsleiter, mit solchen Erkenntnissen um?

Kultiviert man sie als Privatmeinungen und macht ansonsten weiter wie bisher? Oder nimmt man persönliche Risiken in Kauf, für sich selbst, aber auch für seine Angehörigen? Als ich Mitte der 1980er-Jahre den Verband der deutschen Automobilindustrie dafür zu gewinnen versuchte, den Umweltdenker Frederik Vester eine gemeinsame Studie über die Zukunft des Automobils erarbeiten zu lassen, bin ich nach kurzer Diskussion bei den Kollegen abgeblitzt – lediglich Bosch-Chef Hans Merkle hatte das Vorhaben unterstützt. Nach Rücksprache mit der Ford-Konzernzentrale in Detroit habe ich die Studie dann allein in Auftrag gegeben, die allerdings zwei Jahre später für geraume Zeit erst mal im Firmensafe verschwand, weil die Detroiter Kollegen dann doch kalte Füße bekamen und ihre Genehmigung zur Veröffentlichung der »autokritischen« Ergebnisse verweigerten. Dabei waren Vesters Überlegungen von einer beeindruckenden Hellsichtigkeit. Er betrachtete schon damals das Auto mit Verbrennungsmotor als Fortbewegungsmittel der Vergangenheit, forderte alternative Antriebsarten und vernetzte Verkehrssysteme, wie sie erst heute – langsam – Gestalt annehmen. Nachdem die »Sperrfrist« abgelaufen war, ist die Untersuchung, auf die ich immer noch stolz bin, unter dem Titel »Ausfahrt Zukunft. Strategien für den Verkehr von morgen« als Buch erschienen und hat zwar für Diskussionen gesorgt, aber, wie bekannt, noch nicht zu einem Umdenken geführt. Von der Autoindustrie wurden die Vester-Vorschläge hartnäckig ignoriert.

Und als ich kurze Zeit später, ebenfalls vor rund 20 Jahren und schon inspiriert durch Vester, einen neuerlichen Vorstoß machte und das damals sogenannte Waldsterben zum Anlass nahm, um ein grundlegendes Umdenken einzufordern, und eine öffentliche Diskussion darüber anzustoßen versuchte, dass es nicht mehr nur darum gehen dürfe, Design und Motoren zu verbessern oder nach neuen Absatzmärkten Ausschau zu halten, sondern dass wir Antworten auf zukünftige Anforderungen zu suchen sowie umweltfreundliche, bedarfs- und marktgerechte Konzepte und Produkte zu entwickeln hätten, wurde ich von vielen Kollegen in der Branche endgültig als Störenfried in die Ecke gestellt. Obwohl ich damals Chef von Ford Deutschland war, konnte ich mich nicht durchsetzen. Mehrfach bin ich in die USA gereist, um in der Konzernzentrale dafür zu werben, endlich auch kleinere, umweltfreundliche Autos anzubieten. Und was bekam ich zu hören? »Small cars – small profit, big cars – big profit. Ende der Diskussion.«

Heute ist der Resonanzboden sicher besser bereitet. Und doch ist die gesellschaftliche und betriebliche Streitkultur noch längst nicht so entwickelt, dass eine Verwirklichung ethischer und ökologischer Grundsätze möglich wird, ohne als Einzelner aufs Ganze gehen zu müssen. Und immer noch dauert es quälend lange, bis die Automobilkonzerne endlich das umzusetzen beginnen, was schon heute technisch möglich und was sozial und ökologisch geboten wäre. Bereits Anfang der 1990er-Jahre hatte VW den Hybridantrieb, also die Kombination eines Dieselmotors mit einem batteriegetriebenen Elektromotor, in Autos des Typs VW-Golf erfolgreich getestet und den Kraftstoffverbrauch damit bis an die 3-Liter-Grenze verringert. Und wo ist der Super-Spar-Polo geblieben, der schon Ende der 1980er-Jahre mit durchschnittlich rund drei Litern pro 100 Kilometern auskam und der heute auf dem Gebrauchtwagenmarkt heiß begehrt ist?

Es gibt Lösungen, aber solange die Geschäfte auf herkömmliche Art und Weise florieren – woran wir als Verbraucher in erheblichem Maße mitverantwortlich sind –, werden sie nicht ernsthaft umgesetzt. Oder komplett verkannt. In seinem Buch »Die Welt der Diplomatie« schildert Hermann von Eckardstein eine beispielhafte Situation, wie sie auch so mancher Erfinder alternativer Antriebsideen in den Chefetagen von Automobilkonzernen erlebt haben dürfte. Als Fürst Metternich kurz nach der Schlacht bei Austerlitz von Napoleon an die Hofburg nach Wien gerufen wurde, hatte er eine ganze Weile im Vorzimmer warten müssen. Dann war plötzlich eine Tür aufgeflogen und ein junger Mann unter den wüstesten Beschimpfungen Napoleons herausgestürmt. Dieser »Irrsinnige«, so erfuhr Metternich daraufhin von Napoleon, sei mit einem Empfehlungsschreiben des amerikanischen Gesandten Livingstone gekommen und habe erzählt, »er hätte eine Erfindung gemacht, vermittels welcher er, der Kaiser, in die Lage versetzt würde, unabhängig von Wind und Flut Truppen in England zu landen, und zwar mit Hilfe von kochendem Wasser. Das sei ihm denn doch zuviel gewesen und er habe den Idioten an die Luft gesetzt.« Dieser Mann, über dessen »Wahnsinn« Napoleon derart in Rage geraten war, war aber niemand anderes gewesen als der Amerikaner Robert Fulton, der Erfinder des Dampfschiffs.

So revolutionär wie bei Fultons Erfindung muss es in der Automobilbranche aber bei weitem nicht zugehen. Es gibt ja erprobte Alternativen. Bereits 1899 hat ein elektrisch betriebenes Auto die Geschwindigkeit von 100 Stundenkilometern überschritten. Ende der 1920er-Jahre benutzte die Reichspost für die Paketausfuhr in Städten Kleinlastwagen, die batteriebetrieben waren. 1972 hat BMW zur Olympiade zum ersten Mal einen PKW ohne Auspuff vorgestellt. In einer allerdings noch 265 Kilogramm schweren Natrium-Schwefel-Hochleistungsbatterie war die Kraft für etwa 150 Kilometer Fahrstrecke bei einer Höchstgeschwindigkeit von 100 Stundenkilometern gespeichert. Und schon vor Jahrzehnten hat sich die italienische Regierung um ihre »Ökobilanz« gesorgt und beispielsweise darüber nachgedacht, für den Nahverkehr in

Großstädten nur noch mit Elektromotoren ausgerüstete Fahrzeuge zuzulassen, um der katastrophalen Luftverschmutzung in den Metropolen entgegenzuwirken. Und das sind nur einige Beispiele von vielen.

All diese guten Anfänge sind jedoch regelmäßig wieder in Vergessenheit geraten. Die Geschäfte gingen blendend, gerade im Premium-Segment der teuren, PS-starken Modelle. Wozu das Neue wagen? Dabei wäre die letztgenannte Maßnahme, nach großen Fortschritten in der Batterietechnologie, heute technisch kein unlösbares Problem. Es will mir daher überhaupt nicht einleuchten, weshalb es nicht längst Initiativen gibt, den öffentlichen Nahverkehr und auch alle Taxis, die ja ganz überwiegend im Kurzstreckenbereich eingesetzt werden, auf Elektroantrieb umzurüsten. Das wäre doch ein Anfang – und ein klares umweltpolitisches Signal.

Doch obwohl die Probleme seit Jahrzehnten virulent oder mindestens absehbar sind, haben sowohl die Politik als auch die Automobilindustrie es versäumt, das Nötige und bereits Mögliche zu tun. Aber der öffentliche Druck und, vielleicht wichtiger noch, auch der Konkurrenzdruck werden größer. Vor allem die deutschen Autohersteller, die die Zeichen der Zeit, auf ihrem hohen Ross sitzend, lange verkannt haben, sehen sich inzwischen in eine Schmuddelecke gestellt, die ihr Image bereits arg ramponiert hat. Zwar inszeniert die Branche auf Automobilausstellungen nun regelmäßig ein grünes Feuerwerk mit Design- und Technologiestudien. Aber das ist im Grunde nichts als Operette. Sobald die Eröffnungsfeierlichkeiten vorbei, die Trockeneisnebel abgezogen und die Kameras ausgestellt sind, werden die schicken, sauberen Prototypen in irgendeiner abgelegenen Zukunftsecke geparkt, um die zentralen Podeste wieder für die chromglänzenden, PS-starken Spritfresser frei zu machen.

Wes Geistes Kind die deutschen Autobauer sind, ist in aller Offenheit in den Geschäftsberichten des Verbandes der Deutschen Automobilindustrie nachzulesen. Dort wird regelmäßig der Istzustand gefeiert. Man zeigt sich zufrieden mit sich und der Welt: Die Autos werden immer besser, Deutschland ist Exportweltmeister, der CO_2-Ausstoß sei gemessen am Gesamtausstoß eher marginal, hier gelte es daher, Augenmaß zu bewahren und – bitteschön – nicht die Bedürfnisse der Kundschaft zu ignorieren. Kritisiert wird allenfalls einmal die Kommunikation – nach dem Motto: Wir tun das Richtige, vermitteln es aber in der Öffentlichkeit nicht immer gut.

Da sich jedoch langsam auch die Kundenwünsche zu verändern beginnen, haben die führenden Autohersteller, nein, nicht ihre Produktpalette, sondern ihre Seerosen-Strategie weiter verfeinert. Im Herbst 2007 nutzten die Bosse von 13 großen Autokonzernen – darunter Daimler, Porsche, VW, Ford, Fiat, General Motors, BMW – den Weltklimagipfel von Bali zu einem ungewöhnlichen Coup. In einem gemeinsamen Leserbrief an die »Financial Times« gelobten sie, die Ziele der Klimakonferenz zu unterstützen: »Wir sind stolz auf unsere Errungenschaften bei der Reduzierung der Treibhausgase, die unsere Autos erzeugen, und wir sind bereit, darauf aufzubauen und nach noch besseren Produkten zu streben.« Die Politik solle allerdings mit umfangreichen Klimaschutzmaßnahmen voranschreiten, um die Nachfrage nach Fahrzeugen mit alternativen Treibstoffen zu stärken. Das würde den Konzernen die Sicherheit geben, die sie bräuchten, um weitere Investitionen in umweltfreundliche Technologien vorzunehmen.

Das ist modernes Risiko-Management – die Politik soll das Risiko abfedern, um den Profit kümmern sich die Konzerne dann selber –, wie es an Dreistigkeit kaum zu überbieten ist. Denn worauf der Stolz dieser Herren gründet, bleibt völlig schleierhaft. Die deutschen Ökomodelle sind überwiegend Zukunftskonzepte und werden in absehbarer Zeit nicht bei den Händlern zu bewundern sein. Und bis es so weit ist, wird erst mal weiter geprotzt. »Hrzrasn, Whnsnn, Adrnln!«, diese Kurzformel aus der BMW-Einser-Werbung ist das Credo der gesamten Industrie. Freude am Fahren, das verwechseln die deutschen Autobauer immer noch mit mehr Hubraum und mehr PS. Mehr Luxus und größere Sicherheit, das heißt für sie zwangsläufig mehr Gewicht; Airbags und ESP, elektrisch verstellbare Sitze und Klimaanlage bringen zusätzliche Pfunde, sodass auch eine effizientere Motorentechnik – 100 Kilogramm zusätzlich bedeuten rund einen Liter Mehrverbrauch – unterm Strich sowohl den Durchschnittsverbrauch als auch den CO_2-Ausstoß praktisch nicht verringern konnte.

Dabei hatte man sich dazu sogar einmal förmlich verpflichtet. Schon 1998 hatte der europäische Herstellerverband ACEA der EU-Kommission vollmundig versprochen, die Emissionen bis 2008 auf durchschnittlich 140 Gramm und bis 2012 auf 120 Gramm pro Kilometer zu senken. Ehrenwort! In Wahrheit wurde jedoch nie ernsthaft versucht, dieses Versprechen auch einzuhalten; die darin definierten Ziele sind nicht einmal in Sichtweite gekommen. Die Selbstverpflichtung hatte offenkundig nur den Zweck verfolgt, eine schon damals von der EU angekündigte gesetzliche Regelung um mindestens zehn Jahre zu verzögern – was dann ja auch bravourös gelungen ist.

Nun geht das Gefeilsche von vorn los. Immer noch stoßen Autos europäischer Hersteller durchschnittlich mehr als 160 Gramm pro Kilometer aus – VW-Modelle erreichen in etwa diesen Durchschnitt, bei Mercedes und BMW sind es noch einmal rund 30 Gramm mehr. Allerdings hatten sich EU-Behörde und Hersteller damals darauf geeinigt, dass es für den Fall, dass die

Autokonzerne ihre selbstgesetzten Ziele verfehlen sollten, zu gesetzlichen Regelungen kommen werde. Und genau dieser Plan sorgte dann prompt für große Aufregung. Sollte der CO_2-Ausstoß aller Neuwagen bis 2012 tatsächlich gesetzlich gedeckelt werden, so warnte der Wirtschaftsminister im Verbund mit der deutschen Autoindustrie, wären Zehntausende Jobs in Deutschland gefährdet. Vor allem für das in Deutschland traditionell starke Luxus-Segment sei eine solche Regelung tödlich. Ein Öko-Porsche? Undenkbar. Von 120 g/km war gleich keine Rede mehr – vielleicht 130 Gramm, eventuell mit Biospritbeimischung, möglicherweise mit Emissionshandel – und von den einstmals eigenen Plänen wollten vor allem die deutschen Automänner längst nichts mehr wissen: Man brauche »sechs bis sieben Jahre Vorlauf« und auch »andere Teile der Gesellschaft« müssten mithelfen. Zehn Jahre zuvor hatte das seltsamerweise ganz anders geklungen.

Und wie so oft hat die extrem einflussreiche Autolobby dann auch zumindest einen Teilerfolg erzielt. Zwar wird es ab 2012 eine Obergrenze geben, doch haben sich Deutschland und Frankreich nun auf Übergangsfristen für zahlreiche Modellreihen geeinigt, die den Herstellern wiederum drei weitere Jahre Zeit geben, um den geforderten Durchschnittsausstoß zu erreichen. Dennoch haben sich vor allem die deutschen Hersteller, auch angesichts steigender Benzinpreise, mit ihrer durchsichtigen Blockadehaltung tatsächlich ins Abseits manövriert. Und das ist in einer Schlüsselbranche wie der Automobilindustrie, wo es nie nur um gute Technik, sondern auch um viel Emotion geht, fatal. Stattdessen zeigen vor allem Japaner und Franzosen, was es heißt, innovativ zu sein. Sie haben damit den einst führenden deutschen Herstellern mittlerweile deutlich den Rang abgelaufen. Öko sells, aber gute Geschäfte machen damit nun die ausländischen Hersteller – und eine gute Figur obendrein. Renault beispielsweise meldet stetig sinkende Verbrauchs- und ebenso stetig steigende Absatzzahlen, und Toyota hat das Hybridauto »Prius« bereits eine Million Mal verkauft, während die Deutschen für diese Antriebsart noch nicht einmal ein konkretes Startdatum nennen können. Es wird Jahre dauern, wenn es denn überhaupt gelingt, diesen Innovationsvorsprung wieder aufzuholen und den Imageschaden zu beheben.

Dabei hat der Erfolg etwa von Toyota oder Renault ein ganz einfaches Rezept. Die Manager dieser Firmen haben sich ganz sicher nicht einer von außen gesetzten Moral gebeugt. Sie werden vielmehr davon überzeugt gewesen sein, dass die Verfolgung ethischer oder ökologischer Grundsätze den langfristigen Interessen ihrer Firmen dient. Das heißt, sie haben aus wirtschaftlichem Kalkül auf Sauberkeit und Anstand gesetzt und dadurch Antworten auf die veränderten Markt- und Umweltbedingungen gefunden, kurzum, tatsächlich das Richtige getan und es in der Öffentlichkeit auch noch gut vermittelt. Denn der Bedarf an technologisch anspruchsvollen, umweltschonenden Produkten nimmt, entgegen der Überzeugung der erfolgsverwöhnten deutschen Automanager, rapide zu – und nicht nur der Bedarf an Produkten, sondern auch an neuen (Verkehrs-) Konzepten; ich werde darauf zurückkommen.

GESPALTENE MORAL

Wann immer ich vor Publikum, auch vor Managern, Bankern oder Ingenieuren, auf diese oder andere Weise über Verantwortung rede, ernte ich zumeist Beifall. Wenn ich in Vorträgen zu erläutern versuche, warum ein funktionierendes Wirtschaftsleben ethischer Grundsätze bedarf, wenn ich betone, dass Markt und

Moral sehr wohl vereinbar sind und unter allen Umständen vereint bleiben oder wiedervereint werden müssen, erfahre ich nichts als Zustimmung. Natürlich freut mich das. Wer steht nicht gern auf der »richtigen« Seite und erntet dafür Anerkennung? Andererseits lassen mich solche Sympathiebekundungen regelmäßig an meiner Wirklichkeitswahrnehmung zweifeln. Sind denn kritische Aufmerksamkeit und verantwortliches Handeln womöglich doch von mir schlicht nur übersehene Selbstverständlichkeiten – auch in der Wirtschaft? Übertreibe ich, wenn ich deren Mangel beklage? Sehe ich zu schwarz oder überziehe ich den moralischen Bogen?

Nein, wohl kaum. Was auf Festveranstaltungen beklatscht, von Ethikkommissionen niedergeschrieben und selbst von Berufsverbänden – etwa dem Deutschen Manager-Verband – propagiert wird, bleibt von der wirtschaftlichen Praxis meilenweit entfernt, ist überwiegend Schönfärberei. Wie selbstverständlich werden Arbeitsplätze geopfert und gute Vorsätze fallengelassen, wenn es der Profitmaximierung dient. Wo es dabei mal nicht ganz sauber zugeht, wo Schmiergelder fließen – bis 1999 konnten solche Zahlungen noch als Betriebsausgaben von der Steuer abgesetzt werden – oder Betriebsräte mit Lustreisen gefügig gemacht werden, landen die Verursacher inzwischen zwar manchmal sogar vor Gericht, wo man ihnen zumeist aber auch keinen Anstand eintreibt, sondern schnelle Deals anbietet. Schließlich sind sie die Macher, ohne die in der Wirtschaft nichts geht. Und im Geschäft, das weiß doch jeder, wird eben mit harten Bandagen gekämpft. Hier heiligt allein der Erfolg die Mittel. Im Zweifelsfall gestehen die Manager, ihr Vorgehen vielleicht falsch »kommuniziert« zu haben, und geloben, bei der nächsten »Inszenierung« textsicherer zu sein. Das ist Teil des Seerosen-Prinzips: Image statt Anstand.

Ökonomie und Moral stehen sich gegenüber wie Dienst und Freizeit, wie Berufs- und Privatleben. Das gängige Vorurteil lautet: Wo Wettbewerb regiert, habe die Moral nichts zu suchen. Die kapitalistische Form des Wirtschaftens sei sozusagen eine moralfreie Zone, hier müsse jeder auf seinen eigenen Vorteil bedacht sein, sonst würde der Markt nicht funktionieren. Ist nicht schon in der Bibel zu lesen, dass man nicht gleichzeitig Gott und dem Mammon dienen könne? Das sind eben zwei Paar Schuhe.

Aber auch das kann nicht stimmen. Erstens bedeutet Moral, abgeleitet vom lateinischen *mos*, zunächst einmal nicht viel mehr als Gewohnheit, Charakter, Sitte. Und dass wir im Geschäftsleben verlässliche, berechenbare Abläufe brauchen, dürfte einsichtig sein. Zweitens handeln und urteilen wir – im Wirtschaftsleben wie überall sonst auch – nie nur unter dem Gesichtspunkt der sachlichen Richtigkeit oder meinetwegen der Nutzenmaximierung, sondern immer auch auf der Grundlage moralischer, ethischer, sittlicher Vorstellungen. Es sei denn, wir wären schizophrene Wesen mit austauschbaren Persönlichkeiten, die je nachdem, in welchem Kontext sie handeln, völlig unterschiedliche Grundorientierungen hätten.

Eine solche Form von Persönlichkeitsspaltung hat Bertolt Brecht einmal in seinem Stück »Der gute Mensch von Sezuan« eindrücklich beschrieben: Die Götter suchen in der Stadt Sezuan nach einem guten Menschen, finden ihn schließlich in der stets hilfsbereiten und freigiebigen Prostituierten Shen Te und belohnen die Frau gewissermaßen mit einem Startguthaben für eine neue berufliche Existenz. Als Shen Te dann aber von ihrer anhaltenden Gutmütigkeit – sie gewährt allen Kredit und hilft, wo sie kann – in den Ruin getrieben wird und ihren kleinen Tabakladen wieder aufgeben muss, erschafft sie sich eine neue Identität. Sie schlüpft in die Rolle ihres erfundenen Vetters Shui Ta und macht mit den rüdesten Ausbeutermethoden schnell als Tabakfabrikant ein Vermögen. Doch irgendwann bemerkt man in Sezuán die Abwesenheit der guten Shen Te. Was mag aus ihr geworden sein? Hat möglicherweise ihr böser Vetter, dieser skrupellose Shui Ta, die arme Frau ermordet? Aus der Vermutung wird ein Verdacht. Man macht »ihm« den Prozess. Um dem drohenden Schuldspruch zu entkommen, muss Shen Te schließlich vor Gericht ihr Geheimnis lüften. Und sie liefert die offenkundige Rechtfertigung für ihr Rollenspiel: Entweder man macht gute Geschäfte oder man ist ein anständiger Mensch. Beides zusammen geht nicht.

Und doch verkörpert Shen Te eben beides. Das half ihr schließlich auch, zu erkennen, was mangelnder Anstand zur Folge hat: Der böse, skrupellose, habgierige Jobkiller ist nicht nur dadurch gefährlich, was er tut, sondern weit mehr noch – wie die Guillotine – durch den Geist, den er verströmt, durch den Klimawandel, den er verursacht. Sein Beispiel strahlt aus, macht gewissermaßen Schule und mündet schließlich in einem Glaubenssatz, wie ihn der 2007 verstorbene Nobelpreisträger für Wirtschaft Milton Friedman einmal formuliert hat: Die »Ethik des Unternehmens besteht darin, den Profit zu steigern«. Alles andere, möchte man ergänzen, ist Gefühlsduselei – es sei denn, musste auch Friedman einräumen, es handle sich um einen Markt, in dem es auf Reputation ankomme; dort könne auch soziale Verantwortung für Unternehmen durchaus vernünftig sein.

Aha. Aber auf welchem Markt ginge es nicht immer auch um Reputation? Insofern stellt sich nicht einfach nur die Systemfrage. Eine Abschaffung des Kapitalismus würde unser Problem in Wahrheit gar nicht lösen.. Auch der Kommunist Bertolt Brecht hat es sich nicht derart einfach gemacht, sondern lässt seine Schauspieler am Ende sagen: »Wir stehen selbst enttäuscht / und sehen betroffen / den Vorhang zu / und alle Fragen offen.« Anschließend fordert er das »hochverehrte Publikum« auf, selbst nach Antworten zu suchen.

In anderen Worten: Wir haben immer eine Wahl. Das Problem ist nicht der Markt – oder, wie es Albert Einstein einmal provozierend formuliert hat: »Das Problem ist nicht die Atombombe, sondern das Herz des Menschen.« Tatsächlich sind auch Millionen von Arbeitnehmern inzwischen längst Aktionäre und beschleunigen damit dieselben Entwicklungen, die sie zu überrollen drohen. Viele überlassen ihre Ersparnisse ebenjenen mächtigen Fondsgesellschaften, deren Analysten dann die Unternehmensvorstände auf einen harten Sparkurs zwingen – inklusive Personalabbau –, um möglichst hohe Renditen zu erzielen. Das heißt, meine Gewinnerwartung als Aktionär bedroht potenziell den eigenen Arbeitsplatz. Geschädigte und Begünstigte sind mithin immer schwerer auseinanderzuhalten. Und es sind diese Mischungsverhältnisse, die es zunehmend komplizierter machen, eine klare Haltung einzunehmen, Stellung zu beziehen und für Veränderungen einzutreten. Dabei ist der Alltag voller Beispiele, die genau dies erforderten.

VON HEUSCHRECKEN UND PIRANHAS

Leverkusen im Herbst 2006. Eine Lokalzeitung berichtet, dass der Stadtrat dem ortsansässigen Unternehmen TMD Friction, Weltmarktführer bei der Herstellung von Bremsbelägen, Gewerbesteuer in Höhe von 100 Millionen Euro erlassen habe. Dies sei selbstverständlich geschehen, so die Begründung der Stadtoberen, um die knapp 1 000 Arbeitsplätze im Leverkusener Werk zu sichern. Außerdem sei der steuerpflichtige Bilanzgewinn von 455 Millionen Euro nur deshalb entstanden, weil die Gläubiger der eigentlich überschuldeten Firma großzügig Schulden erlassen hätten. Und in einem solchen Fall, meinten die Leverkusener Stadträte, könnten und sollten sich auch die Finanzbehörden nicht lumpen lassen. Schließlich gelte es, eine Insolvenz abzuwenden und den »Standort« zu schützen. Die Kommunalpolitiker konnten sich zudem auf einen Erlass des Bundesfinanzministeriums berufen, wonach auf Besteuerung verzichtet werden kann, sofern die Gläubiger einer in Zahlungsschwierigkeiten geratenen Firma ihrerseits auf Forderungen verzichten.

Eine solche Maßnahme kann natürlich durchaus sinnvoll sein. Ihrem Einsatz sollte jedoch eine äußerst sorgfältige Prüfung vorausgehen, und die war in Leverkusen schlicht unterblieben. Ja, es war nicht einmal recherchiert worden, ob die Gläubiger-Verzichts-Angaben der international renommierten Beraterfirma Price Waterhouse Coopers, die den Steuererlass im Namen des Unternehmens beantragt hatte, zutreffend waren. Der Leverkusener Oberbürgermeister musste später sogar einräumen, dass er gar nicht wisse, wer überhaupt die begünstigten Gläubiger seien. Und das ist auch nicht weiter verwunderlich, weil die Eigentumsverhältnisse bei TMD Friction in der Tat recht unübersichtlich waren – geradezu ein Musterbeispiel moderner Finanz- und Beteiligungswirtschaft.

Als der Bremsbelägehersteller im Jahr 2000 von seinem britischen Mutterkonzern BBA abgestoßen wurde, erwarb die Großbank HSBC im Namen einer Gruppe individueller Anleger die Firma zu einem Preis von 650 Millionen Euro. Der bis dahin hochprofitable Autozulieferer, mit Produktionsstätten in zwölf Ländern und etwa 4 500 Mitarbeitern, ging daraufhin praktisch von einem Tag zum anderen in die Knie. Denn die neuen Eigentümer hatten, wie das heute so üblich ist, den Ankauf über Kredite finanziert, deren Zinsen und Tilgung nunmehr das Unternehmen aufzubringen hatte, das damit praktisch seinen eigenen Verkauf finanzierte – und de facto nur noch so etwas wie ein Abschreibungsobjekt war. An der Fertigung oder der Produktqualität, an Kunden oder Mitarbeitern waren die neuen Eigner nicht im Geringsten interessiert. Die Firma erwirtschaftete zwar nach wie vor einen ansehnlichen Gewinn von etwa 60 Millionen Euro im Jahr. Aber die Zinslast belief sich zum Beispiel allein 2005 auf 81 Millionen Euro. Jedenfalls gab dies die Geschäftsführung gegenüber den Finanzbehörden an, die dadurch Jahr für Jahr leer ausgingen.

Heuschrecken? Experten nennen solche Kapitalbeteiligungsmodelle inzwischen »Piranha-Strategie«: etwas bis auf die Knochen abnagen. Das wird vielen Beteiligungsgesellschaften, die solide arbeiten und durchaus das langfristige Wohl eines von ihnen übernommenen Unternehmens im Blick haben, zwar sicher nicht gerecht. Fakt ist jedoch, dass sich mit der zunehmenden Bedeutung des Finanzmarktes die Unternehmenskultur in den letzten Jahrzehnten drastisch verändert hat. Der eigentliche Geschäftszweck ist immer mehr in den Hintergrund getreten. Nicht nur Großunternehmen, sondern auch Mittelständler richten ihre Strategie inzwischen primär auf den Kapitalmarkt aus und werden dazu animiert, mit Finanztransaktionen, etwa dem Kauf oder Verkauf von Unternehmensteilen, ihr Geld zu verdienen statt mit Warenproduktion. Nicht mehr Kunden, Mitarbeiter und Produktqualität stehen im Fokus der Vorstände, sondern Aktionäre, potenzielle Investoren, Analysten und Wirtschaftsmedien sowie – nicht zuletzt – die Rendite. Das verführt zu kurzsichtiger Unternehmenspolitik und mündet zwangsläufig in einer Verunsicherung der Belegschaft, die sich zur Manövriermasse im wechselnden Investorenkalkül degradiert sieht.

Und genauso ist es häufig auch. Da gibt es nichts zu beschönigen. Denn selbstverständlich ist zahllosen Anteilseignern das

Schicksal »ihrer« Firma ganz und gar gleichgültig; sie verfolgen lediglich – und ganz legal – ein Profitinteresse, sie wollen ihr Kapital vermehren. Und wenn die Zerschlagung oder der Ausverkauf eines Unternehmens mehr Gewinn abwirft als dessen Betrieb, dann wird eben zerschlagen oder verkauft. Und woanders neu investiert, wo das Spiel dann womöglich von vorn beginnt. Zu verhindern sind derartige Ausplünderungen in einer freien Wirtschaft nur schwer. Sie sollten allerdings nicht auch noch staatlich begünstigt werden.

Darin – in dieser steuerlichen Förderung gesellschafts- und letztlich auch marktschädigenden Verhaltens – liegt sogar der größere Skandal. Ohne Not und gegen jede Erfahrung wird den »Heuschrecken« und »Piranhas« geradezu der Tisch gedeckt. Denn auch die immer wieder als Rechtfertigung aufgeworfene Standort-Frage ist in der Regel nur ein schmutziger Trick, mit dem sich die Politik allzu leichtfertig zur Geisel machen lässt. Auf ein Entgegenkommen des Geiselnehmers sollte man sich jedenfalls besser nicht verlassen. So hat auch die Firmenleitung von TMD Friction nur kurz nach dem Erhalt des Steuergeschenks angekündigt, 300 Arbeitsplätze in Leverkusen zu streichen und sie in ein neu errichtetes Werk nach Rumänien zu verlagern.

RAUBTIERFÜTTERUNGEN

Die Kapitulation vor der asozialen und inhumanen Logik der Finanzmärkte als wirtschaftliche Vernunft zu adeln ist der Gipfel an Zynismus. Aber genau das ist jahrelang geschehen und geschieht weiterhin. Wirtschaftsinstitute, Wirtschaftsjournalisten, Politiker, Manager singen das Hohelied von freiem Unternehmertum und gesundem Wettbewerb. Unermüdlich warnen sie vor einem »Linksruck«, wähnen Deutschland immer noch – oder schon wieder – in »der Sozial-Falle« und ermahnen uns, die Realität des global gewordenen Waren- und Arbeitsmarktes zu akzeptieren. Mindestlohn? Ja, sind wir denn noch bei Sinnen? Nichts als steigende Arbeitslosenzahlen wären die Folge. Und eine Abwanderung der Unternehmen. Auch die Kunden – inklusive der deutschen – würden ihre Kaufentscheidungen schließlich nicht mehr daran ausrichten, wo ein Produkt hergestellt wird, sondern daran, was es kostet. Höhere Unternehmens- oder Kapitalsteuern? Irrsinn! In der neuen, globalen Wirtschaftswelt geht das Kapital nun mal dorthin, wo es die höchste Rendite erwartet. Die ökonomische Vernunft ist schließlich am Gewinn orientiert. Woran denn sonst?

Klingt logisch, ja. Aber »vernünftig«? Worin unterscheidet sich die »ökonomische« Vernunft von einer nicht-ökonomischen? Ist es vernünftig, wenn eine Volkswirtschaft Armut produziert oder wenn der wirtschaftlichen Entwicklung eine größere Bedeutung beigemessen wird als den Folgen etwa der Erderwärmung? Ist es nachvollziehbar, wenn der drittgrößte deutsche Stromanbieter Vattenfall einen Jahresgewinn von knapp einer Milliarde Euro erwirtschaftet und praktisch gleichzeitig mit der Gewinnmeldung die Stromkosten um 6,5 Prozent erhöht? Und welche Ratio steckt hinter einer Unternehmenssteuerreform, die zum Beispiel zur Folge hat, dass der zweitgrößte Rückversicherer der Welt, die Münchener Rück, einen überaus ansehnlichen Jahresüberschuss von rund 3,5 Milliarden Euro in 2007 noch einmal um circa 500 Millionen Euro steigern kann – allein aufgrund von Steuereffekten?

Eine Realität zu akzeptieren, die der menschliche Verstand nicht mehr erfassen kann, erscheint mir jedenfalls alles andere als vernünftig. Und eine Logik, durch die einige wenige reicher werden, weil viele andere ärmer werden, hat nichts mit logischem Denken gemein, sondern folgt schlicht einem Profit-Kalkül, das jeden gesellschaftlichen Kontext komplett ausblendet.

Wie lässt sich erklären, dass der ganz normale Steuerbürger wie der ganz normale Arbeitnehmer einerseits stagnierende oder gar sinkende Einkommen akzeptieren, aber andererseits auch mehr konsumieren soll, während die Unternehmen Rekordgewinne einfahren, die in nicht unerheblichen Teilen von den Arbeitnehmern erarbeitet und den Steuerbürgern finanziert sind? Das zu rechtfertigen will mir mit den Mitteln der Vernunft nicht gelingen. Wo kommen denn die zum Teil immensen Umsatz- und Gewinnsteigerungen her? Wie lassen sich Renditeerwartungen von 15 Prozent und mehr erfüllen, wenn das Wirtschaftswachstum insgesamt seit Jahren weit unter drei Prozent liegt? Jeder, der die Grundrechenarten beherrscht, muss wissen, dass dies, ganz allgemein formuliert, nur durch eine Verteilungslogik gelingen kann, die allenfalls noch sehr bedingt vom tatsächlichen Marktgeschehen – von Angebot und Nachfrage, Produktionsvolumina und Kaufkraft – gesteuert wird. In anderen Worten, die heute durchaus üblichen Renditeerwartungen sind »starkzehrend«. Derartige Gewinne können, gesamtwirtschaftlich betrachtet, nur realisiert werden, wenn »woanders« gleichzeitig entsprechende Verluste entstehen.

Nehmen wir das Beispiel Nokia, das im Januar 2008 in Deutschland für nationale Empörung gesorgt hat. Als sich der finnische Mobiltelefonriese 1994 entschlossen hatte, ein Handy-Werk in Bochum zu errichten und dort knapp 3000 Arbeitsplätze zu schaffen, war die Freude sowohl im nordrhein-westfälischen als auch im Bundeswirtschaftsministerium groß. Vorausgegangen war diesem Entschluss ein harter Standort-Wettbewerb, den die deutschen Politiker nach intensiven Verhandlungen für sich ent-

scheiden konnten. Neben Infrastrukturmaßnahmen, dem Aus-
bildungsstand der Beschäftigten und möglicherweise steuerlichen Anreizen war der Standort Bochum vor allem durch Subven-
tionszusagen in erheblichem Umfang attraktiv gemacht worden.
Der Bund hatte sich bereit erklärt, dem hochprofitablen Weltkonzern in den folgenden fünf Jahren rund 60 Millionen Euro an
Fördermitteln bereitzustellen, das Land würde noch einmal weitere 28 Millionen an Forschungsgeldern beisteuern. Im Gegenzug
hatte sich Nokia verpflichtet, bis mindestens September 2006 die
knapp 3000 Arbeitsplätze in Bochum zu erhalten. So geschah es
dann auch. 88 Millionen Euro aus Steuergeldern, damit ein Unternehmen auch in Deutschland seine ehrgeizigen Renditeziele
erreichen kann.

Für die betreffende Region kann sich so etwas durchaus rechnen: Beschäftigung sorgt für Steuereinnahmen, für Konsum, für
Sozialversicherungsbeiträge, weitere Firmen, etwa Zulieferer, sie-
deln sich an – und so fort. Und so ging das Konzept für Bochum
wohl auch auf, eine Win-Win-Situation, jedenfalls für mehr als
zehn Jahre. Die Geschäfte liefen gut – so gut, dass Nokia schließlich auf der firmeneigenen Messe »nokia world 2007« in Amster-
dam erklärte, die bis dahin schon erreichte Gewinnmarge von
satten 17 Prozent künftig auf üppige 20 Prozent steigern zu wollen. Ein derart ehrgeiziges Ziel war aber mit der Handy-Produktion im Ruhrgebiet nicht zu realisieren, weshalb die Konzernlei-
tung kurz darauf überraschend mitteilte, im Sommer 2008 das
Bochumer Werk zu schließen und die Handy-Fertigung ins kos-
tengünstigere Rumänien, in einen neu errichteten Industriepark
bei Cluj, zu verlegen. Die Entscheidung sei notwendig und nicht
revidierbar.

Ein Sturm der Entrüstung ging über das Land. Politiker und Gewerkschaften sprachen von Subventionsheuschrecken, von Raub-

tierkapitalismus und von skrupellosen Rendite-Rittern, manche riefen mehr oder weniger offen zum Nokia-Boykott auf und wechselten öffentlichkeitswirksam die Handy-Marke. Es wurden Verfahren eingeleitet, um zu prüfen, ob die gewährten Subventionen zurückzufordern seien und ob die Betriebsverlagerung möglicherweise auch noch von EU-Fördermitteln profitieren würde. Denn da Rumänien etwa drei Milliarden Euro jährlich aus dem EU-Strukturförderungsprogramm erhält – zum Beispiel, um solche Industrieparks wie in Cluj aufzubauen – und da Deutschland größter Nettozahler der Union ist, würde das bedeuten, dass die ganze Aktion auch noch vom deutschen Steuerzahler mitfinanziert wird. Die Wellen schlugen hoch. Die Konzernführung blieb finnisch cool.

Doch Nokia erntete nicht nur Kritik. Bald schon meldeten sich einige notorische »Experten« auch mäßigend zu Wort. Das Unternehmen habe doch angesichts der internationalen Konkurrenz kaum eine andere Wahl – so lautete der Tenor der Verständnisinnigen. Gerade auf dem Feld der Telekommunikation herrsche »härtester Wettbewerb«, dort würde »jeder Euro« zählen, klärte uns ein Kommentator der Süddeutschen Zeitung auf. Die kleinen Geräte seien zwar technisch anspruchsvoll, aber einfach zu fertigen: »Das rechnet sich nur in östlichen und fernöstlichen Billiglohnländern.« Und auch ein Kollege von der FAZ mochte sich der populären Verurteilung des Weltkonzerns nicht anschließen: Ein Unternehmen, dessen Vorstand seinen Aktionären Rede und Antwort zu stehen habe, müsse dort produzieren, »wo dies zu wettbewerbsfähigen Kosten möglich und strategisch sinnvoll ist«. In Deutschland sei die Produktion vor allem wegen der hohen Lohnkosten einfach zu teuer.

»Keine Wahl«, »rechnet sich nicht«, »zu teuer«, »Wettbewerbsfähigkeit«? Aber woher bezogen die erwähnten Fachleute ihre Urteilssicherheit? Denn Nokia, so viel ist sicher, hatte in Bochum gar kein akutes Kostenproblem. Zwar wurden die »hohen Personalausgaben« vom Management selbst als Schließungsgrund genannt, gleichzeitig aber musste das Unternehmen einräumen, dass dieser Posten nur etwa fünf Prozent der gesamten Herstellungskosten eines Gerätes ausmache. Darüber hinaus war der Nettogewinn des gesamten Konzerns im Jahr 2007 gerade um unglaubliche 67 Prozent auf 7,2 Milliarden Euro angewachsen – und auch das Bochumer Werk war nach Recherchen des Magazins »Capital« durchaus recht profitabel und hatte ebenfalls in 2007 einen Gewinn im dreistelligen Millionenbereich erwirtschaftet. Wer will da ernsthaft behaupten, dass Nokia nicht zu wettbewerbsfähigen Kosten herstellen könne und dass sich die Handy-Produktion nicht rechne? Der Nokia-Chef, Olli-Pekka Kallasvuo, selbst wird das ganz sicher nicht behaupten. Er konnte sein Gehalt im Jahr 2007 im Vergleich zu 2006 mehr als verdoppeln und sich an 3,4 Millionen Euro Jahressalär erfreuen – wobei die Gewinne aus den ihm zustehenden Aktienoptionen noch gar nicht berücksichtigt sind. Er verdient damit im Übrigen, diese »populistische« Volte sei mir erlaubt, circa 1 800 Mal so viel wie die Beschäftigten im neuen rumänischen Werk, die sich im Schnitt mit 219 Euro zufriedengeben – ebenfalls ohne mögliche Gewinne aus Aktienoptionen.

Nach meinem Verständnis war und ist Nokia ein durch und durch »gesunder« und zudem hochprofitabler Betrieb. Allen Rechtfertigungsversuchen der weltwirtschaftlich Beschlagenen zum Trotz: Ein Unternehmen, das seine Gewinnziele von 17 auf 20 Prozent erhöht, hat weder ein Kosten- noch ein Wettbewerbsproblem. Es kann schlicht den Hals nicht voll genug kriegen. Aber das ist zunächst einmal gar nichts Illegitimes, denn im Geschäft geht es schließlich nicht zuletzt ums Geldverdienen. Insofern hat die harsche Kritik an Nokia durchaus etwas Verlogenes. Gerade diejenigen, die damals am lautesten klagten, hatten dem finnischen Konzern überhaupt erst ermöglicht, ihn geradezu dazu eingeladen, so zu handeln, wie er gehandelt hat. Und das Management hatte sich im Wesentlichen an alle Vereinbarungen gehalten. Es ist darüber hinaus, im Unterschied zu den Politikern, nicht in erster Linie den Steuerzahlern rechenschaftspflichtig. Der größere Skandal besteht deshalb für mich darin, dass die Politik solche Vereinbarungen eingeht. Sie legt den Köder aus und lockt die »Raubtiere« an, über deren Gefräßigkeit sie dann in scheinheilige Empörung ausbricht.

Wenn Autozulieferer die Einkäufer der großen Automobil-Konzerne mit Zuwendungen gewogen machen, wenn Milliarden in schwarze Kassen geleitet werden, um die Vergabe von Großaufträgen durch Großzügigkeiten zu befördern, dann nennt man das gemeinhin Korruption. Wenn der Staat etwas Ähnliches macht, dann heißt das »Strukturförderung« oder Subvention und gilt als wirtschaftspolitisch geboten. Gut ein Drittel der deutschen Steuereinnahmen wird nach vorsichtigen Schätzungen für derartige Subventionen aufgewendet – mehr als die Hälfte davon übrigens für die gewerbliche Wirtschaft, die das Geld still einstreicht, aber umso lauter fordert, dass sich der Staat aus der Wirtschaft heraushalten solle.

Um nicht missverstanden zu werden: Ich möchte solche Förderpraxis nicht prinzipiell kritisieren. Wirtschaftspolitik ist sinnvoll und wichtig, und auch Subventionen können ein probates Mittel sein, um in strukturschwachen Regionen oder für innovative Branchen verbesserte Ausgangsbedingungen zu schaffen. Wenn aber große, weltweit agierende Konzerne ihre Macht nutzen, um die Länder in einen fatalen Ansiedelungs-Wettbewerb zu treiben – und wenn die Länder sich willfährig dahin treiben lassen –, dann werden alle sozialen und arbeitsrechtlichen Standards nach unten gerissen, dann gerät am Ende selbst die Demokratie in Gefahr. Die Politik verliert ihre Legitimation als Gestalterin und wird zur Erfüllungsgehilfin der globalen Ökonomie.

Diese Gefahr wird immer noch viel zu sehr unterschätzt und von den Konzernführungen, wie ich glaube, sehenden Auges einfach ignoriert. Das Schicksal von Ländern, Regierungen, Gesellschaften ist vielen Spitzenmanagern völlig gleichgültig; die technologische Entwicklung macht es möglich, überall zu produzieren. Sie wälzen ihren »Kostendruck« einfach auf die Standorte, die Nationalstaaten und auf die Arbeitnehmer ab. Insofern ist auch die Entscheidung von Nokia tatsächlich schamlos und unverantwortlich. Sie kommt einer Ausplünderung der Staatshaushalte gleich, an der sich im Grunde alle international agierenden Unternehmen beteiligen – ob VW in Indien und Nigeria oder Siemens in China und im Mittleren Osten.

Und auch im Inland lässt man sich gern unter die Arme greifen. So hat sich BMW die Entscheidung, die neue 3er-Serie in Leipzig zu montieren, mit 363 Millionen Euro Fördergeld vergolden lassen; und Infineon hatte einst für seine Chip-Fabrik in Dresden sogar 700 Millionen Euro an Subventionen eingestrichen, weigerte sich aber lange hartnäckig, das deutsche Finanzamt später auch an den Erträgen teilhaben zu lassen: In Zeiten des globalen Wettbewerbs sei »kein Platz für Romantik«. Die Frage, wie sich Wettbewerb und freies Unternehmertum mit solcher staatlichen Fürsorge überhaupt vertragen, hat leider niemand gestellt.

Und wenn ich schon dabei bin, dann darf ich natürlich die deutscheste aller Subventionen, die Steinkohle-Subvention, nicht unerwähnt lassen. Die wird zwar seit Jahren immer wieder einmal diskutiert, soll aber noch bis mindestens 2012 weitergewährt werden. Und hierbei handelt es sich nicht um Peanuts. Seit 1980 haben Bund und Länder rund 100 Milliarden Euro aufgewendet, damit die Kumpel hierzulande auch weiterhin unter größten Mühen die Steinkohle aus den Tiefen der Erde kratzen können. Doch was hier zum Schutz der »nationalen Energiebasis« finanziert wird, ist in Wahrheit nichts anderes als der ungeheuer teure Betrieb eines Wirtschaftsmuseums. Der Rohstoff liegt zum Teil bis zu 1.500 Meter tief unter der Oberfläche, sein Abbau bringt mancherorts die Erde zum Beben – wie im Saarland, wo das unsinnige Treiben daraufhin vorläufig eingestellt wurde. Ja, ich nenne das unsinnig. Denn auch ökonomisch ist der Bergbau nur mehr bizarr. Würde man zum Beispiel Steinkohle aus den USA importieren, wo man die Flöze locker im Tagebau abträgt, wäre sie trotz der Transportkosten immer noch um die Hälfte billiger als die in Deutschland geförderte. Die ist nur wettbewerbsfähig dank des Steuerzahlers, aus dessen Portemonnaie jeder der rund 30.000 im Bergbau Beschäftigten mit sage und schreibe etwa 60.000 Euro pro Jahr gefördert wird. Was heißt gefördert? Vollfinanziert. Mit diesem Jahresgehalt ließen sich alle Kumpel sofort nach Hause schicken, und einen Jahresurlaub am Mittelmeer könnten sie sich wohl weiterhin leisten. Dagegen nimmt sich der manchem von früher sicher noch bekannte Kohle-Pfennig doch nachgerade niedlich aus.

Das heißt für mein Verständnis aber doch nichts anderes, als dass der Staat, als Verwalter der deutschen Steuergelder, praktisch ein privates Unternehmen finanziert – übrigens eine Aktiengesellschaft, dessen Vorstandsmitglieder mithin auch mit durchschnittlich 60.000 Euro pro Kopf und Jahr von der Gemeinschaft der Steuerzahler finanziert werden; nun gut, sagen wir in diesen Fällen »mitfinanziert«, da ihr Gehalt sicher ein Stück darüber liegt. Und mit der derart subventionierten Steinkohle macht die Deutsche Steinkohle AG durchaus gute Geschäfte. Im Jahr 2006 beispielsweise »erwirtschaftete« das Unternehmen nach eigenen An-

gaben einen Jahresumsatz von knapp vier Milliarden Euro. Gleichzeitig flossen rund drei Milliarden Euro an Fördermitteln allein
vom Bund. Das ist eine seltsame und sicher einzigartige Mischung
für ein Wirtschaftsunternehmen. Aber, wie schon erwähnt: Mit
Ökonomie oder gar mit Vernunft hat all das wenig zu tun. Es
trägt in der Tat eher Raubzugs-Charakter. Man versteht hier nur
nicht so genau, wer wen ausraubt.

»SECOND BUSINESS«

Heuschrecken? Raubtiere? Piranhas? Solche bildlichen Zuschrei-
bungen treffen in Wahrheit nur selten ins Schwarze. Sie spiegeln
eine Eindeutigkeit vor, die man in der Praxis zumeist vergebens
sucht. Die Angst und Schrecken verbreitenden Piranhas beispielsweise sind in Wirklichkeit äußerst nützliche Tiere und eher Ge-
jagte als Jäger. Zoologen beschreiben die Fische als ängstlich. Sie
ernähren sich hauptsächlich von Aas, Pflanzen und Insekten und
bilden nur deshalb große Schwärme, um sich vor Angreifern – vor
Kaimanen, Flussdelfinen oder größeren Raubfischen – zu schützen, nicht aber, um sehr viel größere Beutetiere gemeinsam zu ja-
gen und bis auf die Knochen abzunagen. Solche Geschichten gehören eher ins Reich der Legenden.

Legenden ranken sich auch um die Finanzwelt, die von lauter
sinistren Strippenziehern bevölkert scheint, die nichts als ihren
eigenen Profit im Blick haben und an deren Macht und Einfluss
nicht einmal mehr Regierungen heranreichen könnten. Diese Leute müssen sehr öffentlichkeitsscheu sein. Ich kenne einige Menschen aus der Finanzbranche. Ich bin aber noch keinem Gordon
Gekko begegnet, jenem eiskalt-abgründigen Börsenhai, wie ihn
Michael Douglas in Oliver Stones großartigem Film »Wall Street«

gespielt hat. Das wäre immerhin ein klar identifizierbarer Gegner. Viel eher trifft man aber auch in den Kapital- und Fondsgesellschaften auf ehrenwerte, sympathische Männer – inzwischen auch auf einige Frauen –, darunter fürsorgliche Familienväter oder -mütter mit festen Grundwerten. Manche engagieren sich in ihrer Gemeinde, viele setzen sich für wohltätige Zwecke ein, sodass man sie, aus dem Nahbereich betrachtet, als gewissenhafte und verantwortliche Bürger wahrnimmt.

Aber dann diese andere Welt, diese Bildschirm-Welt mit all den Kursentwicklungen und Börsendaten, die gar nicht real zu sein, sondern aus moralfreien Fakten zu bestehen scheint. In die das Gewissen offenbar nicht hineinragt. Gerade diese Finanzwelt veranschaulicht das Seerosen-Prinzip deshalb wohl am besten. Lust und Freude, Leid und Elend bleiben hinter den Zahlenkolonnen auf den Flatscreens verborgen. Nur die sichtbare Oberfläche zählt, und die ist klinisch sauber, geradezu schön.

Häufig ist dies der einzige Blick, den die modernen Firmeneigner auf »ihre« Firma werfen. Viele neue »Unternehmer« sind gar keine mehr. Sie sitzen nicht selten weit entfernt und wollen keine Mitarbeiter motivieren oder Kunden zufriedenstellen. Der Wert ihres Unternehmens bemisst sich für sie lediglich am Wert der Aktie – und entsprechend agiert das von ihnen rekrutierte Management vor Ort. Alles andere außer Umsatz, Rendite, Börsennotierung hat sich diesen »Werten« unterzuordnen. Sie haben sich von der »alten« Stakeholder-Wirtschaft verabschiedet, die ein Unternehmen als Teil der Gesellschaft sah und die verschiedenen Interessen – der Mitarbeiter und Kunden, des Staates und der Umwelt – auszubalancieren versuchte. An die Stelle der Stakeholder sind nun die Shareholder getreten – also zum Beispiel die Aktionäre –, deren kurzfristige Renditeansprüche zu bedienen nunmehr zum obersten Unternehmensziel geworden ist. Und diese

Ansprüche werden häufig nicht einmal mehr durch realwirtschaftliche Komponenten, etwa Absatzchancen, definiert, sondern durch externe Vergleichsrenditen, wie sie etwa auf den Geld- und Kapitalmärkten erzielt werden.

Der Geist, den diese Zahlenwelt – in der Menschen aus Fleisch und Blut keinen Platz mehr haben – verströmt, ist tatsächlich moralfeindlich und jenseits des sinnlich Fassbaren. Es ist eine Art »second world«, ein »second business«, in dem die Realität ausgeblendet zu werden droht und das dazu verführt, extreme Risiken einzugehen. »Man verliert das Gefühl für Summen, wenn man in diesem Beruf arbeitet. Man lässt sich ein bisschen davontragen.« So begründete der junge Banker Jérôme Kerviel Ende 2007 gegenüber der Staatsanwaltschaft sein riskantes Treiben, das seinem Arbeitgeber, der französischen Bank »Société Générale«, einen sagenhaften Verlust von nahezu fünf Milliarden Euro eingebracht hatte.

Schon die Größe der Summe ist ein deutliches Indiz dafür, dass es sich hierbei keineswegs um das Fehlverhalten eines Einzelnen gehandelt haben kann. Fünf Milliarden! Und niemand will etwas gemerkt haben? Nein, diese Art von Realitätsverlust hat System, wie die Börsenturbulenzen und die Bankenkrise der vergangenen Monate eindringlich gezeigt haben. Vor allem die Bankenkrise, durch die die globale Wirtschaft in ein Desaster zu stürzen droht, ist deshalb, entgegen allen Beschwichtigungsversuchen, dazu angetan, tatsächlich die Systemfrage zu stellen.

Alle großen Bankinstitute der Welt, selbst die »ordentlichen«, vermeintlich soliden deutschen Landesbanken haben sich, allen immer wieder beschworenen Kontrollmechanismen zum Trotz, mit windigen Finanzmarktprodukten – vor allem im Zusammenhang mit Hypothekenfinanzierungen – grandios verhoben und mussten Milliardenwerte abschreiben. Um Risiken zu verschleiern, wurden komplizierte Kreditprodukte kreiert und so oft weitergegeben, bis ihre faule Herkunft nicht mehr zu erkennen war. Daraus entwickelte sich bald ein riesiges Geschäftsfeld, das die Unseriosität immer weiter multiplizierte – zumal sich die Gehälter der Banker an den Geschäftsabschlüssen orientieren. Wer hohe Summen umsetzt und große Risiken eingeht, erhält in der Regel hohe Boni, die im Jahr des Geschäftsabschlusses fällig werden, und zwar unabhängig davon, ob sich der Deal später als Desaster erweist. Es gab Banken, die haben auf den Wertverlust bestimmter Anlagen, sogenannter Subprime-Wertpapiere, spekuliert, während sie dieselben Papiere an ihre Kunden verkauften. So haben einige Leute eine Zeit lang prächtig verdient. Bis die Blase schließlich platzte. Niemand hätte noch vor Jahresfrist für möglich gehalten, dass eine Bank wie die Sachsen LB in Kasino-Manier Kreditrisiken eingehen könnte, die – in einer Höhe von etwa 20 Milliarden Euro – das Eigenkapital der Bank um ein Vielfaches überstiegen, für die das Institut aber die volle Haftung übernahm.

Der Schock saß so tief, dass selbst der vor Kraft strotzende Deutsche-Bank-Chef Josef Ackermann, ansonsten ein gestrenger Gegner staatlicher Interventionspolitik, plötzlich kleinlaut einräumte, er glaube nicht mehr an die Selbstheilungskräfte der Märkte, und eine »konzertierte Aktion von Banken, Regierungen und Notenbanken« einforderte. Damit krönte er die Krise auch noch mit einem zynischen Skandalon. Die Banker, die sich gern als wahre Könige der Weltwirtschaft gerieren, die jahrelang vom Börsenboom profitiert und Rekordgewinne verbucht, die sich aber nun milliardenschwer verzockt haben, rufen jetzt jenen Staat zu Hilfe, den sie zuvor immer zur Zurückhaltung bei jedweder Gewinnbesteuerung ermahnt haben. Diese Amoral von Gewinneinstreichung einerseits und Verlustabtretung andererseits ist kaum mehr zu steigern.

Die Ursachen und Folgen der Bankenkrise dürften für kaum jemanden auch nur annähernd nachvollziehbar sein, zumal die Verluste derart groß sind, dass sie das Vorstellungsvermögen übersteigen. Auf dem Finanzmarkt kursieren mittlerweile Summen, die ein Mehrfaches dessen ausmachen, was weltweit an Gütern und Dienstleistungen erwirtschaftet wird. Das ist nicht mehr vorstellbar, auch weil es mit realer Ökonomie nichts mehr zu tun hat. Klar ist hingegen – auch ohne den Ackermann'schen Hilferuf –, wer am Ende tatsächlich für den Schaden aufzukommen hat: nicht die millionenschweren Händler, die für ihre faulen Deals längst ihre üppigen Provisionen kassiert, also persönlich von der Krise profitiert haben, nicht die Bankvorstände, die allenfalls ein wenig zerknirscht immer neue »Gewinnwarnungen« verkünden, sondern die kleinen Bankangestellten, deren Arbeitsplätze in Gefahr sind, und die Bankkunden sowie – mindestens im Falle der Landesbanken – die Steuerzahler.

Dass der Kapitalmarkt Risiken birgt, dass man Gefahr läuft, ihn für ein Computerspiel zu halten, dass man Unternehmenswerte falsch einschätzt, dass man schlecht beraten oder dass eine Kauf- oder Verkaufsorder zum falschen Zeitpunkt teuer werden kann – all das sollte den Akteuren auf dem Finanzmarkt bis hin zu den Kleinanlegern bekannt sein. Wegen dieser höheren Risiken, so erklärt es einem jeder Anlageberater, gebe es eben auch höhere Renditechancen als bei allen konventionellen Anlagemodellen. Aber genau diese Renditechancen sind das Gift, das uns sozusagen korrumpiert – sie sind mithin viel gefährlicher als die Fehlleistungen einzelner Händler. Wer es für legitim hält, eine weitaus größere Rendite zu erzielen, als es der realen Wirtschaftsleistung entspricht, betreibt Raubtierfütterung.

Die Börse ist keine alchemistische Goldschmiede, und auch im Kasino gewinnt am Ende immer nur die Bank. Gleichwohl hoffen viele Einzelne – nicht mehr nur mittwochs und samstags beim Lotto, sondern mittlerweile auch bei den täglichen Börsennachrichten – auf den großen Gewinn, legitimieren damit aber gewissermaßen en passant ein Verhalten, wie es beispielsweise die Nokia-Führung an den Tag gelegt hat. Deren Produktionsverlagerung folgt keiner primär ökonomischen Ratio, sie ist arbeitsmarkt- und sozialpolitisch desaströs und sie entspringt einer Haltung, die sich jeder gesellschaftlichen Verantwortung entledigt hat. Sie erfolgt vielmehr zum Wohle der Aktionäre, um deren (unsere) unstillbaren Gewinnbedürfnisse zu befriedigen. Dabei wird jedoch systematisch ausgeblendet, dass auch steigende Kurse und Renditen ihren Preis haben – so wie die Blütenpracht der »stark zehrenden« Seerose.

Ergebnisse mit Mitteln zu erzielen, die jenseits bislang akzeptierter Standards liegen, führt mindestens kurzfristig zu »Wertsteigerungen« – und damit langfristig zu einer Austreibung der Moral aus der Wirtschaft. Im Namen der Globalisierung, aus vorgeblichen Wettbewerbs- und Rationalisierungszwängen sowie immer stärker auch im Zuge der Vermögensbildung und Altersvorsorge werden Werte missachtet – Anstand, Gerechtigkeit, Fairness, Gemeinschaftlichkeit, Hilfsbereitschaft –, die wir im privaten Alltag noch als bindend betrachten, die aber durch solche Missachtung mehr und mehr an Bindekraft verlieren. Die Amoralisierung des Wirtschaftslebens ist deshalb für mich zugleich der Ausdruck eines sozialen Krisen-Syndroms. Dies äußert sich in einer wachsenden Instabilität in den sozialen Beziehungen und einer eigentümlichen moralischen Gespaltenheit – wie sie schon Bert Brecht beschrieben hat. Die Gesellschaft droht dadurch über kurz oder lang in lauter unverbundene Einzelne auseinandergesprengt zu werden, die nur noch in Konkurrenz aufeinander bezogen bleiben. Das wäre dann im Übrigen auch das Ende der

Marktwirtschaft, die ohne ein Mindestmaß an Kooperation und Vertrauen nicht funktionieren kann. Handel und Konsum würden durch Kampf abgelöst. Gewaltverhältnisse. Ein radikal »freier« Markt wird unweigerlich seine Kunden fressen.

DAS PRINZIP VERANTWORTUNG

Das Auseinanderfallen der Welt in scheinbar unverbundene und sich doch durch und durch beeinflussende Parallelwelten sowie die damit einhergehende Einhegung der Moral in vielen kleinen Sozial-Reservaten – Familie, Vereine, Umweltorganisationen u.a.m. – hatte schon der Philosoph Hans Jonas klar im Blick, als er in seinem Buch »Das Prinzip Verantwortung« das veränderte Wesen menschlichen Handelns unter den Bedingungen moderner Technik beschrieb und bereits in den 1960er-Jahren vor einer totalen Umgestaltung und Instrumentalisierung der menschlichen und außermenschlichen Natur warnte. »Im Zeichen der Technologie«, so Jonas, habe Ethik mit Handlungen zu tun, »die eine beispiellose kausale Reichweite in die Zukunft haben«. Es gehe heute und künftig deshalb darum, das Wesen des Menschen und die Unversehrtheit seiner Welt »gegen die Übergriffe seiner Macht zu bewahren«.

Der alte Verantwortungsbegriff, der sich daraus herleitete, wie mein unmittelbarer Nahbereich – Familie, Freunde, Nachbarn, Kollegen, Gemeinde – durch mein Tun beeinflusst wird, trägt schon lange nicht mehr. Die Folgen unseres Handelns haben heute Auswirkungen auf Menschen, die wir gar nicht kennen, sowie auf zukünftige Generationen, auf weit entfernte Kulturen, auf die natürlichen Lebensgrundlagen. Wer sich dessen nicht bewusst ist, kann in seiner kleinen Lebenswelt der beste aller Menschen sein. Er wäre dennoch amoralisch und unverantwortlich zu nennen. Das »Prinzip Verantwortung«, in eine Art neuen kategorischen Imperativ gefasst, müsse Hans Jonas zufolge heute lauten: »Handle so, dass die Wirkungen deiner Handlungen verträglich sind mit der Permanenz echten menschlichen Lebens auf Erden.«

Echtes menschliches Leben nachhaltig zu schützen – das klingt zunächst einmal recht blumig und vage. Unter einem »echten menschlichen Leben« mag jeder etwas anderes verstehen. Aber so viel ist für mich sicher: Echtes menschliches Leben erschöpft sich nicht im »Haben«, sondern erweist sich nur im »Sein«. Insofern lehrt die Jonas'sche Maxime, niemals den Blick auf die wesentlichen Fragen zu verlieren: Wer sind wir? Wie wollen wir leben? Wie wollen wir miteinander umgehen? Welches Erbe hinterlassen wir den nachfolgenden Generationen? Und diese Fragen lassen sich längst nicht mehr nur auf mein unmittelbares Umfeld beziehen. Ob ich Auto fahre oder Aktien kaufe, ob ich einen Produktionsstandort verlege oder Subventionen gewähre – es sollte mir zumindest nicht gleichgültig sein, dass und wie mein Handeln das Leben anderer beeinflusst.

Mir ist aus eigenem Erleben nur allzu klar, wie sehr solche Reflexionen in den Niederungen des beruflichen und privaten Alltags verschüttet zu werden drohen. Mir ist aber, wiederum aus eigenem Erleben, ebenso klar, dass derlei Verdrängung eine Quelle zumeist namenlosen Leidens ist. Es ist zwar hin und wieder ganz wunderbar, nur gegenwärtig zu sein und, wie beim Fahrradfahren, Teil des Geschehens zu werden, ohne sich die eigenen Aktivitäten wirklich bewusst zu machen. Es kann manchmal sehr befriedigend sein, ein kurzfristiges Ziel fest zu fixieren und konzentriert, praktisch mit einem Tunnelblick, darauf loszusteuern, ohne sich ablenken zu lassen. Wer hierbei aber verlernt, nach links und rechts zu schauen, wer es als überflüssig erachtet, immer mal wieder den Weg auch zurückzuverfolgen, oder wer es versäumt, von Zeit zu

Zeit den Kopf zu heben, in die Ferne zu sehen und den Horizont in den Blick zu nehmen, der wird die Orientierung verlieren. Alles, was dann noch zählt, ist das Wie, nicht mehr das Woher, nicht mehr das Wohin und am wenigsten noch das Warum.

Ich glaube, jeder kennt das Gefühl, sich im Alltag, in der Berufsroutine, in einem gedankenarmen Tun zu verlieren. Dabei entsteht dann häufig eine wortlose Sinn-Sehnsucht, die auch mit Erfolg, Macht und hohen Gehältern sowie mit einer gehörigen Portion Zynismus allenfalls notdürftig ersatzbefriedigt werden kann. Denn ohne Antworten auf das Woher, Wohin, Warum werden wir auf Dauer geistig und seelisch gewissermaßen obdachlos.

Viele der heutigen Manager kommen mir in diesem Sinne metaphysisch entleert vor. Als Manager lebt man in einer luxurierenden Kunstwelt, von der man im selben Maße buchstäblich abhängig zu werden droht, in dem man sich von der »wirklichen« Welt entfremdet. Das führt zu einer partiellen Verdummung, weil man das normale Leben nicht mehr kennt. All die kleinen Dinge des Alltags werden von einem ferngehalten. Die Meetings sind eingespielte Rituale, absolut überraschungsfrei. Und auf Widerspruch, Zweifel oder gar Kritik – das heißt: auf einen Anlass zum Nachdenken – trifft man in den Chefetagen selten. Alles ist dort auf das Alphatier zugeschnitten, alles wird ihm mundgerecht zubereitet: Vorlagen, Entscheidungen, Analysen, Terminplanung. Es ist, als gäbe es kein Außen mehr. Ich wusste in meiner Vorstandszeit beispielsweise weder, was ein Brot kostet oder wie man einen Fahrkartenautomaten bedient, noch hatte ich eine Vorstellung davon, wie es im Leben eines normalen Arbeitnehmers so zugeht oder wie ein Lackierer mit seinem Gehalt klarkommt.

Da kann man leicht die Bodenhaftung und den Blick für die Realitäten verlieren – was zu narzißtischer Selbstüberschätzung und damit zu Fehlern führt, die für andere zumeist gravierendere

Folgen haben als für einen selbst. »Die gefährlichste Weltanschauung«, mahnte schon Alexander von Humboldt, »ist die Weltanschauung der Leute, die die Welt nie angeschaut haben.« »Echtes menschliches Leben« – mein eigenes wie das der anderen – war mir in Wahrheit fremd. Eine solche Fremdheit macht aber eine Folgenabschätzung meiner Entscheidungen und damit zugleich verantwortliches Handeln unmöglich. Sie macht buchstäblich blind – und sie macht darüber hinaus unglücklich. Lange Zeit konnte ich mir, dem es doch äußerlich blendend ging, mein wachsendes Unbehagen und meine chronische Unzufriedenheit nicht erklären. Ich hatte Erfolg, ja. Und Erfolg und Macht streicheln nicht nur die Eitelkeit. Erfolg und Macht setzen darüber hinaus vermutlich auch körpereigene Drogen frei, nach denen man süchtig wird. Aber der Rausch hat seinen Preis. Meine Ehe, meine Kinder, mein eigenes Wohlbefinden kamen dabei in Wahrheit zu kurz. Dann trat die Frau in mein Leben, mit der ich bis heute verheiratet bin. Seitdem weiß ich, was »echt« ist.

Den subjektiven Anteil »meiner« Echtheit möchte ich lieber für mich behalten. Aber es gibt auch einen gesellschaftlichen Teil, der sich konkreter einkreisen lässt, wenn wir das Unechte identifizieren. Und das fällt gar nicht so schwer. Ich bin überzeugt davon, dass jeder Mensch in seinem Leben zwar auf allerlei Lügen hereinfallen kann – und leider auch hereinfällt –, dass aber das »Unwahre«, Unechte intuitiv durchschaut oder mindestens gespürt wird. Es ist allerdings nur selten ganz eindeutig zu benennen, sondern bleibt oftmals verschleiert. Solche Uneindeutigkeit, so frustrierend sie sein mag, beeinträchtigt aber keineswegs unsere Fähigkeit zu verantwortlichem Handeln. Sie ist in Wahrheit die Voraussetzung dafür.

Wenn man – so wie ich es gerade an meinem Beispiel geschildert habe – spürt, dass etwas nicht in Ordnung ist, aber noch nicht recht weiß, was es denn sei, beginnt ein Suchprozess. Ein ebensolcher, aus Unbehagen gespeister Prozess dürfte das meiste dessen hervorgebracht haben, was wir Kultur und Zivilisation nennen. Zum Beispiel die Weltliteratur. Goethe oder Schiller, Tolstoi oder Cervantes, Marx oder Freud waren jeder auf seine Weise um Wahrheitsfindung bemüht, darum, das Echte vom Unechten, das Wahre vom Unwahren, das Richtige vom Falschen zu unterscheiden.

VERANTWORTUNG IN DER PRAXIS

Mahatma Gandhi beispielsweise war ein in dieser Hinsicht Suchender, allerdings weniger mit dem Stift als durch die Tat. Rassendiskriminierung, Frauendiskriminierung, Kolonialherrschaft – dass all dies falsch und unverantwortlich ist, bestreitet heute hoffentlich kaum noch jemand. In Gandhis Leben (1869–1948) waren solche Gewaltverhältnisse die Normalität, die er mit unglaublicher Hartnäckigkeit anprangerte und dabei selbst seine übelsten Gegner, etwa den englischen Vizekönig in Indien, mit seiner Freundlichkeit konsternierte. Er führte keinen Kampf im landläufigen Sinne, er wollte keinen Gegner besiegen, sondern der in seinen Augen gerechten Sache zum Durchbruch verhelfen. Dabei war er stets darauf bedacht, die Werte, für die er eintrat, konsequent zu beherzigen – auch gegenüber denjenigen, die diese Werte ablehnten und ihre Durchsetzung zum Teil gewaltsam zu verhindern suchten.

Gandhi wähnte sich nicht im Besitz der absoluten Wahrheit, das Absolute war ihm im Gegenteil zutiefst suspekt. Entsprechend gab er seiner Biografie den Titel »Die Geschichte meiner Experimente mit der Wahrheit«. Aber er wusste, dass Gewalt, Unterdrückung und Armut falsch und unwürdig sind, und er bestand unter allen Umständen darauf, an dieser sozusagen negativen »Wahrheit« festzuhalten. Der von ihm geprägte, später als Bezeichnung für den gewaltlosen Widerstand berühmt gewordene Begriff »Satyagraha« meinte im Wortsinne genau dies: »Festhalten an der Wahrheit«.

Dem kleinen, schmalen, freundlichen Mann aus Indien war sein Charisma übrigens keineswegs in die Wiege gelegt worden. Als junger Rechtsanwalt zunächst in London, später in Südafrika machte er anfangs alles andere als eine gute Figur und verlor seine ersten Prozesse, weil er vor Gericht aus Schüchternheit kaum einen vollständigen Satz herausbrachte. Sein Widerstandsgeist erwachte erst langsam, als er sah und auch am eigenen Leib erfuhr, welche Ungerechtigkeit die indische Minderheit damals in Südafrika erleiden musste. Das wollte er nicht hinnehmen und er begann sich zu widersetzen: Erst ganz unspektakulär, indem er sich den Schikanen schlicht entzog – etwa indem er nicht mehr mit dem Zug fuhr, da er als »Farbiger« nur den Gepäckwagen benutzen durfte –, später mit Aufsehen erregenden Aktionen, indem er nach vorheriger öffentlicher Ankündigung ein Verbot überschritt, um die eigene Verhaftung zu provozieren, und vor Gericht die Höchststrafe für sich selbst forderte. Es sei ehrenhafter, ins Gefängnis zu gehen, als ein unmenschliches Gesetz zu respektieren.

Legendär war sein »Salzmarsch« als Kampagne gegen das sogenannte Salzmonopol, das jede Form der Salzgewinnung und des Salzhandels ausschließlich der britischen Kolonialmacht vorbehielt. Um dieses Monopol zu brechen, machten er und einige seiner Anhänger sich im März 1930 auf den Weg und zogen unter größter öffentlicher Anteilnahme an das von ihrem Wohnort knapp 400 Kilometer entfernte Arabische Meer. Als sie gut drei Wochen später ankamen, gewannen sie dort in einem demonstrativen Akt zivilen Ungehorsams Salz, indem sie mit Salzwasser gefüllte Schüsseln in die Sonne stellten, und forderten alle Inder auf, es ihnen gleichzutun. Überall im Land folgten die Menschen Gandhis Beispiel, und obwohl mehr als 50.000 Inder verhaftet wurden, war die Aktion ein großer Erfolg auf dem Weg in die Unabhängigkeit. Das Ausmaß des gewaltlosen Widerstands hatte die Macht der Briten erstmals als überwindbar erkennen lassen.

Gandhi trat aber nicht nur den offenen Repressionen entgegen. Denn jede Repression, das wusste er, resultiert aus Haltungen, die tief in die Gesellschaften hineinragen – weshalb jede Repression auch Gegenreaktionen hervorrufen kann, aus denen wiederum neues Unrecht entsteht. Die wesentlichen Ursachen von Gewalt und Ungerechtigkeit, Gegengewalt und neuer Ungerechtigkeit, die er erkannte, verdienen es, kurz zitiert zu werden, weil sie erstaunlich aktuell klingen und mit umgekehrten Vorzeichen definieren, was in einem emphatischen Sinne »Verantwortung« zu nennen wäre. Die größten »sozialen Sünden« waren für Gandhi (in Klammern dahinter meine Übersetzungen):

— »Politik ohne Grundsätze« (Realpolitik)
— »Vergnügen ohne Gewissen« (Konsum)
— »Reichtum ohne Arbeit« (Börse)
— »Wissen ohne Charakter« (Lobbyismus)
— »Handeln ohne Moral« (Shareholder-Wirtschaft)
— »Wissenschaft ohne Menschlichkeit« (Genmanipulation, Pflanzenpatente etc.)

Gandhi hat wie kaum ein Zweiter sowohl die menschlichen Schwächen als auch die Kollateralschäden der Moderne erkannt; und er hat daraus im Grunde denselben Schluss gezogen wie der Philosoph Hans Jonas mit seinem »Prinzip Verantwortung« – er wählte lediglich eine bodenständigere Formulierung: »Ich glaube nicht an die Lehre von dem größten Glück der größten Zahl. Die einzig wahre, würdige und menschliche Lehre ist das größte Glück für alle.« Nur ein solcherart ausgerichtetes Handeln, ließe sich mit Jonas ergänzen, kann die »Permanenz echten menschlichen Lebens auf Erden« gewährleisten.

Selbstverständlich ist Gandhis Beispiel nicht einfach in unseren Alltag übertragbar – und sei hier deshalb auch nicht zur Nachahmung empfohlen; ich selbst wäre dazu am wenigsten fähig. Es zeigt aber ganz allgemein, dass Veränderungen möglich sind, dass es eine Wahl gibt, dass die Wirklichkeit durch unser Wollen beeinflusst werden kann. Es ist absolut sinnlos – und überdies unverantwortlich –, eine als ungerecht empfundene Wirklichkeit still zu erdulden oder leise zu bejammern, ohne den geringsten Versuch zu unternehmen, sei es noch so kleine Veränderungen zu bewirken.

Natürlich hat nicht jeder die Mittel und Möglichkeiten zur aktiven »Weltverbesserung«. Auch ist zuweilen Mut gefordert, und dessen Mangel zu beklagen steht mir ganz gewiss nicht zu. Aber für gewöhnlich reicht schon ein kleines bisschen Courage. Denn viel wichtiger als einzelne »Helden« wären Aufmerksamkeit, Gerechtigkeitsempfinden und Selbstbewusstsein möglichst vieler: die Verweigerung, an einem als falsch erkannten Handeln mitzumachen, oder mindestens die Einforderung einer Begründung, wenn mir eine Bitte, eine Anweisung oder ein Vorschlag zweifelhaft erscheinen. Schon in der schlichten Frage nach dem Warum wird sich oftmals erweisen, dass der Kaiser in Wahrheit nackt ist oder dass er Interessen verfolgt, die offenzulegen er sich hütet, die aber durch unser Fragen praktisch offenkundig werden.

Solche Fragen werden niemanden gleich den Job oder eine Freundschaft kosten. Und auch aktives Handeln erfordert nicht notwendig Heldenmut. Interesse, Einsicht und Handlungswille sind in den meisten Fällen völlig ausreichend. So dürfte zum Beispiel jedem einleuchten, dass es nur ein erster Schritt sein kann, einen Zustand, etwa die Armut, möglichst genau zu beschreiben und möglichst laut zu beklagen. Verändern lässt sich dieser Zustand, mildern lässt sich die Armut nur, wenn der beklagenswerten Einsicht auch Taten folgen – beispielsweise solche konkreten Maßnahmen, wie sie der Friedensnobelpreisträger des Jahres 2006, Mohammad Yunus, ergriffen hat.

Als Wirtschaftsprofessor an der Universität von Chittagong in Bangladesh erkannte Yunus in den 1970er-Jahren, dass all die schönen Theorien, mit denen er sich in Lehre und Forschung befasste, die Armut unmittelbar vor den Toren der Universität nicht würden lindern können. Da er dies nicht länger zu akzeptieren bereit war, legte er seinen Job nieder und gründete 1976 die erste Mikrokreditbank der Welt, die Grameen-Bank. Yunus wusste, dass in der Regel nur einige Dollar an Startkapital genügen, damit eine Familie in Bangladesh ihre Existenz sichern kann, etwa indem sie einen Handel mit Schilfkörben oder einen kleinen Handwerksbetrieb aufbaut. Es ging ihm darum, »mit möglichst wenig Geld eine möglichst große positive Wirkung« zu erzielen.

Yunus vergab von nun an also Kleinstkredite, verschenkte aber etwas sehr viel Wertvolleres: Vertrauen in die Zukunft. Die Geschäftsphilosophie seiner Bank basiert auf der schlichten, aber bestechenden chinesischen Weisheit: Wenn Du einem Hungernden helfen willst, dann gib ihm keinen Fisch, sondern lehre ihn das Angeln – hilf ihm, sich selbst zu helfen. Entsprechend ist das entscheidende Kriterium einer Kreditvergabe durch die Grameen-Bank, was der Kreditnehmer mit dem Geld anzufangen gedenkt. Die Bank fordert keine Garantien oder Sicherheiten, sondern Konzepte und Visionen.

Und seine Kunden, übrigens ganz überwiegend Frauen, haben es ihm doppelt gedankt. Zum einen werden mit großer Zuverlässigkeit die Zinsen bezahlt und die Kredite getilgt, die Ausfallquote liegt gerade einmal bei einem Prozent – ein im Bankengewerbe ganz ungewöhnlicher Wert. Zum anderen konnte sich jeder zweite Kunde mit dieser kleinen Starthilfe tatsächlich aus der Armut befreien – eine Erfolgsquote von 50 Prozent, wie sie kein mir bekanntes Entwicklungshilfe-Projekt bisher je hat vorweisen können.

Die Grameen-Bank vergibt heute Millionen einzelner Kredite in rund 60 Ländern der Welt und hat mittlerweile zahlreiche Nachahmer gefunden, längst nicht mehr nur im »armen Süden«, sondern auch in den USA oder in Norwegen. Die etablierten Geschäftsbanken waren anfangs alles andere als erfreut. Schließlich hielt Mohammad Yunus den Bankern einen Spiegel vor, der kein schönes Bild zurückwarf. Er hatte eine Verantwortung übernommen, die nur wenige zu übernehmen bereit sind. Und das Schönste: Er tat und tut es nicht einfach nur aus persönlicher Barmherzigkeit. Er nutzt die Möglichkeiten der Marktwirtschaft, um seine Vision zu verwirklichen.

Zwar besteht das Ziel in der Armutsbekämpfung, aber der Weg dahin führt über das Geschäft, über Kredit, Markt, Gewinn. Damit hat Yunus unter Beweis gestellt – und das wachsende Umsatzvolumen seiner Bank lässt diese Botschaft immer stärker ins Bewusstsein treten –, dass soziale Verantwortung einen volkswirtschaftlichen Wertschöpfungseffekt haben kann.

Gleichwohl bleiben Leute wie Gandhi oder Yunus Ausnahmeerscheinungen. Die Schlagzeilen werden leider in der Regel von denen beherrscht, für die das größte Glück in der größten Zahl liegt.

Oben ohne.
Über Management und Moral

STARKZEHRER

Monopoly an den Börsen, wo die größten Gewinne durch Spekulationen auf Verluste erzielt werden; eine Tarifauseinandersetzung zwischen Bahn und Lokführern, die zum medialen High-Noon-Spektakel zweier Lonesome Cowboys eskaliert; Manager, die Lohnzurückhaltung fordern und trotz hoher Gewinne einerseits die Preise erhöhen, andererseits ihre Belegschaft abbauen, aber bei den eigenen Gehältern jedes Maß verloren haben; Unternehmer, die den Zustand des Bildungssystems beklagen, aber ihre Gewinne woanders versteuern; Wahlkämpfe, in denen sich kaum mehr unterscheidbare Programme und Akteure nur noch medial inszenieren; ökologische Lippenbekenntnisse, deren Einhaltung regelmäßig erst durch Not oder durch Gesetze erzwungen werden muss; Branchen, wie die Pharmaindustrie, die inzwischen doppelt so viel Geld für Werbung ausgeben wie für Forschung und Entwicklung – die wirtschaftliche und politische Elite, finanziell besser ausgestattet als jemals zuvor, hat sich zunehmend aus der gesellschaftlichen Verantwortung verabschiedet. Man geriert sich als Retter des »Standorts« und betreibt dessen Ausbeutung. Man kaschiert als schmerzhafte Notwendigkeiten, was allein den Kapitalinteressen dient. Man predigt Wasser und trinkt Wein. Man tut alles für eine gute Außendarstellung, um nach innen umso skrupelloser agieren zu können. Ist die Elite, einst Motor des gesellschaftlichen Fortschritts, zu einer Spezies von »Starkzehrern« geworden? Oder ist der Kapitalismus an sich eine trügerische Seerosen-Idylle?

MEHRWERT SCHAFFT NUR DER MENSCH

Das englische »manage« wie das italienische »maneggiare« bedeuten wörtlich »handhaben« (von lat. *manus*, Hand) und meinen im übertragenen Sinne, jemanden oder etwas planvoll zu leiten. Ein Manager sollte demnach jemand sein, der durch seine Talente und Kenntnisse befähigt ist, andere zu führen, der bereit und in der Lage ist, Verantwortung zu übernehmen und Entscheidungen zu treffen. Welche spezifischen Talente und Kenntnisse hierbei tatsächlich gefordert sind, ist nirgends verbindlich definiert. Entsprechend gibt es – allen existierenden »Business-Schools« zum Trotz – auch keine allgemein anerkannte Ausbildung zum Manager: Einige sind Juristen, andere Betriebs- oder Volkswirte, wieder andere Ingenieure, und manchmal trifft man im Management sogar auf einen geistes- oder naturwissenschaftlich Vorgebildeten.

Wenn aber das Management im Grunde aus lauter »Quereinsteigern« besteht – so eine mögliche und durchaus naheliegende positive Schlussfolgerung –, dann muss wohl der entscheidende Qualitätsausweis, der diese Menschen in ihre Führungspositionen gebracht hat, in ihrem außergewöhnlichen Leistungsvermögen zu suchen sein. In anderen Worten: Es werden wohl tatsächlich nur die Besten an die Spitze gelangen. Jedenfalls im Prinzip. Wirklich überprüfen können wir das nicht. Denn es ist leider wiederum ganz uneindeutig, wie sowohl die geforderten Management-Qualitäten als auch die erbrachten Leistungen zu messen wären. So gibt es Manager, die fahren ihren Betrieb vor die Wand, vernichten Kapital und Arbeitsplätze, sitzen aber anderntags schon wieder auf dem nächsten, noch besser dotierten Chefsessel. Und es gibt Vorstandsvorsitzende, die ihre Mitarbeiter hervorragend zu motivieren verstehen und überdies noch prächtige Bilanzen präsentieren, deren Verträge aber gleichwohl vom Aufsichtsrat nicht verlängert werden. Gerade die seltsame Rolle der Aufsichtsräte ist bei all den Skandalen der jüngeren Vergangenheit viel zu wenig in den Fokus geraten. Wen oder was und wie haben die Räte, ebenfalls zumeist Manager, aber auch Arbeitnehmervertreter und Gewerkschafter, eigentlich beaufsichtigt?

Nachvollziehbarkeit ist jedenfalls nicht unbedingt das hervorstechende Merkmal bei der Besetzung oder Absetzung des Führungspersonals. Nun gut, solche Personalentscheidungen sind von außen nur sehr schwer zu beurteilen. Weder werden sie demokratisch gefällt, noch ist ein Unternehmen verpflichtet, seine möglicherweise guten Gründe hierfür offenzulegen; manchmal stimmt auch einfach nur die Chemie nicht – wie damals zwischen Ferdinand Piëch und mir. Aber weil dies alles so wenig transparent ist, vermag der Leistungsgedanke, obwohl er sich zunächst logisch aufdrängt, nicht wirklich zu überzeugen. Im Gegenteil. Befragt man »Nicht-Manager«, wie es um die Führungsqualitäten unserer Führungskräfte bestellt ist, erhält man eine eindeutige Antwort: Schlecht! Internationale Vergleichsstudien fördern immer wieder zutage, dass das Misstrauen gegen Topmanager und Unternehmenschefs in keinem anderen Land so groß ist wie in Deutschland – übrigens lange vor den jüngsten Korruptions-, Schmiergeld- und Steueraffären. Während in Spanien, Ungarn, Rumänien oder Schweden immerhin noch mehr als die Hälfte der Befragten den Managern ihr Vertrauen aussprechen, halten über 80 Prozent der Deutschen die Führungskräfte der Wirtschaft für unfähig – und, gerade angesichts solcher Unfähigkeit, für maßlos überbezahlt. In Zensuren ausgedrückt, wäre das nicht mehr als eine glatte 5 mit Tendenz zur 6.

Nun sind derartige Umfragen keine Qualitätsüberprüfungen. Weder wissen die meisten Menschen so genau, was ein Manager zu tun hat und wie er es tut, noch ist auszuschließen, dass eine gehörige Portion Neid das Urteil der Befragten eintrübt. Dennoch ist das Ergebnis erschreckend. Es ist allerdings alles andere als überraschend, denn im Unterschied zu ihren hohen Gehältern scheinen sich die deutschen Manager ihr ramponiertes Image tatsächlich redlich verdient zu haben. Wo Betriebsräte vom Vorstand mit Lustreisen und Geldgeschenken gefügig gemacht werden, wo millionenschwere Aufsichtsräte und Spitzenmanager wegen Veruntreuung oder Vorteilsnahme die Anklagebänke der Gerichte besetzen, da kann es um die Führungsqualitäten der Führungskräfte in der Tat nicht gut bestellt sein. Und das ist noch sehr freundlich ausgedrückt.

Hierbei handelt es sich, und das ist ein entscheidender Punkt, nicht lediglich um die Charakterschwäche einzelner schwarzer Schafe, also um moralische oder gar kriminelle Abweichungen von einer ansonsten »sauberen« Berufspraxis – wie es die Vertreter von Unternehmens- und Arbeitgeberverbänden bei jedem neuen Fall immer wieder neu behaupten. Nein, Selbstherrlichkeit, Rücksichtslosigkeit, Maßlosigkeit entspringen geradezu dem professionellen Selbstverständnis einer um sich selbst kreisenden Managementelite, die eine der wichtigsten Erkenntnisse der sozialen Marktwirtschaft längst hinter sich gelassen hat: Mehrwert schafft nur der Mensch.

Bis in die 1980er-Jahre hinein war die Wirtschaft in Deutschland gewissermaßen sozialpolitisch gebändigt worden, mit beeindruckendem Erfolg. Die Grundideen hierfür hatten sicherlich Sozialisten und Sozialdemokraten geliefert. Erstmals konsequent umgesetzt worden sind sie jedoch namentlich vom konservativen Christdemokraten Ludwig Erhard. Eine der vornehmsten Aufgaben des Staates und all seiner politischen Institutionen bestand für Erhard darin, die Schwachen vor den Starken, die Armen vor den Reichen zu schützen und die in einer freien Gesellschaft unvermeidliche Ungleichheit nicht etwa einzuebnen, aber auf einem verträglichen Niveau auszubalancieren, um so extreme »Spreizungen« – wie es neumodisch heißt – in den Vermögensverhältnissen zu vermeiden. Denn solche Spreizungen, das wusste Erhard, gefährden nicht nur den sozialen Zusammenhalt, sondern auch die Ökonomie selbst.

Hier sollte der Staat also, der als moderner, demokratischer Staat seine Legitimation allein aus dem Herstellen bzw. Aufrechterhalten von Gerechtigkeit beziehen kann, ausgleichend eingreifen. Und solche Steuerung beinhaltete auch – jawohl! – einen permanenten Verteilungsfluss von oben nach unten: Wer mehr hatte, musste – über Steuern und Sozialabgaben – entsprechend mehr zum Gemeinwohl beitragen und damit die existenziellen Risiken derer, die wenig hatten, absichern helfen. Und wer Gewinne machte, ließ daran – wie selbstverständlich – auch seine Mitarbeiter über Lohnerhöhungen oder andere Zuwendungen partizipieren. Unternehmen und Betriebe waren nicht nur Wirtschafts-, sondern zugleich immer auch Sozialeinheiten, die den Arbeitnehmern Mitbestimmungsrechte gewährten und sich über Flächentarifverträge auf allgemein verbindliche Regeln verpflichteten. Dieses Modell der Sozialen Marktwirtschaft war ein überragender Erfolg. Es hat der deutschen Gesellschaft über Jahrzehnte einen anhaltenden sozialen Frieden und wachsenden Wohlstand beschert – und in der Summe auch der Wirtschaft weit mehr genützt als etwa geschadet.

Die Zeiten haben sich geändert, permanent. Entsprechend hat auch das Erhard'sche Modell viele Veränderungen erfahren, permanent. Inzwischen kann aber aus meiner Sicht längst nicht mehr von »notwendigen« Anpassungen die Rede sein. Nein, die Soziale Marktwirtschaft ist nahezu abgeschafft, und der nunmehr »freie« Markt hat seine soziale Mitverantwortung kalt lächelnd dem »Sozialstaat« untergeschoben, der damit jedoch absehbar überfordert ist. Unternehmer und Manager betrachten ihre Firmen längst nicht mehr als Sozialeinheiten, sondern als eigenständige Entitäten, die sich in einem international gewordenen Wettbewerb behaupten müssen und sich dabei durch äußere Einflüsse – sei es durch Gewerkschaften oder durch den Staat – nur mehr behindert sehen. Löhne und Gehälter, Arbeits- und Urlaubszeiten, Sonderzahlungen und Prämien sollen möglichst von Betrieb zu Betrieb separat vereinbart werden und zudem den Wechselfällen der Konjunkturlage auch kurzfristig angepasst werden können. Damit aber hätte die Idee der Gerechtigkeit im Wortsinne abgewirtschaftet.

Die neue Machtfülle, die den Unternehmensführungen durch ihr eigenwilliges und eigensinniges Freiheitskonzept zuwächst, veranlasste den amerikanischen Wirtschaftswissenschaftler John Kenneth Galbraith – unter John F. Kennedy Botschafter in Indien, danach wirtschaftspolitischer Berater mehrerer US-Präsidenten – schon vor einigen Jahren, vor einer »Diktatur der Manager« zu warnen. So weit ist es sicher noch nicht. Dennoch sind die politischen Risiken einer solchen demokratisch weder legitimierten noch kontrollierbaren Macht unverkennbar. Solidarität, Kompromissbildung, gesellschaftliche Integration durch vergleichbare (nicht gleiche) Lebensverhältnisse erscheinen dem globalisierten Management überwiegend nur noch als lästige Kostenfaktoren, die es abzubauen gilt. In den Worten des Sozialwissenschaftlers Ralf Dahrendorf hat sich damit eine neue Wirtschaftselite herausgebildet, »die traditionelle Institutionen als hinderlich für ihre Entfaltung betrachtet und der Meinung ist, sie müssten entweder zerschlagen oder ignoriert werden«.

Damit sind wir in der Praxis weit hinter längst gewonnene Erkenntnisse zurückgefallen, Erkenntnisse, von denen ich einmal annahm, dass wir sie fest verinnerlicht hätten – zum Beispiel die Einsicht, dass sich Freiheit und Gerechtigkeit wechselseitig Grenzen setzen und miteinander versöhnt werden müssen. Ohne Zweifel war der ökonomische Liberalismus ein Fortschritt, weil er die überkommenen feudalistischen und absolutistischen Machtstrukturen aufbrach und individuelle Freiheitsrechte gewährte. Der dabei zugrunde liegende Freiheitsbegriff war jedoch formalistisch überzogen – übergewichtig, wie ich es oben genannt habe –, weil er Freiheit mit Gleichheit in eins setzte. So beruht etwa die Idee eines »freien«, sich selbst regulierenden Marktes auf der durchaus alltagsfremden Vorstellung von der durch keinerlei Abhängigkeiten und Prägungen beeinträchtigten »Gleichheit« der Menschen. Da in uns allen der immer gleiche »Mensch überhaupt« stecke, bedürfe es keiner besonderen Regulierung, jeder Eingriff würde nur die gleichsam naturgesetzliche Harmonie stören. Laissez-faire, laissez aller.

Dieses Konzept hat jedoch einen Konstruktionsfehler, wie uns sowohl die Vergangenheit als auch gegenwärtige Erfahrungen ganz unmittelbar lehren können – man frage einmal eine Frau, wie sie über die natürliche Gleichheit denkt, oder einen Afghanen oder einen nigerianischen Asylbewerber in Deutschland. Das heißt, die in der Realität unverkennbare Ungleichheit mündet überall dort, wo die Freiheit durch keinerlei Regeln, Formen, Institutionen eingeschränkt wird, in neue Unterdrückung: der Schwachen durch die Starken, der Armen durch die Reichen. Das liberale Missverständnis besteht darin, dass die Gleichheit, durch die allein sich auch die Freiheit rechtfertigt, eben keineswegs *Natur* ist, sondern *Kultur*. Sie ist nicht vorgegeben oder angeboren, sondern gesetzt: ein moralisches Gebot, ein Menschenrecht, um dessen Verwirklichung wir uns permanent bemühen müssen – und sei es aus Eigennutz.

Anzunehmen, dass nun etwa der »freie Markt«, das Business, eine geeignete Agentur sei, um diesem Recht zur Geltung zu verhelfen, ist aber eindeutig ein Irrglaube. Es ist vielmehr umgekehrt: Das Recht muss gelten, damit überhaupt so etwas wie ein Markt entstehen kann, dessen Funktionieren vom wechselseitigen Vertrauen aller Marktteilnehmer abhängt, die sich als »Gleiche« begegnen. Und ihre Gleichheit meint ganz sicher nicht Gleichförmigkeit, sondern erweist sich, wie es Jean Cocteau einmal ausgedrückt hat, erst im Aushalten, günstigstenfalls im Zusammenfügen der Gegensätze zu einer neuen Einheit, nicht aber in der Unterdrückung von Differenzen. Sie ist also nicht buchstäblich, etwa als Homogenität, zu verstehen, sondern eher abstrakt, als ein Gebot: Wir haben so zu tun, als seien alle gleich, damit ein größtmögliches Ausmaß an Gerechtigkeit entsteht. Da aber die *Gleichen* nun einmal ungleich sind und auch unter allen Umständen bleiben dürfen, beruht die Gleichheit, von der allein die Rede sein kann, auf festen Verabredungen, auf marktfremden Werten, auf Grenzziehungen. Und solche »Selbstbegrenzungen« wiederum entspringen keiner irgendwie gearteten Selbstlosigkeit, sie sind nicht reinsten altruistischen Wassers, sondern leiten sich aus sozialer Vernunft ab, aus der Einsicht, dass mein Wohlbefinden ganz wesentlich von der Anerkennung anderer abhängig ist und dass Gegenwart wie Zukunft nur im Miteinander lebbar sind.

DIE KAPITALISTISCHE WELT-MASCHINE

Wo diese Einsicht in Vergessenheit gerät, wo die ihr zugrunde liegenden Werte erodieren und wo die mit Bedacht gesetzten Grenzen aus Profitstreben niedergerissen werden, dort kehren

Verhältnisse zurück, die schon Karl Marx theoretisch zu begreifen versucht hat. Im »Kommunistischen Manifest« hatte Marx schon vor 160 Jahren die politische Dynamik der ökonomischen Ungleichheit beschrieben und gezeigt, wie der »freie«, entfesselte Markt, ohne dass jemand irgendetwas dezidiert Böses im Schilde führt, eine kapitalistische Welt-Maschine entstehen lässt, die alles Leben zu »subsumieren« droht: Das Eigentum konzentriert sich in wenigen Händen, die Löhne konkurrieren sich beständig nach unten, Einkommen und Produktivität driften auseinander, die Binnennachfrage sinkt trotz steigender Produktion, geregelte Arbeitsverhältnisse fallen den Schwankungen des Marktes zum Opfer, immer mehr Menschen drohen in Armut zu fallen – die Liste ließe sich noch eine Weile fortsetzen.

Dieses Verständnis des Kapitalismus als ein in alle Lebensbereiche und gesellschaftlichen Beziehungen eindringendes System erscheint mir heute wieder so aktuell wie zu Marx' Zeiten. Es ist eine plastische und, bei allen Unterschieden im Detail, sehr genaue Beschreibung dessen, was wir die »globalisierte Wirtschafts- und Finanzwelt« nennen. Aber was heißt das? Bedeutet dies zugleich, dass wir uns auch auf das Eintreten der Marx'schen Prognose, also auf neue Klassenkämpfe, einzustellen hätten – wie sie sich möglicherweise schon in den regelmäßigen Scharmützeln während der jährlichen G8-Gipfel andeuten? Das halte ich für unwahrscheinlich. Es ist allerdings auch nicht ganz korrekt, den guten Marx auf derart schlichte Schlussfolgerungen zu verkürzen. Anders als diejenigen, die seine »Lehre« später in eine Ideologie umwandelten, war sich Marx der Doppelgesichtigkeit des Kapitalismus bewusst, und es ist dieser Aspekt seiner Analyse, der mir gegenwärtig wieder hochvirulent erscheint.

Zweifellos hat die etwa Anfang der 1990er-Jahre einsetzende Globalisierung, mit all ihren Liberalisierungsfolgen, dazu geführt, dass der Kapitalismus insgesamt, wie schon zu seiner wilden Anfangszeit – jener Zeit also, die Karl Marx vor Augen hatte –, primär nach dem Seerosen-Prinzip funktioniert: Er feiert ungeahnte Erfolge und ist zugleich von größter Zerstörungskraft. Er bringt wunderschöne Blüten hervor, deren Anblick jedoch allzu lange darüber hinwegtäuscht, dass die Schönheit unter der Oberfläche bereits an ihrer eigenen Substanz zehrt.

Ebendiese Paradoxie hatte Karl Marx bereits in den 1840er-Jahren erkannt und hellsichtig beschrieben, dass der Kapitalismus einerseits die kreativste, innovativste und leistungsstärkste Wirtschaftsordnung der Menschheitsgeschichte ist, dass er aber andererseits, und zwar aus sich heraus, dazu tendiert, eine Gesellschaft, deren Entwicklung er zunächst befördert, sukzessive zu untergraben und aufzulösen. Aus dieser Einsicht hatte Marx bekanntlich seine utopische Hoffnung gewonnen, nur eine Abschaffung des Kapitalismus und die Errichtung einer kommunistisch-harmonischen Gesellschaftsordnung könne alles zum Guten wenden. Darin lag er falsch. Es war aber in der Tat eher eine utopische Hoffnung als ein Programm. Und diese Hoffnung war durch die eigene Diagnose auch gar nicht zu stützen, denn Marx war sich als Analytiker sehr wohl darüber im Klaren, dass eine kapitalistische, das heißt auf marktförmigen Beziehungen beruhende Wirtschaftsordnung alternativlos ist: Wir können ohne solche marktförmigen Beziehungen nicht leben – nicht einmal im Kommunismus. Zugleich aber ist dieser Kapitalismus nur ungeheuer schwer auszuhalten, weil ihm jede Form von Gesellschaftlichkeit und Solidarität wesensfremd zu sein scheint. Er ist gewissermaßen »starkzehrend«.

Konkret gewendet, heißt dies: Alle Akteure auf dem freien Markt haben ein unwiderstehliches Interesse daran, ihre Kosten zu senken und ihren Profit zu steigern. Und das führt unweigerlich dazu, dass auch »soziale Kosten« – zum Beispiel ökologische oder gesundheitliche Schäden – zu »externen Effekten« erklärt werden und versucht wird, sie entweder auf den Staat abzuwälzen oder in die »Eigenverantwortung« jedes Einzelnen zu verlagern. Sobald eine solche Abwälzung möglich ist, wird davon auch Gebrauch gemacht, denn jede Verringerung von Kosten erhöht den Profit. Damit steht aber jede Markt-Gesellschaft in Zeiten der Globalisierung vor einem grundlegenden Dilemma, das den Staat zugleich erpressbar macht: Wie lassen sich angesichts eines globalen Wettbewerbs die Unternehmen ökologisch und sozial in die Verantwortung nehmen, ohne dadurch ihre Abwanderung zu provozieren und die heimische Wirtschaftskraft zu schwächen? Wie wäre Nokia oder jedes andere Unternehmen davon abzubringen, dorthin zu gehen, wo sich zu niedrigeren Kosten produzieren lässt?

Eine Antwort hierauf wäre allenfalls als ein international einheitliches Regelwerk denkbar, das überall für vergleichbare Steuern und Arbeitskosten sorgt und dadurch den Produktionsansiedelungs-Wettbewerb stoppen könnte. Eine solche Regelung ist aber weithin nicht in Sicht. Sie wäre zurzeit nicht einmal im Rahmen der Europäischen Union auch nur im Ansatz durchsetzbar – vielleicht sogar zu Recht, da ja außerhalb der EU genügend attraktive »Standorte« verbleiben würden. Die Situation erscheint heillos – jedenfalls so lange, wie man einer rein ökonomischen Vernunft verhaftet bleibt. Das muss man aber nicht, man könnte schließlich auch die Wertehierarchie verändern.

Auch national wäre das Grundproblem tatsächlich in den Griff zu bekommen, wenn man kurz- und mittelfristig durchaus nennenswerte Nachteile in Kauf nähme und die heimische Wirtschaft im internationalen Wettbewerb erheblich schwächen würde. Das klingt aberwitzig. Es ließen sich jedoch gute Gründe dafür anführen, denn es ist ja längst gar nicht mehr so abwegig, dass uns das erwähnte Dilemma – man denke an die Erderwärmung – langfristig umbringen wird. Wenn wir uns nicht schon vorher die Köpfe einschlagen, etwa weil eine wachsende Ungleichheit, ein Schwinden des Gerechtigkeitsempfindens und der Verlust an sozialen Bindungen die Zeiten des »sozialen Friedens« endgültig beenden. Wir dürfen uns daher aus meiner Sicht nicht mehr lange davor drücken, Entscheidungen zu treffen, die der ökonomischen Vernunft widersprechen mögen, die aber eine »nicht-ökonomische« Vernunft meines Erachtens zwingend vorschreibt: Regeln zu setzen, die die Freiheit der Märkte und des Wettbewerbs einschränken. Denn der Nutzen dieser Freiheit kommt uns schon heute teuer zu stehen.

Solche Einschränkungen wirtschaftlicher Freiheiten werden womöglich die Produktivität und den Profit ein wenig mindern; sie werden aber ganz gewiss den geschilderten Zerstörungskräften Einhalt bieten können. Insofern führt für mich kein Weg daran vorbei, endlich eine offene Debatte darüber zu führen, zu welchen steuernden Eingriffen ein demokratisch organisiertes Staatswesen nicht nur aufgerufen, sondern beauftragt ist. John F. Kennedy hat einmal, mit dem ihm eigenen Pathos, ganz richtig festgestellt: »Wenn eine freie Nation den vielen, die arm sind, nicht helfen kann, kann sie auch die wenigen nicht retten, die reich sind.«

Der Staat ist keine Standort-Agentur, sondern eine Einrichtung, die das Gemeinwesen organisieren und die Interessen aller Bürger vertreten soll – mit der Betonung auf »aller«. Und da sich aus dem Markt selbst keine Moral ableiten lässt, müssen die im wirtschaftlichen Verkehr geltenden Regeln von außen – eben zum Beispiel staatlich – gesetzt und ihre Einhaltung überwacht werden. Wo dies nicht oder nur unzureichend geschieht, entstehen Ungleichheit und Unfreiheit. »Weil der Lauf der Dinge stets auf die Zerstörung der Gleichheit ausgeht«, so hat es schon der Philosoph Jean-Jacques Rousseau in seinem Buch über den Gesellschaftsvertrag formuliert, »muss die Kraft der Gesetzgebung stets auf ihre Erhaltung ausgehen«. Welche andere Daseinsberechtigung hätte der Staat, als die Schwachen zu schützen und zu fördern sowie für Gerechtigkeit zu sorgen – verstanden als Chancengerechtigkeit? Darin besteht meiner Überzeugung nach seine Hauptfunktion, allein daraus erwachsen seine Autorität und Legitimation. Und wenn diese Aufgabe vernachlässigt wird, dann setzt eine Entwicklung ein, deren Anfänge wir heute allenthalben beobachten können.

VORSTAND OHNE ANSTAND

Ein Großteil der sogenannten Eliten hat sich durch seine mit allerlei Globalisierungsrhetorik nur dürftig kaschierte Raffgier und Interessenpolitik längst aus der Gesellschaft verabschiedet. Und was »die da oben« vormachen, animiert geradezu zu sozialem Missbrauch im Kleinen – und damit zu einer Entwertung sozialstaatlicher Normen. Gigantische Managergehälter, Korruptionsskandale, Massenentlassungen, feindliche Übernahmen, Steueraffären, das Versagen von Aufsichtsräten in der Bankenkrise usw. treiben auch den zu ihren eigenen Unternehmern degradierten Bürgern am Ende jeden Anstand aus. Kaum jemand dürfte dauerhaft bereit sein, sich in einem gesellschaftlichen oder beruflichen Umfeld moralisch zu verhalten, das man selbst als unmoralisch erlebt.

Diesen Trend belegt zum Beispiel eine Ende 2006 im »British Journal of Criminology« veröffentlichte internationale Studie, für die auch 1700 Personen aus West- und 800 aus Ostdeutschland befragt worden waren. Das verheerende Ergebnis: Die Mehrheit, 70 Prozent der West- und 60 Prozent der Ostdeutschen, würden demnach aus Eigennutz auch Gesetze brechen. Ob bei Sozialleistungen, Steuern oder Versicherungen, ob bei der sogenannten Nachbarschaftshilfe (sprich: Schwarzarbeit) oder beim Gebrauchtwagenverkauf – es wird getrickst, was das Zeug hält.

Staatsferne, Resignation, Alimentationsmentalität, Verwahrlosung, mangelndes Rechtsempfinden, Politik- sowie mittlerweile auch eine ausgewachsene Wirtschaftsverdrossenheit sind mithin direkte Ausflüsse des Verhaltens unserer Eliten. Der Fisch stinkt – wie es so schön heißt – vom Kopf her. Denn die politischen, wirtschaftlichen und kulturellen Führungskräfte haben gerade wegen ihrer »Führungs«aufgaben immer auch eine Vorbildfunktion. Ihr Handeln steht ja zu Recht im Fokus der Öffentlichkeit und verströmt dadurch in der Summe einen Geist, der sich am Ende auch aller anderen bemächtigt. Und dass dieser Geist nichts Gutes verheißt, sollte durch die Beispiele aus der jüngeren Vergangenheit erschreckend deutlich geworden sein.

Wenn der ehrenwerte Josef Ackermann, Vorstandschef des größten deutschen Bankhauses und vielfacher Einkommensmillionär, sich vor Gericht wegen Untreue verantworten muss und zu Prozessbeginn seine Selbstgewissheit nicht nur mit einem dämlichen Victoryzeichen zur Schau stellt, sondern sich auch noch zum Opfer einer »Klassenjustiz« erklärt – »Dies ist das einzige Land, in dem diejenigen, die Erfolg haben und Werte schaffen, deswegen vor Gericht gestellt werden« –, dann ist das nicht einfach nur eine arrogante Geste. Er demonstriert damit ein Machtbewusstsein, das sich offenbar außerhalb, nein, oberhalb des Rechts wähnt. Der Ausgang des Verfahrens dürfte ihn darin sogar noch bestätigt haben und ließ nun die Öffentlichkeit von einer »Zwei-Klassen-Justiz« sprechen. Der gegen den Spitzenmanager erhobene Vorwurf, den Mannesmann-Konzern als Aufsichtsratsmitglied durch Prämienzahlungen von insgesamt 57 Millionen Euro an den Vorstandsvorsitzenden, Klaus Esser, sowie an andere Manager im Zuge der Übernahme von Mannesmann durch Vodafone geschädigt zu haben, war im Nachhinein nicht mehr lückenlos zu beweisen. Also einigte man sich schließlich auf einen Deal: Gegen eine Geldstrafe von 3,2 Millionen Euro wurde das Verfahren eingestellt – was die Süddeutsche Zeitung als eine »moderne Form das Ablasshandels« wertete. Josef Ackermann kam ohne eine Vorstrafe davon und versucht seitdem, sein Image wieder aufzupolieren. »Wir sind doch keine Unmenschen«, beteuerte er im März 2008 in einem Spiegel-Gespräch, zeigte aber selbstverständlich keinen Anflug von Reue, sondern räumte lediglich Vermittlungsdefizite ein.

Weniger glücklich für den Angeklagten war der Ausgang eines anderen Strafverfahrens gegen den einst von vielen hochgeschätzten früheren Personalvorstand von Volkswagen, Peter Hartz – Gestalter und Namensgeber eines der umstrittensten politischen Reformprojekte der jüngeren Vergangenheit: der Hartzreformen des Arbeitsmarktes. Die Kreativität dieses ehemaligen Vorzeige-Managers hatte sich bei VW leider nicht nur auf die Entwicklung neuartiger Tarifkonzepte – etwa die Einführung der 4-Tage-Woche oder das Modell 5000 Arbeitsplätze für 5000 Euro – beschränkt. Daneben hatte er auch eine neue Form der Zusammenarbeit zwischen Vorstand und Betriebsrat begründet. Nachdem ruchbar geworden war, dass er sich selbst auf Firmenkosten mit einer südamerikanischen Prostituierten vergnügt haben soll, war das ganze Ausmaß der VW-Korruptionsaffäre offengelegt worden. Über Jahre hinweg hatte die Firmenleitung etliche Betriebsratsmitglieder – allen voran den mächtigen Vorsitzenden Klaus Volkert, der sich an Sonderbonuszahlungen von insgesamt knapp zwei Millionen Euro sowie an einer brasilianischen Geliebten auf Firmenkosten erfreute – mit finanziellen Zuwendungen sowie mit Luxusreisen bestochen und sich damit die Arbeitnehmervertretung im Aufsichtsrat gefügig gemacht.

Im Sommer 2005 räumte Peter Hartz seinen Posten bei VW, einige Monate später eröffnete die Staatsanwaltschaft Braunschweig ein Strafverfahren, das einer beeindruckenden Karriere ein jähes Ende setzte. Der Mann, der nicht nur in der Wirtschaft, sondern auch in der Politik höchstes Ansehen genoss – ein Freund von Bundeskanzler Gerhard Schröder und dessen vielleicht prominentester Berater –, wurde im Januar 2007 zu einer Freiheitsstrafe von zwei Jahren auf Bewährung und zu einer Geldstrafe in Höhe von 576.000 Euro verurteilt. Die Ironie der Geschichte: Während »seine« Arbeitsmarktreformen die Sozialstaatlichkeit deutlich zurückfuhren und das Klima für alle Empfänger von staatlichen Transferleistungen sehr viel rauer machten, hatte er bei VW wie ein Feudalfürst agiert und großzügig Pfründe verteilt.

Ich gestehe, dass mir das Geschehen bei VW besonders nahe gegangen ist. Dieser traditionsreiche Konzern ist von eminenter Bedeutung für die deutsche Wirtschaft. Und es erfüllt mich noch heute mit großem Stolz, einmal dem Konzernvorstand angehört zu haben und Vorstandsvorsitzender der Marke Volkswagen gewesen zu sein. Es war sicher der schwierigste Posten in meiner Karriere. Nirgendwo sonst ist das Verhältnis zwischen Vorstand, Gewerkschaft, Betriebsrat und Politik so eng wie bei VW. Ich habe eine ganze Weile gebraucht, bis ich das interne Machtgefüge der komplexen Firmenstruktur halbwegs durchschaut und mir meinen Platz erkämpft hatte. Aber ich wurde belohnt. Es folgten bewegte Jahre. Bei Volkswagen erlebte ich den Fall der Mauer und die Wiedervereinigung Deutschlands, mit all den politischen und wirtschaftlichen Umwälzungsprozessen, die darauf folgten und die es Carl Hahn ermöglichten, VW zu einem Weltkonzern auszubauen. Er war derjenige, der die Firma dazu bewog, sich im Prozess der Öffnung Europas im Osten voll zu engagieren: die Trabantwerke in Zwickau, der Einstieg bei Skoda, ein erstes Joint Venture mit der Volksrepublik China, Pläne für eine Produktionsniederlassung in Russland – eine Herausforderung folgte damals auf die nächste.

Aber ich gestehe auch, wo so viel Dynamik im Spiel ist, wird immer wieder einmal über das Ziel hinausgeschossen. In einem Unternehmen dieser Größenordnung, mit wachsenden internationalen Ambitionen und mit einem derart großen Auftragsvolumen für die Zulieferer-Industrie bleiben Regelverstöße leider nicht aus. Natürlich wird es immer und überall Leute geben, die ihren eigenen Nutzen über alles andere zu stellen bereit sind. So wurden beispielsweise 1990 der Chef der VW-Devisenabteilung sowie vier Mittäter zu Haftstrafen verurteilt, weil sie dem Konzern mit windigen Devisengeschäften einen Schaden von mehr als 170 Millionen Euro beschert hatten.

Solche und ähnliche Beispiele ließen sich seitenlang aneinanderreihen. Und dennoch hätte ich bis vor kurzem nicht für möglich gehalten, was in den letzten Jahren an systematischen Regelverstößen und systematischen Ausplünderungen ans Tageslicht gekommen ist – zumal wir, wie bei allen Delikten, davon ausgehen müssen, dass die Zahl der enttarnten Verstöße weit geringer ist als die Zahl der unentdeckten. Gleichwohl ist die Quantität für mich weniger bedrohlich als die neue Qualität. Es handelt sich längst nicht mehr »nur« um die gern genannten schwarzen Schafe. Ich glaube deshalb, dass die Vorgänge etwa bei Siemens und VW das Gesicht dieses Landes verändert haben und weiter verändern werden. Sowohl das Ende der rot-grünen Regierung unter Gerhard Schröder wie auch das Erstarken der Linkspartei stehen damit in engem Zusammenhang. Insbesondere die VW-Krise hatte meines Erachtens erhebliche politische Auswirkungen, und es wundert mich einigermaßen, wie wenig darüber öffentlich reflektiert worden ist. Denn gerade eine ungute Nähe zur Politik scheint in manchem Manager das Gefühl der Unantastbarkeit entstehen zu lassen.

Eine kurze Rekapitulation: Als Gerhard Schröder 1998 von der neuen rot-grünen Mehrheit im Bundestag zum Kanzler gewählt wurde, hatte man in Wolfsburg sofort reagiert und dem langjährigen SPD-Mitglied Peter Hartz im VW-Vorstand die Abteilung »Regierungsbeziehungen« übertragen. Hartz und seine 24-köpfige Lobby-Truppe, mit Außenstellen in Berlin, Brüssel und Washington, konnten das in sie gesetzte Vertrauen rasch rechtfertigen und beste Beziehungen aufbauen – besser gesagt: aufrechterhalten, denn da Gerhard Schröder als vormaliger niedersächsischer Ministerpräsident einige Jahre dem Aufsichtsrat von VW angehört hatte, war man sich bereits hinlänglich vertraut. Es entwickelte sich ein System des Nehmens und Gebens. Einerseits gelang es der Hartz-Truppe, den obligatorischen Einbau von Rußfiltern in Diesel-Fahrzeugen jahrelang zu verhindern. Andererseits machte sich Kanzler Schröder den guten Ruf des VW-Mannes zunutze und präsentierte ihn ein halbes Jahr vor der Bundestagswahl 2002 als Retter in der Not. Der renommierte Arbeitsdirektor sollte ein Reformwerk entwickeln, dessen Umsetzung die Arbeitslosigkeit »halbieren« würde.

Nicht zuletzt mit diesem Versprechen gelang die Wiederwahl, auch wenn schon damals viele warnten, dass eine Umsetzung des Reformwerks, wie etwa die Zusammenlegung von Sozialhilfe und Arbeitslosenhilfe, die Gesellschaft spalten könnte. Und tatsächlich: Noch vor Ablauf der darauf folgenden Legislaturperiode hatte die Regierung abgewirtschaftet. Nicht nur, dass das Versprechen einer Halbierung der Arbeitslosigkeit uneingelöst blieb – die Arbeitslosigkeit hatte von 2002 bis 2005 nicht etwa ab-, sondern von 4,1 auf 5 Millionen zugenommen. Die Hartzreformen hatten darüber hinaus sowohl einen Gutteil der SPD-Wähler als auch viele Parteimitglieder gegen den Regierungskurs aufgebracht. Schröder, der begnadete Wahlkämpfer, entschloss sich, sein Heil in auf den September 2005 vorgezogenen Neuwahlen zu suchen. Und seine Strategie wäre beinahe aufgegangen, wenn ihm nicht mittendrin das »System VW« um die Ohren geflogen wäre.

Es begann im Frühjahr 2005 mit der sogenannten VW-Gehaltsaffäre, als bekannt wurde, dass sechs SPD-Abgeordnete (mit Mandaten in den Landtagen von Niedersachsen und Bayern sowie im Bundestag) neben ihren Diäten jahrelang Gehälter von VW bezogen hatten, ohne hierfür angemessene Gegenleistungen erbracht zu haben. Als dann nach und nach auch das ganze Ausmaß der Korruptionsaffäre immer deutlicher wurde und der VW-Aufsichtsrat am 13. Juli 2005 einstimmig das Rücktrittsangebot von Peter Hartz annahm, war die für den 18. September anberaumte Bundestagswahl aus meiner Sicht gelaufen. Der Namensgeber jener Reformen, an denen die Regierung Schröder maßgeblich gemessen wurde, stand nun zugleich für einen der größten Korruptionsskandale in diesem Land. »Das nennt man Totalschaden«, musste sogar die SPD-eigene *Frankfurter Rundschau* einräumen.

Wie viel Energie hier in unsaubere Praktiken geleitet wird, erstaunt mich immer wieder, wenn ich mir das üppige Arbeitspensum eines Managers in Erinnerung rufe. Denn einige der vermeintlichen schwarzen Schafe machen nebenher offenbar einen ordentlichen Job. Und das kann nur gelingen, weil es sich eben nicht um »Abweichler« handelt, die ihr zweites Gesicht auch intern verbergen müssen, sondern weil die Grenzen zwischen Professionalität und Illegitimität inzwischen fließend geworden sind und der Werteverfall bereits weit fortgeschritten ist. Hier muss sich niemand zweiteilen oder verdoppeln, alles geht Hand in Hand, ist systemkonform, dient nicht zuletzt den Interessen des Unternehmens. Ackermann, Esser, Hartz, der Ex-Daimler-Chef Schrempp, der Infineon-Gründer Schumacher oder der Ex-Post-Chef Zumwinkel – von A bis Z ließe sich Beispiel an Beispiel reihen. Und die Herren, das ist das Erschreckende, zeigen keinerlei Unrechtsbewusstsein. Warum auch? Nicht nur heiligt der Zweck die Mittel, man wähnt sich darüber hinaus auch kaum antastbar. Man hat sich in einer elitären Parallelwelt eingerichtet, die mit der Realität der Mehrheitsgesellschaft kaum noch etwas gemein hat.

Gerade Klaus Zumwinkel – in seiner gewissenhaften gewissenlosen Art – verkörpert solche Einkapselung wie kein Zweiter. Seine Bilderbuchkarriere beginnt praktisch mit seiner Geburt. Als Sohn eines erfolgreichen Unternehmers stehen ihm von Beginn an viele Türen offen. Und er weiß die richtige Wahl zu treffen. Obwohl finanziell unabhängig, seit er und sein Bruder Anfang der 1970er-Jahre das ererbte Handelsimperium an den Rewe-Konzern verkauft hatten, verfolgt er einen zielstrebigen Berufsweg, der ihn von der Beratungsfirma McKinsey über den Vorstandsvorsitz der Quelle AG bis auf den Chefsessel der Deutschen Post führt. Dort schreibt er eine Erfolgsgeschichte. Als Zumwinkel die Post Anfang der 1990er-Jahre übernimmt, gilt das Unternehmen als ein maroder Staatsbetrieb. Der neue Chef nimmt die Herausforderung an, er saniert die völlig veralteten Strukturen in nur wenigen Jahren und wandelt die Post 1995 erfolgreich in eine moderne Aktiengesellschaft um; der Börsengang spült Milliarden in die chronisch klamme Staatskasse. In wirklich beeindruckender Manier ist es Zumwinkel damit gelungen, die gute alte Beamtenpost zu einem weltweit agierenden und weltweit führenden Logistikkonzern mit mehr als 500 000 Mitarbeitern umzubauen.

Selbstverständlich hat sich diese Leistung auch für ihn selbst gelohnt. Dagegen gibt es auch gar nichts einzuwenden. Neben allen erdenklichen Managementauszeichnungen ist er mit dem Großen Bundesverdienstkreuz dekoriert, und sein Gehalt konnte sich auch sehen lassen – obwohl er nicht einmal zu den Spitzenverdienern unter den Spitzenmanagern gehörte. Zwischen 1995 und 2005 hatten sich seine Bezüge fast versechsfacht, sodass er in diesem Zeitraum immerhin mehr als 20 Millionen Euro verdiente. Und auch nach dem Ausscheiden aus dem Amt muss er den Gürtel nicht wirklich eng schnallen, da er sich während seiner fast 18-jährigen Tätigkeit Versorgungsansprüche von mehr als einer Million Euro im Jahr erarbeitet hat.

Das Interessante ist: An den Einkünften von Klaus Zumwinkel hätte vermutlich nie jemand ernsthaft Anstoß genommen – ich ganz gewiss nicht; nicht einmal das Finanzamt war stutzig geworden, dass die Kapitaleinkünfte der Familie Zumwinkel kaum einmal den Sparerfreibetrag überschritten, was bei einem zu versteuernden Einkommen in dieser Größenordnung nun wirklich bemerkenswert ist. Aber Herr Zumwinkel wirkte eben durch und durch integer, er war eine Zierde der Managerkaste, galt als bescheiden, verlässlich, kultiviert und gebildet – von so tadellosem Ruf, dass das Kinderhilfswerk Unicef ihn schon als Deutschland-Chef in den Blick genommen haben soll. Er war beliebt bei seinen Mitarbeitern und wurde selbst von Gewerkschaftern als »solide und fair« gelobt. An Geld und großen Gesten schien er nicht interessiert zu sein, und er zitierte gern den Leitspruch des Lübecker Kaufmanns Johann Buddenbrook aus Thomas Manns Roman: »Mache nur Geschäfte, bei denen du nachts ruhig schlafen kannst.« Und dann steht eines Tages die Staatsanwaltschaft vor der Tür, und das ZDF sendet live vom grün-weißen Gartenzaun: Steuerhinterziehung im großen Stil. Du lieber Himmel!

Wenn ein solcher Erfolgsmanager wie Klaus Zumwinkel, nach eigener Aussage Multimillionär, im Verdacht steht, Steuern in erheblichem Umfang hinterzogen und damit auch den eigenen Arbeitgeber betrogen zu haben – immerhin ist die Bundesrepublik Deutschland Hauptaktionär der Deutschen Post AG –, dann wirkt das buchstäblich demoralisierend. Das heißt, der Schaden, den er dadurch anrichtet, ist weit größer als die Summe der möglicherweise am Fiskus vorbeigeschleusten Gelder. Dabei hätte die Öffentlichkeit vorgewarnt sein können. Denn der einflussreiche Wirtschaftsführer, mit Sitz und Kontrollfunktion (!) in etlichen Aufsichtsräten, hatte ja tatsächlich schon Ende 2007 gezeigt, wes Geistes Kind er ist: Nur einen Tag, nachdem er einen Mindestlohn für die Briefzustellung in Deutschland von Euro 9,80 durchgesetzt und damit, so die Kritik der Konkurrenz und sogar des Bundeskartellamts, das Post-Monopol gestärkt hatte, machte er sich das Resultat seines Verhandlungsgeschicks auch privat zunutze. Als die Post-Aktie nach Bekanntgabe der Entscheidung – an der er gerade maßgeblich mitgewirkt hatte – einen Schub nahm, verkaufte er ein privates Aktienpaket und erlöste damit knapp fünf Millionen Euro. Chapeau! Selbstverständlich ganz legal. Aber die Unverfrorenheit, mit der sich die Angehörigen der Elite heute ganz offen ihren Vorteil sichern, ist für die öffentliche Moral nur mehr desaströs.

Dabei sollte man gerade den Aspekt der Steuerhinterziehung im Fall Zumwinkel wirklich nicht zu hoch hängen. Die moralische Empörung im Angesicht eines Straftatbestands, der im Grunde genommen schon immer den Charakter eines Volkssports hatte, kommt mir jedenfalls etwas wohlfeil vor. Schon im Mittelalter gaben die Bauern nur das jeweils schwächste Schwein eines Wurfs als Zehnten an den Klerus ab; dadurch ist auch in einigen englischen Dialekten das schöne Wort »Sparschwein« entstanden. Und nur zwei Jahre, nachdem man in Preußen die Einkommensteuer eingeführt hatte, kam es 1893 in Bochum zu einem ersten, Aufsehen erregenden Steuerprozess gegen wohlhabende Angeklagte, die viel zu niedrige Einkommen angegeben hatten und nun nachträglich zur Kasse gebeten wurden. Sie hatten geglaubt, ihre »Repräsentationskosten« von den Einkünften abziehen zu dürfen, also ihren Luxus als steuermindernden Lebensnachteil geltend machen zu können – eine ja bis heute weit verbreitete Denkfigur. Übrigens zog der preußische Staat lediglich ein bis vier Prozent der Einkünfte ein. Aber um die absolute Höhe der Abgaben ging es letztlich nie. Das Wechselspiel von staatlicher Steuererhebung und privater Steuervermeidung durchzieht die gesamte Geschichte, und die Grenze zwischen »ganz legalen Steuertricks« und einem betrügerischen Verhalten ist, milde formuliert, äußerst löchrig. Aber was die vielen Bezieher kleinerer und mittlerer Einkommen als Notwehraktion empfinden, gewissermaßen als Mundraub, wird einem Millionär wie Zumwinkel als unanständige Unersättlichkeit ausgelegt. Und da ist ja auch etwas dran, allerdings mit dem kleinen Vorbehalt, dass so etwas wie Anstand schwerlich teilbar ist. Wer einen Handwerker schwarz beschäftigt oder private Ausgaben steuerlich geltend macht, wäre mindestens juristisch nicht anders zu beurteilen als der ehemalige Post-Chef.

Aber die Steuergeschichte war ja im Grunde auch nur eine Petitesse im deprimierenden Affären-Karussell der letzten Monate, dem ich am Ende jedoch sogar noch etwas Gutes abgewinnen kann. Der einzige, aber nicht zu unterschätzende positive Aspekt an all den Skandalen der jüngeren Vergangenheit besteht darin, dass sie ans Licht kamen. Die Tatsache etwa, dass die Justiz bei großen Namen eben keineswegs in eine Ermittlungsstarre verfällt, ist ein deutlicher Beleg dafür, dass die Rechtsstaatlichkeit nach wie vor lebendig und in Wahrheit selbstverständlich niemand unantastbar ist. Das lässt darauf hoffen, dass solche Fälle zum heilsamen Schock werden. Denn eine Rückkehr zu Anstand und Moral ist dringend geboten, damit wir die schon heute verursachten Flurschäden des Eliteversagens sowie die weiter absehbaren Verwerfungen noch in den Griff bekommen.

DEMOKRATISCHER ABBRUCH

Wie soll jemand Vertrauen in die Wirtschaft oder die Konzerne fassen, wenn deren Führungspersonal derart abgehoben ist? Und es sind ja nicht erst die spektakulären Fehltritte einiger Vertreter dieser Führungskaste, die solches Vertrauen untergraben. Der ganz normale Alltag reicht schon hin. Wie soll man beispielsweise jungen Menschen erklären, warum Unternehmen – wie Telekom, Siemens, Nokia, Allianz, Henkel, BMW oder die Deutsche Bank –, die riesige Gewinne, Milliardengewinne, erwirtschaften, gleichzeitig Arbeitsplätze in großem Umfang abbauen? Und die großen Stellenstreichungen stehen uns offenbar erst noch bevor. Laut *manager magazin* planen 73 Prozent der in der Europäischen Union ansässigen Betriebe weitere Maßnahmen zur Kostensenkung, vor allem einen weiteren Abbau ihrer Belegschaften. In anderen Worten: Nokia und Bochum sind überall. Gleichzeitig sind nach Angaben der Unternehmensberatung Kienbaum die Manager-Gehälter bei den Dax-Unternehmen im Jahr 2007 um durchschnittlich 18 Prozent gestiegen – von einem bereits hohen Niveau aus. In den Führungsetagen selbst kann also von »Maßnahmen zur Kostensenkung« keine Rede sein.

Das alles ist doch nicht mehr zu vermitteln. Das Einzige, was durch solches Handeln signalisiert wird, ist nur mehr eine verheerende Botschaft. Und diese Botschaft lautet: Man kann sich anstrengen, wie man will – alle Motivation, das höchste Engagement und auch die beste Leistung werden nicht vor dem Verlust des Arbeitsplatzes schützen. All die Mühe lohnt sich nicht mehr. Der Wert der Aktie oder die Renditevorgaben großer Anteilseigner sind den Unternehmensführungen im Zweifel immer wichtiger als der Wert der Arbeit ihrer Mitarbeiter.

So zieht sich mangelndes Zutrauen wie eine Schimmelschicht über das Wirtschaftsleben sowie auch über eine schlingernde, mutlose, sich in Geiselhaft begebende Politik und zuletzt über das politische System insgesamt. Verantwortlich hierfür ist neben der Wirtschaftselite auch die politische Elite. Undurchsichtige Beziehungsgeflechte, Verhandlungen hinter verschlossenen Türen, informelle Strukturen, parlamentarische »Probeabstimmungen«, Experten- und Untersuchungskommissionen, deren Zusammensetzung undurchsichtig ist, Postenhuberei (Ex-Politiker in die Aufsichtsräte) – all diese mittlerweile ganz alltäglichen »Erscheinungen« haben die Demokratie und mit ihr die demokratischen Zentren, die Parlamente, in eine tiefe und äußerst gefährliche Vertrauenskrise gestürzt.

Sowohl die soziale Marktwirtschaft als auch die Demokratie stehen unter Generalverdacht – und zwar längst nicht mehr nur bei irgendwelchen unverbesserlichen linken Träumern. Einer im Dezember 2007 – im Auftrag der linken Träumereien gänzlich unverdächtigen Bertelsmann Stiftung – durchgeführten »repräsentativen Bürgerumfrage« zufolge hält nur noch eine kleine Minderheit von gerade einmal 15 Prozent der Menschen in Deutschland die wirtschaftlichen Verhältnisse im Lande für gerecht, während nahezu zwei Drittel der Deutschen die bundesdeutsche Gesellschaft als ungerecht ansehen. Und lediglich noch fünf Prozent der Bürger halten Deutschland für dasjenige Industrieland, das ihren Vorstellungen von sozialer Gerechtigkeit am nächsten kommt. Die meisten, 57 Prozent, sehen ihr Ideal in dieser Hinsicht am ehesten im skandinavischen Sozialstaatsmodell verwirklicht und fordern (66 Prozent), daran orientiert, dass der Staat viel stärker als bisher durch umverteilende Maßnahmen eingreifen soll, um mehr soziale Gerechtigkeit zu erreichen. Das sind dramatische Werte – und zugleich eine dröhnende Absage an die seit Jahren betriebene Liberalisierungspolitik. Noch nie in der Nachkriegszeit war die Unzufriedenheit mit den politischen, wirtschaftlichen und sozialen Verhältnissen in Deutschland größer als heute.

Zerstört also der »Superkapitalismus die Demokratie?«, wie sogar schon das wirtschaftsfreundliche *manager magazin* im März 2008 auf seiner Titelseite fragte – und die Möglichkeit einer zustimmenden Antwort im darauf folgenden Artikel keineswegs mehr ausschloss; das wäre angesichts aller sichtbaren Auswüchse auch nicht sehr glaubhaft. Spätestens mit der verheerenden Bankenkrise sollte erkennbar geworden sein, dass sich die reale Marktwirtschaft in der Tat zu einer ernsten Bedrohung für die wichtigste gesellschaftliche Errungenschaft der Neuzeit ausgewachsen hat. Die ökonomische Vernunft braucht einen freien Markt, sie ist aber nicht unbedingt auf Demokratie angewiesen. Und das politische System seinerseits setzt der Ökonomie immer weniger entgegen und scheint sich deren Primat untergeordnet zu haben, ist von einer marktkorrigierenden zu einer marktfördernden Instanz geworden. Das aber kostet gewissermaßen Legitimation. Entsprechend zeigen regelmäßige Eurobarometer-Umfragen, dass die Akzeptanz demokratischer Institutionen und Verfahren in den letzten Jahren dramatisch abgeschmolzen ist. So sank das Vertrauen der deutschen Bevölkerung etwa in den Deutschen Bundestag oder in die Bundesregierung allein zwischen Frühjahr und Herbst 2007 um rund zehn Prozent. Nur noch etwa 40 Prozent der Bürger sehen ihre Interessen durch die von ihnen gewählten Repräsentanten angemessen vertreten. Was Gesellschaft, Politik und Wirtschaft lange zusammenhielt, scheint seine Bindungskraft zu verlieren.

Eine Demokratie, von der sich der »Souverän« verabschiedet, ist aber keine mehr. Schon heute ist die »Partei der Nichtwähler« zur größten Volkspartei angewachsen. Und niemand klagt übrigens lauter darüber als die Angehörigen der gesellschaftlichen Führungsschichten, niemand trägt aber zugleich ein so hohes Maß an Mitschuld daran. Denn es sind die Privilegierten – Unternehmer, Manager, Politiker, Ministerialbeamte, Redakteure und Professoren –, die von jenen Ungleichheiten profitieren, die das Demokratie- und Gerechtigkeitsempfinden der Mehrheit untergraben. Sie singen das Hohelied der Eigenverantwortlichkeit und predigen das Ende der sozialen Hängematte, verschaffen sich aber selbst astronomische Abfindungen, Übergangszahlungen und Renten. Sie fordern eine Absenkung der Lohnnebenkosten – also etwa der Beitragssätze für die Renten-, Kranken-, Pflege- und Arbeitslosenversicherung –, wollen aber gleichzeitig die Steuern für die Vermögenden weiter gesenkt sehen und verlangen immer neue steuerliche Entlastungen für die Unternehmen. Wie soll das gehen? Zumal sich die Privilegierten selbst in der Regel längst aus der Mitgliedschaft und damit aus der Finanzierung der solidarisch angelegten Sozialversicherungen verabschiedet haben. Für die Bezieher hoher Einkommen ist es lukrativer, ihr Alter privat abzusichern, statt für die heutigen Rentner mitzuzahlen. Und für Beamte ist es natürlich günstiger, die eigene Gesundheits- und Altersversorgung dem Steuerzahler zu überlassen, statt die Krankheitskosten der Arbeitslosen mitzufinanzieren und selbst für eine Absicherung im Alter zu sorgen.

So werden überfällige Veränderungen und Reformen mit verlässlicher Regelmäßigkeit blockiert. Sozial- und Wirtschaftswissenschaftler aller politischen Ausrichtungen attestieren unisono, dass das deutsche Bildungssystem ebenso wie das Gesundheits-, Pflege- und Rentensystem ineffizient sind und dass der deutsche Sozialstaat insgesamt zu stark über die Belastung abhängig Beschäftigter, das heißt über Lohnkosten finanziert wird. Internationale Vergleichsstudien weisen unstrittig nach, dass die sozial Schwachen in ihrer Bildung kaum irgendwo sonst in Europa so stark benachteiligt werden wie in Deutschland, ebenso wie die aus diesem Grund Geringqualifizierten dann durch die deutsche Arbeitsmarktpolitik. Das deutsche Bildungssystem, so das niederschmetternde Resümee des UN-Sonderbeauftragten Vernor Munoz im März 2007, verletze das Recht auf Bildung und sei – insbesondere wegen der frühen Verteilung der Schüler auf Gymnasien, Real- und Hauptschulen – »sehr selektiv und sicher auch diskriminierend«.

Wer glaubt, hier würde etwas akut schieflaufen, was sich durch kleinere Korrekturen wieder geradebiegen ließe, der irrt. Nein, die seit langem bekannten Missstände sind tiefer liegender Natur, und das wissenschaftliche Urteil ist einhellig. Aber warum wird dann so wenig getan? Zwar neige ich nicht zu Verschwörungstheorien, es ist nur leider so, dass ausgerechnet diejenigen, die die politische und publizistische Macht hätten, Reformen durchzusetzen, an solchen Veränderungen in der Regel das geringste Interesse haben. Ihnen persönlich erwächst kein Vorteil daraus. Mehr als 80 Prozent der Kinder aus Akademiker- und Beamtenfamilien beispielsweise besuchen das Gymnasium, in dessen Oberstufe insgesamt auch noch doppelt so viel Geld fließt wie in die Grundschulen. Dagegen schaffen nur rund 30 Prozent der Arbeiter- und Migrantenkinder den Sprung auf weiterführende Schulen, und von diesen erlangt wiederum lediglich jedes Zehnte die Hochschulreife – was in Frankreich übrigens ganz ähnlich ist. Das heißt, für die vergleichsweise kleine Gruppe der Privilegierten funktioniert das Bildungssystem alles in allem sehr gut, weshalb der Widerstand gegen die Schaffung von Gemeinschaftsschulen gerade aus dieser Gruppe stets am stärksten gespeist wird.

Von ähnlichen Interessenkonflikten vor allem im Bereich der Gesundheits- und Rentenpolitik berichtet der Bundestagsabgeordnete Karl Lauterbach in seinem erschütternden Buch »Der Zweiklassenstaat«. Darin schildert er zum Beispiel den Fall eines renommierten Chirurgen an einer deutschen Universitätsklinik, der sich als Experte für Bauchspeicheldrüsenkrebs einen Namen gemacht hat. Diese aggressive Krankheit endet zumeist tödlich, die Überlebenschance kann jedoch deutlich verbessert werden, wenn ein erfahrener Chirurg die nötige Operation durchführt. Da die Erkrankung glücklicherweise selten ist, könnte der erwähnte Chirurg im Grunde alle Fälle im Umfeld seiner Klinik operieren. Dazu fehlt ihm aber die Zeit, weil er stattdessen hauptsächlich ganz gewöhnliche und vergleichsweise harmlose Leistenbrüche behandelt. Und warum? Die Erklärung hierfür ist so einfach wie die Leistenbruch-OP: »Operiert er einen Bauchspeicheldrüsenpatienten der AOK, steigt sein persönliches Einkommen nicht um einen einzigen Euro. Operiert er stattdessen in der gleichen Zeit fünf Privatpatienten mit Leistenbruch, hat er zusätzliche 3000 Euro verdient.«

Gerade im Gesundheitsbereich betritt die Marktwirtschaft in meinen Augen ein neuralgisches, weil von vornherein moralisch »kontaminiertes« Terrain. Natürlich werden private Klinikbetreiber dazu tendieren, sich wie der erwähnte Professor auf profitable Leistungen zu konzentrieren. Deswegen sah sich der Interessenverband kommunaler Krankenhäuser sogar schon genötigt, den

Gesetzgeber aufzufordern, allen Klinikbetreibern die Ausschüttung von Gewinnen zu verbieten. Selbstverständlich sollten die Kliniken betriebswirtschaftlich geführt, aber die Gewinne zur Verbesserung der Patientenversorgung eingesetzt werden. Eine rein »profitorientierte Betrachtung des Krankenhauswesens«, so der Verband, könne die flächendeckende Versorgung erheblich gefährden. Das ist, wie das obige Beispiel lehrt, in der Tat zu befürchten, aber wohl kaum zu vermeiden, da insbesondere die EU-Kommission die konsequente Haltung vertritt, dass der Kliniksektor ein Markt wie jeder andere sei.

Dass aus einer solchen Verwirtschaftung des Gesundheitswesens Ungerechtigkeiten erwachsen, dürfte ersichtlich sein. Aber sowohl die Versicherungswirtschaft als auch viele Mediziner und nicht zuletzt die privat Versicherten profitieren davon. Und die meisten Entscheidungsträger in Deutschland sind privat versichert. Selbstverständlich. Welche Koalitionen das hervorbringt, schildert der Politiker und Mediziner Karl Lauterbach in erwähntem Buch an einer selbst erlebten Episode. »Als sich ein Tagungstermin der Rürup-Kommission mit der Sitzung des Aufsichtsrates einer großen privaten Versicherung überschnitt, mussten wir den Termin verschieben, weil einige Mitglieder die Sitzung des Konzerns nicht verpassen wollten.« In anderen Worten: Hier beraten Leute über eine Reform der gesetzlichen Versicherungssysteme, die möglicherweise guten Willens sind – das Gegenteil will ich ihnen nicht unterstellen –, die aber privatwirtschaftliche Interessen vertreten, die einer solchen Reform in Wahrheit entgegenstehen.

Das geneigte Publikum fühlt sich wie in einer Operette, deren Ausgang längst feststeht. Wozu noch mitreden? Wozu noch teilnehmen? »Die da oben« kochen doch sowieso ihre eigene Suppe. Mitbestimmungs- und Mitwirkungsrechte werden faktisch nicht mehr ernst genommen, die Politik erscheint vielen nur noch als mediale Inszenierung. Und der Eindruck ist eben leider gar nicht so falsch: Die entscheidenden wirtschaftlichen, ökologischen und sozialen Impulsgeber sind heute nicht mehr Parteien oder gewählte Politiker, sondern halböffentliche oder im Verborgenen operierende Netzwerke (Vereinigungen, Verbände, Konzerne und ihre Lobbyisten-Truppen), die weder demokratisch gewählt wurden, die also auch nicht abgewählt werden können, noch durch demokratische Institutionen kontrollierbar sind.

In solchen Netzwerken spielen professionelle Berater eine immer wichtigere Rolle. Schon heute arbeiten in rund 15.000 Beratungsfirmen etwa 70.000 Beschäftigte, deren Dienste von Politik und Wirtschaft, Wissenschaft und Kultur zunehmend in Anspruch genommen werden. Das hat zweifellos positive Aspekte, weil ein unbefangener und unabhängiger Blick von außen natürlich nützlich und erhellend sein kann, enthüllt aber zugleich einen Mangel an Kompetenz und Verantwortung, der das Vertrauen in die Entscheidungsträger nicht eben stärkt. So sind vor allem die Großen der Consulting-Branche, etwa McKinsey oder Berger, zu ungeheuer einflussreichen Instanzen geworden, die in Politik und Wirtschaft den Kurs vorgeben, deren Macht allerdings per se nicht mit Verantwortung gekoppelt ist. Mit den Folgen ihrer in einfachen Power-Point-Schaubildern präsentierten Vorschläge – und diese bestehen überraschenderweise immer darin, die Effizienz zu erhöhen und die Kosten zu senken – haben die smarten Berater unmittelbar nichts mehr zu tun. Das heißt, das Consulting hat für alle Beteiligten – für die Berater wie für deren Auftraggeber – eine ähnlich entlastende, von Verantwortung befreiende Funktion wie die eingangs beschriebene Guillotine: Etwas geschieht, aber niemand ist es gewesen.

Wenn aber die »Entscheidungen« der Entscheidungseliten in

den modernen »globalisierten« Gesellschaften derart intransparent werden, wodurch sich das politische und wirtschaftliche Geschehen mehr und mehr einer demokratischen Kontrolle entzieht, stellt sich irgendwann zwangsläufig die Frage nach nichtdemokratischen Alternativen oder nach der Legitimität nichtdemokratischer Obstruktion. Antworten auf diese Fragen werden unsere Zukunft prägen – insbesondere, weil sich solche Systemalternativen gerade in anderen Teilen der Welt als überaus erfolgreich erweisen. Autoritäre Regime – wie China, Russland oder die Scheichtümer am Persischen Golf –, in denen sich relativ offene Märkte mit politischer Repression verbinden, sind auf dem Vormarsch. Solche gewissermaßen staatskapitalistischen Varianten des Kapitalismus in national ganz unterschiedlichen Ausprägungen sind eine wachsende Herausforderung, auf die unsere Antworten noch ausstehen.

Ich möchte deshalb einen kleinen, exkursartigen Schlenker machen und einen kurzen Blick auf China werfen, auf jenes Riesenland, das sich gerade auf der Überholspur in Richtung Zukunft bewegt – und zwar nicht nur in eindeutig negativer Hinsicht, also etwa, was den Energieverbrauch oder den Kohlenstoffausstoß anbetrifft. Nein, was sich bislang als nachholende Entwicklung mit all ihren schädigenden Nebenfolgen beschreiben lässt, wird meines Erachtens in vielen Bereichen – ökonomisch, sozial, ökologisch – schon sehr bald geradezu avantgardistisch anmuten. Und darin sehe ich eine viel größere Gefahr als in der ideologischen Verbohrtheit der chinesischen Politkader. Schon heute sind doch die Menschenrechts- und Wertepolitik westlicher Politiker und Wirtschaftsführer gegenüber China nichts als Mikrofonbekenntnisse für zu Hause – für die man dann am Verhandlungstisch entschuldigend um Verständnis bittet. Auf »Wandel durch Annäherung« ist nicht ernsthaft zu hoffen. Auf gute Geschäfte aber sehr wohl, und die haben, bitteschön, Vorrang. Das sehen die pragmatischen Kommunisten in Peking genauso, stecken das bisschen Kritik schon gewohnheitsmäßig weg und verfolgen konsequent ihre Ziele, von denen einige bald sogar für den Westen beispielgebend werden könnten. Dann wird sich zeigen, wer sich am Ende durch die Annäherung wohin wandeln wird.

DIE AUTORITÄRE HERAUSFORDERUNG: CHINA ALS VORBILD?

Die alte Modernisierungsregel, wonach wachsender Wohlstand quasi automatisch in Demokratie mündet, gilt nicht mehr. Nach der demokratischen Wende in vielen osteuropäischen Ländern ist die Freiheit weltweit tatsächlich wieder auf dem Rückzug. So hat es das amerikanische Institut »Freedom House« ermittelt, das in einer jährlichen Bewertung die Freiheitsrechte aller Länder der Erde einstuft. Danach lebten im Jahr 2007 etwa 54 Prozent der Weltbevölkerung in Staaten, die als »unfrei« oder als nur »teilweise frei« gelten müssen. Und bei diesen Staaten handelt es sich längst nicht mehr nur um rückständige Diktaturen. In der aufstrebenden Weltmacht China beispielsweise, wo das Machtmonopol der Kommunistischen Partei ungebrochen ist, leben zwar noch Millionen Menschen in Armut, aber Wirtschaft und Wohlstand verzeichnen seit Jahren zweistellige Zuwachsraten. Darüber hinaus hat das Land durch seine Handelsüberschüsse mittlerweile Devisenreserven von über einer Billion Dollar angehäuft. Wenn dieses Geld in Umlauf käme, würde die Wirtschaftsmacht USA von heute auf morgen zusammenbrechen. Daran haben die Chinesen sicher vorerst kein Interesse. Umso mehr müssen sie daran interessiert sein, dieses Geld etwa durch Beteiligungen an High-

Tech-Branchen oder an Finanzinstitutionen des Westens entwicklungsfördernd anzulegen. Und solche Investitionen sind in den letzten Jahren tatsächlich verstärkt zu verzeichnen. China hat erkannt, dass wirtschaftliche Macht viel wirksamer ist als militärische Stärke oder politischer Purismus und ist zu einem der einflussreichsten »global player« geworden.

Insbesondere die milliardenschweren Staatsfonds, die nun von vielen Ländern nach dem Vorbild Singapurs oder Norwegens gegründet werden, um den zumeist aus Rohstoffverkäufen stammenden Reichtum eines Landes gewinnbringend anzulegen, bereiten Politikern und Bankiers weltweit Sorgen. So hat auch China den Kapitalismus für sich entdeckt und bereits 200 Milliarden Dollar in eine neue Investitionsgesellschaft gesteckt. Auf 2.500 Milliarden Dollar – mehr als alle Hedgefonds dieser Welt zusammengenommen – schätzt die Investmentbank Morgan Stanley das Vermögen solcher staatlichen Gesellschaften, mit stark ansteigender Tendenz. Experten fürchten nicht nur, dass dieses Kapital wegen seiner schieren Größenordnung zu einer Quelle finanzieller Instabilität, sondern dass es auch politisch instrumentalisiert werden kann. Schon überlegen die westlichen Regierungen, wie sie ihre strategischen Industrien – Banken, Energieversorger, Telekommunikation, Luftfahrt usw. – vor dem Zugriff solcher Giganten schützen können. Denn ein staatlicher Investor muss sich ja nicht vor seinen Anlegern rechtfertigen, sondern könnte auch politische Ziele verfolgen, er könnte sich legal Patente verschaffen und jeden Mitbewerber mit Kampfpreisen unterbieten.

Kurzum, vor allem die boomenden Schwellenländer beginnen, die Karten der Globalisierung neu zu mischen. Autoritäre Regime wie in China – oder wie in Russland und den arabischen Scheichtümern, wo durch Öl- und Gasvorkommen ein ungeheurer Reichtum angehäuft worden ist – befinden sich gegenüber demokratischen Systemen mit ihren zeitraubenden Prozeduren ökonomisch sogar im Vorteil. Was das Pekinger Politbüro kurzerhand beschließen und sofort in Angriff nehmen kann – den Bau neuer Flughäfen, Staudämme, Hafen- oder Industrieanlagen –, muss in einer Demokratie immer erst allerlei Rechtswege und politische Instanzen durchlaufen – wobei gilt: Je größer das Vorhaben, desto langwieriger das Verfahren. In diesem Unterschied liegt beispielsweise einer der Gründe, warum die nicht minder dynamische Wirtschaft in der größten Demokratie der Welt, in Indien, nur um durchschnittlich sechs Prozent im Jahr wächst, während Chinas Wachstum seit nahezu 30 Jahren regelmäßig zehn Prozent übersteigt. Freiheitsrechte sollten die geringeren Steigerungsraten zwar aufwiegen. Aber da bekanntlich erst das Fressen und dann die Moral kommt, orientieren sich immer mehr Entwicklungsländer inzwischen eher am chinesischen Erfolgsmodell. So ist vor allem Chinas Einfluss in Afrika in den letzten Jahren massiv gestiegen – zumal die kommunistische Führung keinerlei Skrupel bei der Wahl ihrer Partner an den Tag legt. Auch Despoten werden fraglos hofiert, wenn sie den Rohstoffhunger des Riesenreiches zu stillen versprechen. Darüber die Nase zu rümpfen wäre allerdings wohlfeil, weil auch die westlichen Eliten um guter Geschäfte willen zu vielerlei moralischen Konzessionen bereit sind.

Mittlerweile hat sich weltpolitisch eine neue Frontlinie herausgebildet, die in unserer Öffentlichkeit noch kaum angemessen zur Kenntnis genommen wird. In Konkurrenz stehen nicht mehr Kommunismus und Kapitalismus, sondern zwei kapitalistische Varianten: eine demokratisch-freiheitliche und eine autoritär-staatskapitalistische. Und die in letzterer Spielart organisierten Mächte entfalten eine immer größere Kooperationsdichte – so zum Beispiel in der 2002 gegründeten »Shanghai Cooperation Organization«. Diesem völkerrechtlichen Zusammenschluss mit Sitz in Peking gehören China, Russland, Usbekistan, Kasachstan, Kirgisistan und Tadschikistan an; die Aufnahme von Pakistan, Iran und der Mongolei sowie der Beitritt des demokratischen Indien, die alle Beobachterstatus haben, sind lediglich eine Frage der Zeit. Diese machtvolle Organisation, innerhalb deren Grenzen schon heute – also ohne die Mitgliedskandidaten – ein Viertel der Weltbevölkerung lebt, ist ein politisches Schwergewicht und kann durchaus als Alternative zur Europäischen Union und zur Gruppe der G8-Länder verstanden werden. Es geht darum, den westlichen Einfluss auf die Region einzudämmen; es geht vorgeblich nicht darum, ein Gegengewicht zur NATO zu bilden, obgleich ein Großmanöver im Sommer 2007 mit mehr als 6.000 Soldaten aus allen Mitgliedsstaaten genau diesen Verdacht weiter befeuert hat. Mit der Schanghai-Organisation hat jedenfalls ein neuer geopolitischer Akteur die Weltbühne betreten, mit dem in den kommenden Jahren vor allem in wirtschaftlicher Hinsicht gerechnet werden muss.

Die ersten Konsequenzen sind bereits erkennbar. Anstatt sich auf die eigenen Stärken zu besinnen und offensiv zu demonstrieren, dass demokratische Gesellschaften durch ihren freien Ideenwettstreit, durch ungehinderten Informationsfluss und verlässliche Rechtssysteme mittel- und langfristig eindeutig innovativer, produktiver und letztlich auch ökonomisch stabiler sein können als autoritär gelenkte Gesellschaften, bilden die westlichen Regierungen ihrerseits national-autoritäre Reflexe aus. Überall werden Handelsschranken zum Schutz der heimischen Industrien und andere staatliche Regulierungen ersonnen, als wolle man sich vor der neuen, immer stärker werdenden Konkurrenz wappnen, indem man ein Stück weit deren Beispiel folgt, dabei aber das Vertrauen in die eigenen Werte untergräbt. Um nicht missverstanden zu werden: Ich bin ja dafür, dass der Staat seinen Einfluss geltend macht und regulierend in das Wirtschaftsgeschehen eingreift, allerdings nicht als Deutschland AG, um die Profitchancen der eigenen Unternehmen zu verbessern, sondern gewissermaßen als Sitten- und Moralwächter, als eine Gerechtigkeitsinstanz. Und solche Gerechtigkeit darf nicht an den eigenen Grenzen Halt machen, wenn man die ihr zugrunde liegenden Werte ernst nimmt.

Die Neigung zu solcher Form der Selbstleugnung nimmt umso stärker zu, je erfolgreicher die Systemkonkurrenz agiert. Und in China werden zurzeit viele Erfolgsgeschichten geschrieben – auch in Politikfeldern, in denen das Land bisher nicht gerade gut beleumundet ist. So ist das Reich der Mitte gemeinhin nicht als Frontkämpfer für den Klimaschutz bekannt, sondern, im Gegenteil, eher berüchtigt für die katastrophale Smogbelastung in den Großstädten, für eine ungehemmte Ausbeutung der Rohstoffe, für den Raubbau an Mensch und Natur, für ein ungebremstes Wachstum des CO_2-Ausstoßes. Mehr als 300 Millionen Menschen haben keinen Zugang zu sauberem Wasser, Kraftwerke und Chemie-Unternehmen arbeiten vielfach ohne Filtertechnik und geregelte Abfallentsorgung, die Luftverschmutzung ist mancherorts so stark, dass viele Autos wegen verstopfter Luftfilter einfach stehen bleiben, und nach Angaben der Weltbank liegen 17 der 20 weltweit schmutzigsten Großstädte in China – und dorthin, in die Städte, werden bis 2030 weitere 400 Millionen Chinesen umgesiedelt sein.

Diese erschreckende Bilanz hat nun auch die chinesische Führung zum Einlenken gezwungen – und zwar nicht nur als Schönfärberei, um während der Olympischen Spiele vor der Weltöffentlichkeit zu glänzen, sondern aus purer Notwendigkeit: So werden die durch Umweltschäden verursachten Kosten von der eigenen Umweltbehörde mittlerweile auf 200 Millionen Dollar jährlich taxiert, wodurch der Wert des Wirtschaftswachstums von rund zehn Prozent praktisch wieder vernichtet wird. Das Pekinger Politbüro beschloss daraufhin in seinem Fünfjahresplan 2006 bis 2010 eine ökologische Wende und räumt fortan dem Umweltschutz eine hohe Priorität ein. Das beinhaltet nicht nur die Gewährung von Steuervergünstigungen auf Ökostrom oder die jährliche Erstellung einer wissenschaftlich begleiteten Umweltbilanz und andere Einzelmaßnahmen, sondern umfasst auch wirklich atemberaubende Ansätze, die in ihrer Konsequenz weltweit ihresgleichen suchen.

So entsteht zurzeit – als ein Beispiel aus einer Reihe von zukunftsweisenden Projekten – auf der Insel Chongming, 40 Kilometer nördlich von Shanghai im Delta des Jangtse-Flusses, die erste Ökostadt der Welt: Dongtan. Unterstützt vom Weltzukunftsrat mit Sitz in Hamburg und dem britischen Ingenieursunternehmen ARUP aus London wird hier versucht, eine Stadt komplett umweltfreundlich durchzugestalten – vom Abwassersystem über Energieerzeugung, Lebensmittelversorgung und Verkehr bis hin zur Müllentsorgung. »Vernetztes Denken«, wie es auch einem Frederik Vester zur Ehre gereicht hätte. Bis 2010, pünktlich zur World Expo in Shanghai, soll die erste Bauphase mit Wohnraum für 10.000 Bewohner abgeschlossen sein. Bis 2020 sollen 80.000, bis 2050 sogar eine halbe Million Menschen in dieser Musterstadt leben. Weitere Ökostädte sind in Planung.

Selbstverständlich handelt es sich hierbei nicht zuletzt auch um ein Image-Projekt, mit dem China seinen ramponierten Ruf in Sachen Umweltschutz aufzupolieren versucht. Aber die Bedeutung des Vorhabens geht weit über politische Flurbereinigung hinaus: Es ist ein lokales Projekt mit einer globalen Perspektive, das möglicherweise als Modell für nachhaltige Stadtentwicklung weltweit Schule machen kann. Und neue Impulse sind gerade in diesem Bereich dringend geboten, weil die Urbanisierung weiter rasant voranschreitet und die Städte schon heute etwa drei Viertel der Energie weltweit verbrauchen und rund 80 Prozent aller Treibhausgase ausstoßen. Ohne eine nachhaltige Stadtentwicklung wäre der Kampf gegen den Klimawandel von vornherein zum Scheitern verurteilt. Insofern gebührt der chinesischen Initiative die höchste Aufmerksamkeit – und, ja, auch große Anerkennung.

China wird auch gar keine andere Wahl haben, als neue Wege einzuschlagen. Schon heute können die wuchernden Städte der anschwellenden Autowelle nicht mehr Herr werden. Allein in der Hauptstadt Peking werden täglich 1.200 neue Wagen registriert. Die Infrastruktur ist hoffnungslos überlastet, die Luft kaum mehr zu atmen, sodass die Stadtplaner gezwungen sind, über neue Verkehrskonzepte nachzudenken. Und zwar schnell. Denn der öffentliche Transport in und zwischen den Städten ist ein Schlüssel der weiteren wirtschaftlichen Entwicklung des Landes. Ich halte es deshalb für sehr gut möglich, dass wir schon bald nicht nur alternative Verkehrsmodelle, sondern auch die ersten echt ökologischen Autos aus China importieren. Dongtan ist nur der Anfang.

Das Besondere an dieser Reißbrettstadt sind weniger die einzelnen Projektbestandteile, von denen viele bereits bekannt und bewährt sind, sondern vielmehr die in dieser Form sicher einmalige, sehr konsequente Kombination verschiedener Maßnahmen, deren Zusammenspiel gewährleisten soll, dass die Stadt im Ergebnis tatsächlich eine neutrale Umweltbilanz aufweist: »zero emissions«. Als innerstädtische Verkehrsmittel werden nur Fahrzeuge mit Wasserstoffantrieb oder Elektromotoren zugelassen; Fußgänger, Radfahrer und öffentliche Verkehrsmittel sind überall privilegiert. Der gesamte Energiebedarf wird eigenständig aus Biomasse, Solarkraft und Windrädern gewonnen – wobei die Biomasse buchstäblich vor der Haustür wächst, auf den Reisfeldern von

Chongming, wo als Abfallprodukt massenhaft Reiskornhülsen anfallen; weil deren Verbrennung nicht mehr Kohlendioxid freisetzt, als der Reis zuvor aus der Atmosphäre gebunden hat, ist diese Form der Energiegewinnung ebenfalls klimaneutral.

Um die für diese Region typische urbane Aufheizung – in den hohen Straßenschluchten staut sich die Hitze, Gebäude und Straßen speichern viel mehr Wärme als Grünflächen – zu verhindern, werden die Dächer der mit modernster Niedrigenergie-Technik ausgestatteten und mit ausschließlich lokalen Baustoffen errichteten Häuser begrünt und soll kein Gebäude höher als acht Stockwerke werden. Ebenso wie die Energie- soll auch die Lebensmittel- und Wasserversorgung eigenständig organisiert und auf drei Fünfteln der Inselfläche ökologischer Landbau betrieben werden. Der Müll wird zum überwiegenden Teil recycelt, der Rest kompostiert oder in Kraftwerken verbrannt, wobei das dabei anfallende CO_2 eingefangen und überwiegend als Pflanzendünger genutzt werden soll.

Das klingt alles nach Reißbrett und leblos-totalitärer High-Tech-Idylle? Nach einem groß angelegten Freiland-Menschenversuch? Zugegeben, auf den ersten Blick wirkt das Projekt ein wenig befremdlich. Aber mindestens nach eigenen Angaben ist den Planern die Lebensqualität der späteren Bewohner genauso wichtig wie die lupenreine Ökobilanz. In Dongtan soll man nicht nur wohnen, sondern auch arbeiten und studieren, einkaufen und entspannen können. Die Wege werden kurz, die Stadt mit Grün- und Wasserflächen durchzogen sein. Viel wichtiger aber ist, dass hier erstmals die Funktionstüchtigkeit und das Zusammenspiel verschiedenster Techniken und Maßnahmen in einem praktischen Großversuch erprobt werden können. Wenn sich zeigen sollte, dass sich die dabei gesammelten Erfahrungen auch für bereits existierende Städte nutzen lassen – denn das sind die Hauptproblemzonen der nahen Zukunft –, würde die Umweltpolitik von einer ganz neuen Dynamik erfasst werden. Und die Chinesen stünden an der Spitze der Bewegung und werden diese Vorreiterrolle sicherlich auch wirtschaftlich zu nutzen und politisch auszuspielen wissen.

Ein derart radikaler Ansatz wie auf der chinesischen Insel Chongming wäre bei uns wohl undenkbar. Und es ist kein Zufall, dass ein ähnlich konsequentes Projekt in den Vereinigten Arabischen Emiraten in Angriff genommen wurde. Nach Grundsteinlegung im Februar 2008 soll dort am Rande von Abu Dhabi mitten in der Wüste Masdar-City entstehen – eine Ökostadt, die ab 2016 für rund 50.000 Menschen bezugsfertig sein soll und deren Planer ebenso ambitionierte Ziele verfolgen wie die Auftraggeber von Dongtan: »zero emission«, trotz hohen Energieaufwands für die in einer Wüstenstadt äußerst aufwendige Organisation der Wasserversorgung.

Aber was ist, neben der ökologisch vielversprechenden Grundausrichtung, das Gemeinsame dieser beiden wegweisenden Projekte? In Abu Dhabi wie in Peking sitzen autoritäre Regime an der Macht, deren Politik weder zustimmungsbedürftig noch rechenschaftspflichtig ist. Sie tun, was sie für geboten halten. Natürlich kann und wird auch immer etwas Richtiges darunter sein – wie, nach meiner Überzeugung, im Falle Dongtan und Masdar-City. Das darf aber nicht vergessen machen, dass es sich hier um unfreie Gesellschaften handelt, die auch durch vorbildliche Projekte nicht zum Vorbild taugen. Verbürgte Rechte, eine unabhängige Justiz, Meinungs-, Glaubens- und Demonstrationsfreiheit können zwar die Umsetzung auch richtiger Vorhaben erschweren, sollten aber auch um solcher Vorhaben willen niemals preisgegeben werden. Insofern haben diese ehrgeizigen Pläne, gerade wegen ihrer Attraktivität, für mich einen bitteren Beigeschmack.

125

Demokratie ist vielleicht die anstrengendste aller Regierungs-formen, in jedem Fall eine vergleichsweise zeitraubende. Sie be-ruht auf Zustimmung, um die stets mit Argumenten gerungen werden muss. Das setzt jeder Macht Grenzen – auch einer »bloß« ökonomischen. Dass das manchem Politiker, manchem Geschäfts-mann und auch manchem Umweltschützer nicht gefällt, kann nicht überraschen, ist aber kein Argument. Und doch wird sol-ches Missfallen immer offener artikuliert. Gerade in Wirtschafts-kreisen gewinnt man den Eindruck, dass dort wieder zunehmend mit autoritären Führungsstilen – gewissermaßen mit dem Mo-dell China – geliebäugelt wird. Der damit möglicherweise ver-bundene Effektivitätsgewinn hat aber einen hohen Preis, den ge-rade die Angehörigen der Elite kennen und den aufzubringen sie sich daher weigern sollten. Auch wer seine Freiheit einer saube-ren Umwelt oder dem Markt opfert, wird unfrei.

Darin liegt für mich die Gefahr sowohl vieler ökonomischer Erfolgsgeschichten als auch des Aufstiegs der neuen Supermacht China. Wem es gelingt, seine Gewinne zu steigern oder richtige Antworten auf drängende Probleme zu finden, der wird zur Nach-ahmung animieren. Erfolg macht bekanntlich sexy. Aber solche Erfolgsliebe kann auch blind machen, und Blindheit ist sicher ein Handicap für jemanden, von dem erwartet wird, dass er die Rich-tung vorgibt – was zweifellos zu den Aufgaben der Eliten gehört. Ein purer Pragmatismus, wie ihn die Chinesen an den Tag legen und wie ihn auch schon der ehemalige britische Premierminister Tony Blair gepredigt hat – »Richtig ist, was funktioniert« –, mün-det fast zwangsläufig in Inhumanität. Ein Stich ins Herz funktio-niert auch. Wir dürfen uns auch von richtigen Ansätzen und von »funktionierenden« Maßnahmen nicht korrumpieren lassen.

Das setzt allerdings voraus, dass wir klare Maßstäbe haben, die uns das Richtige vom Falschen, das Anständige vom Unanständigen zu unterscheiden ermöglichen. Und an solchen Maßstäben, das haben wir an vielen Beispielen gesehen, herrscht zurzeit offenbar ein eklatanter Mangel – womit ich aus China wieder »zu uns« zurückkehre. Um die dortigen guten Ansätze hier nutzbar machen zu können, bedürfen sie einer Übersetzung und einer demokratischen Grundierung. Aber genau hierfür sind die »personellen« Voraussetzungen momentan sicher nicht die allerbesten.

Defätismus, also Miesmacherei, oder Pessimismus sind mir eigentlich wesensfremd. Dass etwa früher alles besser gewesen wäre, ist dummes Zeug. Ein schlichtes »Zurück« wird es nicht geben. Wohin auch? Aber wir brauchen eine Erneuerung des Gesellschaftsvertrages und ein neues Ökonomieverständnis. Um ein solches Verständnis auszubilden, bedarf es zunächst einmal sozusagen gesellschaftlicher Klimaschutzziele. Und gerade die Manager, diejenigen, die durch ihre Talente und Kenntnisse befähigt sein sollten, andere zu führen, die sich bereit und in der Lage fühlen, Verantwortung zu übernehmen und Entscheidungen zu treffen, hätten hierbei die ersten Schritte zu tun. Sie hätten nicht nur die Richtung zu weisen, sondern mit gutem Beispiel voranzugehen. Doch genau diese wichtige Funktion wird von unseren Eliten nicht mehr ausreichend wahrgenommen. Warum das so ist, kann vielleicht ein Blick auf die Elitenbildung beantworten.

EINGEBILDET UND UNGEBILDET: ÜBER ELITENBILDUNG

Wir befinden uns zweifellos in einer Führungskrise; unter anderem natürlich. Aber handelt es sich bei dieser Malaise tatsächlich im Kern um eine Krise der Eliten, die gewissermaßen in einem Formtief stecken? Ich behaupte: Nein, nicht im Kern. Die Angelegenheit ist ernster, fürchte ich. Viele der beklagten Phänomene sind meiner Einschätzung nach »lediglich« Auswirkungen, die Symptome einer tiefer liegenden Misere, deren unheilvoller Einfluss bereits einsetzt, noch bevor jemand in Führungspositionen aufsteigt. Das Kernproblem besteht für mich in der *Elitenbildung* – und zwar in der schillernden Doppelbedeutung des Begriffs: Wie setzt sich eine Führungsschicht zusammen? Und welche Rolle spielt hierbei die Bildung?

Bevor ich eine Antwort zu geben versuche, möchte ich mich umstandslos zu jenem Konzept bekennen, das ich, als Franzose, ganz beiläufig und bedenkenlos eingeführt habe, das aber in Deutschland lange Zeit allergische Reaktionen hervorrief und geradezu revolutionäre Energien freizusetzen imstande war: »Elite«. Horribile dictu! Wer einer Elite das Wort redete, wurde hier bis vor kurzem nicht nur sogleich über deren Versagen im »Dritten Reich« belehrt, sondern geriet schnell selbst in den Verdacht, dunkle Machtkartelle gründen, soziale Ungleichheit fördern und einem selbstgerechten Elitismus frönen zu wollen.

Ich erinnere mich noch gut daran, als wir einmal in den frühen 1980er-Jahren von Seiten der Wirtschaft, übrigens gemeinsam mit dem Wissenschaftsrat, eine Diskussion über die Leistungselite vom Zaum brachen und uns für eine stark zu verbessernde Eliteförderung aussprachen, wie sie etwa an den Grandes Écoles in Frankreich oder den berühmten Public Schools und Eliteuniversitäten in England längst praktiziert wurde. Es brach ein Sturm der Entrüstung los. Selbst der von mir hochgeschätzte und mir freundschaftlich zugetane Willy Brandt befand damals, dies sei »eine Diskussion gegen das Volk« – woraufhin sich auch der DGB nicht lumpen ließ und apodiktisch verkündete: »Eliten behindern humane Zukunft.«

Nun, das Gegenteil ist richtig, und diese Erkenntnis hat sich mittlerweile auch in Deutschland durchgesetzt, weshalb eine Elitediskussion heute keine vergleichbar hohen Wellen mehr schlägt. Und das ist gut so, weil derlei Aufgeregtheit den Blick auf das Wesentliche lange eingetrübt hat. Denn seinem Wesen nach ist der Begriff der Elite demokratischen Ursprungs. Er steht also mitnichten in Konkurrenz zum prinzipiellen Gleichheitsgebot einer demokratisch verfassten Gesellschaft – das ja nur deshalb sinnvoll und wichtig ist, weil die Menschen eben nicht gleich sind, sondern über unterschiedliche Talente und Fähigkeiten verfügen, deren Ausbildung aber niemandem zum Nachteil, sondern möglichst allen zum Vorteil gereichen soll.

Das Wort Elite entstand im nachrevolutionären, merkantilistischen Frankreich, es bedeutet Auswahl, Auslese und bezeichnete einen Gegenentwurf zu den überkommenen Herrschaftsstrukturen. Im Unterschied etwa zu der zwar nicht demokratisch zu nennenden, aber recht schönen Idee von Platon, wonach »der Weise führen und herrschen und der Unwissende ihm folgen« soll – ein Gedanke, der sich bekanntlich nicht durchgesetzt hat –, begründete sich ja jede Herrschaft bis weit in die Neuzeit hinein entweder aus dem Gottesgnadentum oder aus der Abstammung und dem Besitz. Dagegen begehrte das Bürgertum unter Berufung auf Tugend, Leistung und eben Chancen*gleichheit* auf: Die Zugehörigkeit zur Elite sollte in freier und offener Konkurrenz *erworben* werden und nicht länger *angeboren* oder von vornherein *zugeschrieben* sein. Jedem und jeder sollte der Zugang, wie zu den Marktplätzen, offen sein; jeder und jede sollte kraft eigener Leistung und in friedlichem Wettbewerb in jedwede Führungsposition aufsteigen können.

Diese Forderung unterstellt selbstverständlich schon, dass sich eine Gesellschaft in Führende und Geführte ausdifferenziert – ein Befund, der von den sogenannten Klassikern der Eliteforschung, von Gaetano Mosca, Vilfredo Pareto und Robert Michels, eindrücklich bestätigt worden ist: »In allen Gesellschaften«, so Gaetano Mosca im Jahre 1895, »von den primitivsten im Aufgang der Zivilisation bis zu den fortgeschrittensten und mächtigsten gibt es zwei Klassen, eine, die herrscht, und eine, die beherrscht wird. Die erste ist immer die weniger zahlreiche« und ihre »Leitung ist mehr oder weniger gesetzlich, mehr oder weniger willkürlich oder gewaltsam und dient dazu, den Herrschenden den Lebensunterhalt und die Mittel der Staatsführung zu liefern«.

Zwar stehen die genannten »Klassiker« nicht mehr im besten Ruf, weil ihre These vom unüberbrückbaren Gegensatz zwischen einer herrschenden Elite und einer beherrschten Masse vom nationalsozialistischen und stalinistischen Führerkult radikalisiert und damit diskreditiert wurde. Aber auch die jüngere Forschung, wenngleich sie in der Elite keine einheitliche Klasse mehr sieht, sondern verschiedene, miteinander konkurrierende und prinzipiell offene Führungsgruppen, kommt im Wesentlichen zu einem ähnlichen Befund. In anderen Worten: Dass eine Minderheit die Geschicke der Mehrheit lenkt, war – trotz mancher gegenteiligen Behauptung – praktisch immer so und wird vermutlich immer so bleiben. Die Unterschiede sowohl der Qualität als auch der Art und Weise der »Führung« hängen deshalb entscheidend davon ab, wie und nach welchen Kriterien sich diese Minderheit zusammensetzt.

Auch die klassenlose Gesellschaft von Karl Marx hatte sich im Verlauf von Lenins proletarischer Revolution – wie auch in allen nachfolgenden Versuchen – schnell als unerfüllbarer Traum erwiesen. Selbstverständlich gab es im real existierenden Sozialismus eine führende Klasse. Und diese Elite, die Führung der Partei, hatte bekanntlich immer recht. Sie bestand aus botmäßigen Parteikadern, die ganz gewiss nicht in einem freien Talent-Wettbewerb in ihre Position gelangt waren.

Der Begriff »Elite« ist hinsichtlich ihres Wirkens ja zunächst einmal wertneutral. Ganz allgemein gesagt gehören für mich alle Personen zur Elite, die aufgrund ihrer Position oder mit Hilfe ihres Vermögens die gesellschaftliche Entwicklung maßgeblich beeinflussen können, deren Entscheidungen also konkrete Auswirkungen auf das Leben vieler Menschen haben. Nun ließe sich diese Minderheit noch genauer unter die Lupe nehmen und nach »Macht«-, »Funktions«-, »Werte«- oder »Leistungselite« ausdifferenzieren. Doch solche Unterscheidungen sind für mich hier nachgeordnet. Die entscheidende Frage ist vielmehr – und damit kehre ich an meinen Ausgangspunkt zurück –, wodurch diese Minderheit legitimiert ist und worauf sich die hervorgehobene Stellung ihrer Mitglieder gründet. Anders gefragt: Wie bildet sich eine Elite, und wie viel Bildung zeichnet sie aus?

Hier, in der Elitenbildung, wo die Weichen für die Zukunft einer Gesellschaft gestellt werden, liegt sozusagen der Hase im Pfeffer. Zum einen funktioniert das Auswahlverfahren, wonach sich am Ende eines »friedlichen, freien und fairen Wettbewerbs« nur die Besten durchsetzen, eben nur prinzipiell. In Wahrheit stellen die beliebten Erfolgsgeschichten, die immer wieder als Belege für diese Offenheit ins Feld geführt werden – etwa die Karrieren von Napoleon oder Henry Ford, auch von Bill Gates, und im Grunde könnte ich meine Wenigkeit hier dazuzählen –, recht seltene Ausnahmen dar. Da eine existierende Elite kein besonders ausgeprägtes Interesse daran haben dürfte, von Nachrückenden verdrängt zu werden, wird sie immer Mechanismen ausbilden, um solchen Austauschprozess mindestens zu behindern und die eigene Position so lange wie möglich zu halten. So entpuppt sich das beispielsweise von der Wirtschaft so hartnäckig propagierte Leistungskriterium, das allein für den Aufstieg und Erfolg eines Menschen oder Unternehmens ausschlag-

gebend sei, bei genauerer Überprüfung als nur bedingt auslese-
tüchtig.

Wie sonst wäre es zu erklären, dass von den Vorstandsvorsitzenden der 100 größten deutschen Unternehmen – das haben
jüngere Untersuchungen wie die des Elitenforschers Michael
Hartmann ergeben – mehr als 80 Prozent aus dem gehobenen
Bürgertum stammen, also Kinder von Unternehmern, Managern,
hohen Beamten oder Adligen sind? Oder dass sich unter ihnen
fast ausschließlich Vertreter des männlichen Geschlechts und nur
eine einzige Frau finden lassen? Zwar wäre es denkbar, dass es
sich hierbei zufällig auch um die tatsächlich fähigsten und best-
geeigneten Kräfte handelt; sehr wahrscheinlich ist dies allerdings
nicht. Vielmehr spricht alles dafür, dass wir in Wahrheit keine
Fahrstuhlgesellschaft sind, in der nur die Leistung zählt, sondern
dass man hierzulande nach wie vor zum Manager geboren wird.

Daran werden auch alle Elite- und Exzellenzinitiativen nichts
ändern, die jetzt verstärkt ergriffen werden. Zwar ist zusätzliches
Geld für die chronisch unterfinanzierten deutschen Universitäten sehr willkommen. Aber zu glauben, dass knapp zwei Milliarden Euro, die die Bundesbildungsministerin der bundesweiten
Eliteförderung zur Verteilung in Aussicht gestellt hat, ein deutsches Oxford oder Harvard entstehen lassen könnten, zeugt nicht
gerade von Realitätstüchtigkeit. Allein die Universität in Harvard
nennt ein Gesamtvermögen von 30 Milliarden Dollar ihr Eigen,
und Stanford verfügt schon allein über einen Jahresetat von zwei
Milliarden Dollar – Ausstattungen, von denen deutsche Universitäten trotz der kleinen Finanzspritze nicht einmal träumen können. Und nur eine solche Kapitaldecke ermöglicht zugleich auch
die beispielhafte Offenheit der englischen und amerikanischen
Eliteuniversitäten mit ihren vielfältigen Finanzierungsprogram-
men, die auch begabten Studenten aus sozial schwächeren Fami-

lien ein Studium ermöglichen. Davon ist man in Deutschland, wo zu viel über Effizienz und Leistung, aber zu wenig über Inhalte nachgedacht wird, noch weit entfernt.

Dieses Manko wird auch durch Unterstützung der Wirtschaft kaum zu beheben sein. Anzunehmen, die Flexibilität und Offenheit des Systems lasse sich durch eine privat finanzierte Eliteförderung in exklusiven Business-Schools quasi automatisch verbessern, wäre ebenfalls naiv. Da solche Ausbildungen teuer sind, hätten, nein, haben sie zweifellos eine durchaus ähnlich gelagerte soziale Engführung des Rekrutierungsprozesses zugunsten des Nachwuchses des gehobenen Bürgertums zur Folge. Hier wäre mehr soziale Kreativität gefordert, um Hochbegabten auch dann eine systematische Förderung zuteil werden zu lassen, wenn sie für deren Kosten nicht selbst aufkommen können. Denn wir brauchen die Besten. Aber gut zu sein reicht hierzulande leider nicht; es ist sogar kaum irgendwo sonst weniger hilfreich als in Deutschland.

Der einzige Vorteil, den ich in all den bislang halbherzigen Initiativen gerade noch erkennen kann, besteht darin, dass sich allein durch die Forderung nach Eliteförderung und durch die Gründung einzelner selbsternannter Elite-Einrichtungen sowohl die Transparenz als auch die Durchlässigkeit der Elitenbildung erhöhen können. Denn je mehr die Führungskrise und ein Mangel an Elitebildung zu Bewusstsein kommt, desto erforderlicher wird eine offene und öffentliche Auseinandersetzung darüber, wodurch sich Elite und Führung denn tatsächlich auszuzeichnen hätten.

Ja, wodurch eigentlich? Die meines Erachtens einzig mögliche, wenngleich hier nur sehr allgemein zu formulierende Antwort lautet: Durch ihre Bildung! Und damit meine ich nicht in erster Linie Wissen, Kenntnisse oder Qualifikationen, sondern etwas, dessen dramatisches Abschmelzen von internationalen Bildungsuntersuchungen, so etwa PISA, inzwischen besorgt registriert worden ist und das man »kulturelle« und »soziale Literalität« nennen könnte. Bildung ist nicht auf Lernen und Belehren zu reduzieren, sondern sie ist ein unabschließbarer Prozess, in dessen erfolgreichem Verlauf eine selbständige, problemlösungsfähige und verantwortungsvolle Persönlichkeit entstehen kann. Kurzum, Bildung ist mehr als Wissen; sie formt nicht zuletzt moralische Kompetenzen, die Verantwortung für andere, sie gibt dem Wissenden ein »Gewissen«: Die »gebildete Bestie« wäre ein Widerspruch in sich; Bildung ohne ethische Maßstäbe ist keine.

Aber wo, an welcher Business-School, wird diesem Umstand wirklich Rechnung getragen? Zwar ist eine Werteerziehung durchaus obligatorisch – ganz so wie an US-amerikanischen Schulen »Moral-Koffer« (Morality in a box) kursieren, die hübsche Plakate und Wimpel enthalten, mit denen die Lehrer dann eine »Woche der Ehrlichkeit« oder eine »Woche der Fairness« ausrufen und dekorieren können. Aber weder das Predigen solcher Werte noch alle Werte zusammengenommen noch die Einhaltung von Regeln ergeben allein schon eine Moral. Viele einzelne Werte stehen vielmehr in Konflikt zueinander. Darf man ein Organ verkaufen, um seine Familie zu ernähren? Darf man einem Schwerstkranken beim Sterben helfen, um sein Leiden zu verkürzen? Darf man an einer im Ausland womöglich üblichen Schmiergeldpraxis teilnehmen, um einen Auftrag zu erhalten, der zu Hause Arbeitsplätze sichert? Sollen wir die Stammzellenforschung zulassen, weil sie große Fortschritte in der Bekämpfung schwerster Krankheiten verspricht? Dürfen wir Genmanipulationen vornehmen, um gesündere und schönere Kinder zu bekommen? Auf solche und viele andere Fragen gibt es keine standardisierbaren, immer und überall gültigen Antworten. Solche Gewissensfragen müssen mit Argumenten abgewogen werden, um ein Bewusstsein für moralisches Verhalten zu entwickeln. Nur so, aktiv, im Für und Wider der Argumente – das zeigen neuere Erkenntnisse der Moralpsychologie –, lässt sich die Moral praktisch trainieren wie einen Muskel. Erst daraus entsteht die Fähigkeit, auch mit neuen Entwicklungen moralisch umgehen zu lernen.

Und eben an solcher Übung mangelt es – auch und gerade den Führungskräften, die primär auf Fachwissen und auf Kosten-Nutzen-Rechnungen konditioniert werden. Aber Anständigkeit und Nützlichkeit, Moral und Gewinn stellen jeweils unterschiedliche, zum Teil widerstreitende Kategoriensysteme dar. Wer seine Freunde »Kontakte« und seinen Bekanntschaftskreis »Netzwerk« nennt, wird zu Empathie kaum noch fähig sein und auch die Werte anderer Kulturen schwerlich entziffern und mit den eigenen Moralvorstellungen in Abstimmung bringen können. Aber wo werden solche Fähigkeiten, die meines Erachtens zu den wichtigsten Voraussetzungen für ein verantwortliches Management gehören, gelehrt?

An den Management- und Business-Schulen, die in den letzten Jahren einen wahren Gründungsboom erleben, sucht man entsprechende Schwerpunkte jedenfalls vergebens. Oder genauer: so gut wie vergebens. Der auf sechs Semester angelegte Studienplan für »International Management« der durchaus renommierten International Business School in Berlin beispielsweise liest sich wie eine Auflistung des heute zur Bewältigung von Managementaufgaben offenbar erforderlichen Rüstzeugs: Volkswirtschaftslehre, Betriebswirtschaftslehre, Rechnungswesen, Controlling, Wirtschaftsmathematik, Statistik, Arbeits- und Vertragsrecht, Wirtschaftsenglisch, IT-Kurse und so weiter – selbstverständlich ist die Unterrichtssprache Englisch. Der Lehrstoff beinhaltet ein hartes

Pensum, an dem ich vermutlich gescheitert wäre. Wirtschaftsmathematik? Nichts für mich!

All die hinter den aufgezählten Termini stehenden Kenntnisse sind gewiss sehr nützlich und mögen zu allem Möglichen qualifizieren. Sie befähigen einen Absolventen jedoch ganz sicher noch nicht zur verantwortlichen Übernahme einer Führungsposition. Schaut man sich den Lehrplan genauer an, finden sich aber tatsächlich im fünften Semester auch zwei Etiketten, pardon, Seminare mit jeweils zwei Wochenstunden, die dieses Defizit zu beheben vorgeben: Eine Veranstaltung widmet sich einer »Wertorientierten Unternehmensführung«, die andere den »Business Ethics«. Was immer sich dahinter verbergen mag – ich gestehe, ich habe es nicht wirklich überprüft –, es kann allein wegen der zeitlich und stofflich marginalen Bedeutung im Rahmen dieses dreijährigen Studiums kaum mehr sein, als in den erwähnten »Moral-Koffern« enthalten ist. Man hat halt mal drüber gesprochen.

Ähnlich ist der Befund auch an anderen privaten Elite-Einrichtungen, etwa der International School of Management in Dortmund oder der ambitionierten und mit vielen Vorschusslorbeeren an den Start gegangenen European School of Management and Technology in Berlin, mit Sitz im aufwendig – für über 35 Millionen Euro – renovierten ehemaligen Staatsratsgebäude der DDR. Um diese »ESMT«, die mit großem öffentlichem Getöse und mit Unterstützung der Spitzen der deutschen Wirtschaft – von Allianz bis Thyssen – gegründet worden war, ist es seltsam still geworden, seit sie im Januar 2006 ihren Lehrbetrieb aufgenommen hat. Die European School bietet in einem einjährigen Studium ein – international allerdings noch nicht anerkanntes – MBA-Programm an, das für jeden Studenten rund 50.000 Euro kostet und die Absolventen als »Master of Business Administration«

entlässt. Und obwohl sich im Vorstand der als Stiftung organisierten Schule das Who is Who der deutschen Wirtschaftspraxis findet – der Chef der Allianz und Herr Ackermann von der Deutschen Bank, die Vorstandvorsitzenden von EON, Siemens oder Daimler –, ist die Ausbildung ernüchternd konventionell und betreibt überwiegend die Verabreichung des üblichen Fachwissens. Auch renommierte Professoren konnten bislang nicht gewonnen werden.

Und wie steht es an der Berliner Eliteschmiede um die in internationalen Unternehmen so gern beschworene »Corporate Social Responsibility«, um »Compliance-Systeme« und die Einübung eines »Ethik- und Wertemanagements«? In den rund 50 Wochen, über die sich das Programm hinzieht, gibt es lediglich zwei Wochen, in denen der Lehrplan unter der Überschrift »Integrative Leadership« ein Modul zum Thema »Leadership & Responsibility« vorsieht. Das ist alles. Das ist aber bei weitem nicht genug. Und das sollte den Herren aus der Praxis, die dieser »Eliteschmiede« vorstehen, eigentlich aus eigener, positiver wie negativer, Erfahrung bewusst sein.

Erst Gewissen und Verantwortung formen Persönlichkeiten, die umso mehr gefordert sind, je unübersichtlicher die Verhältnisse werden. Schon das Elite-Konzept der Aufklärung hatte die Gesellschaft dynamisiert, indem es den Einzelnen in die Freiheit entließ, ihm damit aber auch die Verantwortung sowohl für die Gestaltung des eigenen Lebens wie auch für dessen Einfluss auf das Leben anderer übertrug. Solcher Verantwortung gerecht zu werden, wird aber in Zeiten permanenten Wandels zunehmend schwieriger, weil die Folgen eigenen Handelns, wie schon mehrfach erwähnt, kaum noch kalkulierbar erscheinen. »Führung« in dieser Situation kann nur bedeuten, für sich und andere – stets zu überprüfende – transparente Maßstäbe zu setzen, in denen die

Selbstverantwortung des Einzelnen mit der Verantwortung für alles, was sich im Bereich seiner Freiheit und seiner Macht befindet, zusammenfällt.

Um mich nun nicht im Philosophischen zu verlieren, nehme ich ein harmloses Beispiel: Jeder, der im Berufsleben steht, wird bestätigen können, dass eine erstklassige Ausbildung zwar wichtig, aber letztlich nicht entscheidend ist. Ich habe in meiner Zeit als Manager so einige Einser-Absolventen der besten Fakultäten an die Seite gestellt bekommen, die mir allesamt fachlich weit überlegen waren. Sie bewegten sich in puncto Qualifikation in eisigen Höhen – und waren häufig der Arbeitspraxis, trotz aller Sachkenntnis, schlicht nicht gewachsen. Bestens eingeweiht in alle Lehrbuch-Finessen etwa des Controllings oder des Marketings, möglicherweise sogar der Wirtschaftsmathematik – das habe ich nie überprüft –, hatte sie offenbar niemand darauf vorbereitet, wie eminent wichtig es gerade für Führungspersonen ist, Kollegen überzeugen, Mitarbeiter motivieren und für ein gutes Arbeitsklima sorgen zu können sowie – nicht zuletzt – auch mit Niederlagen fertig zu werden. Keine Schule, keine Universität, auch keine Eliteeinrichtung hatte sie mit einem möglichen Scheitern und schon gar nicht mit »Gescheiterten« konfrontiert oder ihnen vermittelt, dass jedes Unternehmen (jede Partei, jede Behörde) eine eigene Kultur ausbildet, in der auch andere als fachliche Kompetenzen gefordert sind und die ein soziales Beziehungsgefüge entstehen lässt, das die professionelle Hierarchie in vielfältiger Hinsicht überlagert.

Und hierin besteht die anfangs erwähnte Misere: Wenn bestens ausgebildete Menschen, die Führungspositionen anstreben oder sie bereits innehaben, nicht oder nur unzureichend in der Lage sind, ihre brillanten Fähigkeiten sinnvoll, umsichtig und verantwortlich in einem sozialen Gefüge einzusetzen, dann offenbart dies auch und nicht zuletzt einen Mangel an Bildung. Wer deshalb eine Eliteausbildung weiterhin an primär wirtschaftlichen oder technokratischen Opportunitäten orientiert, sie mithin auf Verwertbarkeit reduziert und die »allgemeine Menschenbildung« (Wilhelm von Humboldt) darüber vernachlässigt, der wird dem Fundament jeder Gesellschaft und damit übrigens auch dem Fundament der Wirtschaft – von der Kultur ganz zu schweigen – irreversiblen Schaden zufügen.

Wir brauchen die Elite – dringender denn je –, und die besten Talente bedürfen unserer Förderung, nicht damit sie Karriere machen und Macht ausüben, sondern damit sie Verantwortung übernehmen können. Selbstverständlich sind die hierfür erforderlichen »Kompetenzen« nicht so einfach zu erlernen und schon gar nicht zu lehren wie ein beliebiger Wissensstoff. Aber je stärker zu Bewusstsein kommt, worin der Mangel besteht, desto größer unsere Chance auf Klugheit – und eine wieder gebildete Elite.

Da sich die Gesellschaft in Zukunft stets schneller ändern wird, als die eingespielten Bildungsprozesse es je könnten, da niemand mehr präzise vorhersagen kann, welche speziellen Fertigkeiten etwa in zehn Jahren benötigt werden, sollte sich die Bildung immer eine gewisse Nützlichkeitsferne erhalten. Denn wenn ich auch den Qualifikationsbedarf nicht prognostizieren kann, so kenne ich doch einen Bedarf ganz genau. Eine Fähigkeit wird auch morgen und übermorgen und in zehn Jahren ganz gewiss benötigt: das verantwortliche Denken. Und an Persönlichkeiten, die verantwortlich zu denken und zu handeln und also zu führen imstande sind, herrscht immer ein Mangel. Es ist höchste Zeit, dass wir sie fördern – und zwar unabhängig von ihrer sozialen Herkunft. Begabung und Leistung sollten mehr zählen als Selbstbewusstsein und Kinderstube.

DIE LEISTUNGSLÜGE

Die Welt scheint geteilt zu sein in jene,
die Leistung erbringen, und in jene,
die dafür belohnt werden.

Robert Townsend

Leistung, aber ja doch, die allein soll zählen, natürlich! Jeder ist hier und heute der Schmied seines eigenen Glücks. Schließlich leben wir in einer offenen Leistungsgesellschaft, in der alle die gleichen Ausgangs- und Aufstiegschancen haben. Jedenfalls im Prinzip – als allgemein anerkanntes, aber stets nur anzustrebendes Ideal, das wohl niemals und nirgends komplett verwirklicht werden kann. Aber eben doch in weiten Teilen: Wer nur tüchtig genug ist, der wird sein Ziel schon erreichen, ja, der kann es in unseren freien Gesellschaften von jedem Punkt aus auch ganz nach oben schaffen. Bis in die elitären Gefilde der Führungsschichten. Sogar ohne Abitur, wie der ehemalige deutsche Außenminister Joschka Fischer, oder als Sohn einer Putzfrau, wie der ehemalige Bundeskanzler Gerhard Schröder, oder als Sohn eines einfachen Landpolizisten, wie der ehemalige Manager Goeudevert.

Und genauso soll es sein. Das Wort »Elite«, abgeleitet vom französischen »élire« (= auslesen), ist laut Brockhaus die Bezeichnung »für eine soziale Gruppe, die sich durch hohe Qualifikationsmerkmale sowie durch eine besondere Leistungsfähigkeit und Leistungsbereitschaft auszeichnet« und deren Mitglieder »aufgrund einer sich wesentlich an dem (persönl.) Leistungswillen orientierenden Auslese in diese Position gelangt sind«. Gegen eine solche »Führung«, gegen eine im Grundsatz »klassenlose« Gesellschaft, die sich immer wieder neu allein qua Leistung ausdifferenziert, gäbe es aus meiner Sicht auch keine großen Einwände. Weitgehende Chancengleichheit vorausgesetzt, so könnte man sagen, ist die individuelle Leistung in einer Demokratie tatsächlich die einzig legitimierbare Rechtfertigung für Ungleichheit.

Aber funktioniert das wirklich so? Glaubt man den Spitzenkräften der deutschen Wirtschaft, die sich heute im Übrigen ganz unumwunden für die eigentliche, die entscheidende Elite des Landes halten, trifft dies voll und ganz zu. Befragt nach den Wurzeln ihrer Karrieren gibt die übergroße Mehrheit der Top-Manager in Umfragen regelmäßig zu Protokoll, dass die persönliche Leistung das entscheidende Aufstiegskriterium gewesen sei. Mehr als 90 Prozent machen Leistung und Fleiß für ihren beruflichen Erfolg verantwortlich, und über 80 Prozent weisen darüber hinaus ihrer in Bildung und Ausbildung erworbenen Kompetenz eine maßgebliche Rolle zu. Leistungsfremde Kriterien wie Vermögen, Beziehungen oder politische Verbindungen seien hingegen völlig nachgeordnet und würden den Weg an die Spitze von Großunternehmen praktisch nicht beeinflussen.

Dieser Leistungsgedanke, das heißt, die berechtigte und auch realisierbare Hoffnung, durch eigene Anstrengung bis ganz nach oben aufsteigen zu können, ist eines der wichtigsten Schmiermittel der Marktwirtschaft. Ein solches Aufstiegsversprechen motiviert ja überhaupt erst zu Leistung – und es ist zudem für eine demokratisch organisierte Gesellschaft geradezu konstitutiv. Ist es also richtig, wenn Vertreter aus Wirtschaft und Politik nicht müde werden, für mehr »Leistungsgerechtigkeit« zu streiten? Denn nur Leistungsgerechtigkeit, so beispielhaft der Chefvolkswirt der Deutschen Bank, Norbert Walter, könne »Bildung, Fähigkeiten und Wissen« angemessen honorieren und gehorche im Übrigen, ganz im Gegensatz zum gleichmacherischen deutschen Sozialstaat, »den Regeln der Fairness«. Mehr Wettbewerb, flexiblere Löhne, stärkere Leistungsorientierung im Bildungswesen, mehr Eigenverantwortung und private Vorsorge seien deshalb die richtigen Anreize und würden quasi automatisch auch für mehr Gerechtigkeit sorgen.

Das klingt alles durchaus plausibel. Es hat nur leider mit der Realität herzlich wenig zu tun – wie der oben schon einmal kurz erwähnte Elitenforscher, Michael Hartmann, in mehreren Untersuchungen eindrücklich unter Beweis gestellt hat. Die Rede von einer »Leistungselite«, so Hartmann, sei nichts als ein Mythos, der vor allem von jenen genährt wird, die sich dieser Elite selbst zugehörig fühlen. Sie rechtfertigten damit nicht nur den eigenen Führungsanspruch, sondern verschleierten zugleich ihre ganz eigennützigen Interessen. Der ständige Verweis auf das Leistungsprinzip sei nicht zuletzt der Versuch, den immer krasser werdenden Unterschieden »in Macht und Einkommen« einen legitimen Anstrich zu verleihen und zu suggerieren, dass die sozialen Ungleichheiten alles in allem »leistungsgerecht« seien. Das sei aber nur sehr bedingt der Fall. Vielmehr gebe es in Deutschland eine »herrschende Klasse«, die sich keineswegs durch freien Wettbewerb herausbilde, sondern sich »durch eine relativ geschlossene soziale Rekrutierung« auszeichne. Diese »Oberschicht« sei nach wie vor das »Bürgertum«, dessen Sprösslinge die Führungspositionen vor allem in der Wirtschaft – Politik, Justiz und Kultur erweisen sich als geringfügig durchlässiger – nahezu ausschließlich unter sich aufteilten.

Ein harter Befund. Man hört es fast schon, das ferne Grollen der Revolution. Insofern könnte man sich diesen Hartmann als einen unverbesserlichen Klassenkämpfer im modernen Gewande eines Globalisierungskritikers oder, schlimmer noch, schlicht als einen von Neid zerfressenen Provinzprofessor vorstellen – er lehrt an der TU Darmstadt –, der »linkspolitisch« zu agitieren oder sich verschwörungstheoretisch einfach nur wichtig zu machen versucht. Solche Vorstellungen zielen jedoch ins Leere. Der Mann macht keine Propaganda, er hat sich die Forschungslatte sogar besonders hoch gelegt. Da das Bildungssystem in Deutschland traditionell als die entscheidende Agentur für die Verteilung von Aufstiegschancen gilt – übrigens ebenfalls eine Illusion –, hat sich Hartmann in einer seiner Untersuchungen auf die Karriereverläufe von 6.500 promovierten Juristen, Ingenieuren und Wirtschaftswissenschaftlern konzentriert, also auf jene, die zum einen die Spitze des Bildungssystems, den Doktortitel, bereits erreicht haben und aus deren Kreis zum anderen in der Regel das Gros der Führungspositionen besetzt wird.

Das kurzgefasste Ergebnis: Das »richtige« Elternhaus ist wichtiger als der Bildungserfolg. Trotz identischer Voraussetzungen haben Promovierte, die aus dem gehobenen oder dem Großbürgertum stammen, eine um 50 bis 100 Prozent größere Chance, in die Chefetagen von Großunternehmen aufzusteigen, als die Mitbewerber aus der Arbeiterklasse und den Mittelschichten. Und dieser seltsame Effekt ist zweifellos die Ursache für die schon erwähnte Verteilung: Über 80 Prozent der Chefsessel in den 400 größten deutschen Unternehmen werden von Abkömmlingen des Bürgertums besetzt, einer Schicht, der nur etwa 3,5 Prozent der Gesellschaft zugerechnet werden. Und das bedeutet, dass die soziale Herkunft unabhängig von einem etwaigen Bildungserfolg – etwa dem Erwerb eines Doktortitels – nach wie vor eine äußerst »wirksame soziale Hürde im Karriereverlauf« zu bilden scheint.

Das ist für mich in zweierlei Hinsicht ein bemerkenswertes Ergebnis. Zum einen widerspricht es der vorherrschenden Sichtweise, die auch ich bislang geteilt habe, wonach soziale Ungleichheit ganz überwiegend aus ungleichen Bildungschancen, mindestens aus ungleicher Bildungsbeteiligung resultiert. Und dass das deutsche Bildungswesen, trotz aller Reformen seit den 1960er-Jahren, die Kinder aus sogenannten bildungsfernen Schichten manifest benachteiligt, ist nach den Pisa-Ergebnissen und anderen Untersuchungen mittlerweile unstrittig. Nun stellt sich zudem noch heraus, dass solche Kinder sogar doppelt gestraft werden: Selbst diejenigen, die sich gegen alle widrigen Umstände durchsetzen, haben am Ende bei gleicher Qualifikation deutlich geringere Chancen auf dem Arbeitsmarkt als ihre »Mitbewerber« aus »gutem Hause«. Die Situation ist also schlimmer, als ich angenommen hatte. Bildung allein reicht nicht. Sie ist vielleicht eine notwendige, aber keine hinreichende Voraussetzung für den sozialen Aufstieg.

Zum anderen zeigen die Untersuchungen des Darmstädter Forschers, dass es mit der ach so rationalen Wirtschaft in Wahrheit gar nicht so weit her ist, dass vielmehr der »subjektive Faktor«, also psychologische Abläufe weitaus wirksamer sind, als die oberflächlich beschworene »ökonomische Rationalität« es je sein könnte. Und das finde ich fast schon wieder tröstlich, weil menschlich. Es entspricht darüber hinaus meinen Erfahrungen: Die beste, die vernünftigste Unternehmensstrategie wird nicht zünden, wenn es mir als Manager nicht gelingt, die Menschen, Mitarbeiter wie Kunden, davon zu überzeugen und ihre Bedürfnisse wie ihre Bedenken zu berücksichtigen – auch wenn solche Wünsche und Einwände nicht rational sein mögen.

Ja, es geht immer auch um Gefühle, um Anerkennung, um Respekt, um Sympathie. Und das ist gut so. Gleichwohl hört der Trost hier auch schon wieder auf, weil offenkundig ist, dass die, die über Geld und Macht verfügen, ihre mehr oder minder bewussten Bedürfnisse sehr viel erfolgreicher durchzusetzen in der Lage sind als die weniger Reichen und Mächtigen. Und so ist es auch bei der Besetzung von Führungspositionen: Ein bürgerlicher Habitus, der richtige Stallgeruch gewissermaßen, zählen hierbei offenkundig als Bildungserfolg und Leistung.

Das mag man für banal halten: »So ist das Leben eben. Wer hat, dem wird gegeben.« Mit dem stets aufs Neue hochgehaltenen Ideal der Chancengerechtigkeit sind die Ergebnisse von Michael Hartmanns Studien aber nicht zu vereinbaren. Denn hier geht es nicht um Bedürfnisbefriedigung im konsumistischen Sinne, nicht um schöne Häuser, große Gärten oder teure Autos. Es geht um gesellschaftliche Tektonik, um Glaubwürdigkeit, um Vertrauen, um Motivation, um Fairness. Und um mehr Transparenz. Denn hier wird scheinbar mit gezinkten Karten gespielt.

Dabei soll den Angehörigen der Elite keineswegs unterstellt werden, dass sie insgesamt unehrenhafte Absichten hegen und dass sie ihren eigenen Machterhalt gewissermaßen planvoll betreiben. Auch halte ich die verallgemeinernde Rede von »Nieten in Nadelstreifen« für dummes Zeug. Denn selbstverständlich spielt Leistung auch bei der beschriebenen Besetzung von Führungspositionen eine gewichtige Rolle. Für den beruflichen Aufstieg an die Spitze scheint aber die soziale Herkunft dennoch das größere Gewicht zu haben. Dabei geht es offenbar weniger um das sprichwörtliche Vitamin B. Nein, es sind, wie es Pierre Bourdieu schon vor Jahrzehnten genannt hat, im Wesentlichen die »feinen Unterschiede«, die den Ausschlag geben: Persönlichkeitsmerkmale, Verhaltensweisen, Einstellungen, wie sie im Rahmen der familiären Sozialisation in Kindheit und Jugend ausgebildet werden und die man sich später nur sehr bedingt aneignen kann. Ein Heinrich von Pierer oder ein Ferdinand Piëch bräuchten einen Bewerber nicht direkt nach seiner Herkunft zu fragen. An seinem Auftreten würden sie erkennen, wenn er ihnen ähnlich, wenn er »einer der ihren« ist, und sich primär aus diesem Grund für ihn entscheiden. Gerade bei der Besetzung von Spitzenpositionen wird nie nach der Papierform geurteilt und geht es in den entscheidenden Auswahlgesprächen in aller Regel nicht mehr um Qualifikationen oder vergangene Erfolge, sondern schlicht darum, ob »die Chemie stimmt«. Und die Wahrscheinlichkeit, dass die Chemie stimmt, ist eben »unter Gleichen« signifikant höher.

Ein solches Auswahlprinzip ist natürlich nicht einfach nur zu verurteilen. Denn wer würde keinen Wert darauf legen wollen, zwischen zwei gleich oder ähnlich qualifizierten Bewerbern denjenigen (oder diejenige) auswählen zu dürfen, mit dem (oder der) ich am besten auszukommen glaube, der (oder die) also in meinen Augen am besten zum Unternehmen passt? Das ist doch selbstverständlich. Wenn hierbei aber in der Summe ein derart geschlossenes System entsteht, wie es jüngere Untersuchungen nun offengelegt haben – übrigens nicht nur in Deutschland, sondern ganz ähnlich auch in England, Frankreich und den USA mit den dort viel länger etablierten Eliteförderungen –, dann hat das nichts mehr mit freiem Wettbewerb zu tun. Und wenn diejenigen, die diesem System angehören, die Elite eben, sich zunehmend vom Rest der Gesellschaft abkoppeln, eine eigene Klasse bilden und sich – wie gezeigt – nicht mehr an die gesellschaftlich anerkannten Werte gebunden fühlen, dann haben wir ein ernstes Problem, ein Oberschichtenproblem.

Soziale Ungleichheit in Deutschland, so das erschreckende Ergebnis, resultiert nicht aus einer an Talent und Leistung orientierten Binnendifferenzierung, in deren Folge die Leistungsstärkeren besser honoriert würden. Soziale Ungleichheit ist vielmehr Ausdruck ungerecht verteilter Chancen. Das zeigt sich nicht nur an dem Merkmal »soziale Herkunft«, das zeigt sich auch nach wie vor am ebenso klassischen Diskriminierungsmerkmal »Geschlecht«. In kaum einem anderen Industrieland, das hat gerade wieder eine aktuelle OECD-Studie ergeben, werden Frauen und Männer so unterschiedlich bezahlt wie in Deutschland. Im Durchschnitt verdienen berufstätige Frauen rund ein Viertel, in Führungspositionen sogar ein Drittel weniger als ihre männlichen Kollegen. Immer noch! Außer in Japan und in Korea sind die Differenzen weltweit mittlerweile deutlich geringer.

Auf mangelnde Qualifikation lassen sich diese Unterschiede bekanntlich nicht mehr zurückführen. In Sachen Bildung haben die Mädchen die Jungen längst überholt. Das nützt aber auf dem deutschen Arbeitsmarkt bislang herzlich wenig. Während zum Beispiel eine Buchhalterin im Durchschnitt ein monatliches Bruttogehalt von 2.535 Euro bezieht, erhält ihr gleich qualifizierter, männlicher Kollege laut amtlicher Statistik glatt 825 Euro mehr. Sogar in den Tarifverträgen werden solche Geschlechterdifferenzen festgeschrieben: Während einer Bäckereifachverkäuferin nach dreijähriger Ausbildung ein Tariflohn von 1.254 Euro zusteht, erhält ein Hilfsbäcker schon nach ein paar Monaten Anlernzeit 1.465 Euro. Ich bin bislang noch auf niemanden getroffen, der mir solche quasi amtlich legitimierten Differenzen erklären könnte. So etwas darf doch schlicht nicht wahr sein.

Derartige Ungerechtigkeiten mit dem Mythos der Leistungsgesellschaft legitimieren zu wollen, ist nur mehr zynisch und droht am Ende den für die Wirtschaft wie für die Gesellschaft gleichermaßen wichtigen Leistungsgedanken selbst zu diskreditieren. Die Überzeugung, dass sich Leistung lohne, erodiert zusehends, weil die versprochene »Belohnung« immer weniger nachvollziehbar wird, wenn sie nicht gleich ganz ausbleibt. Oder weil die Entlohnung derart unterschiedlich ausfällt, dass jede Vergleichbarkeit hinfällig wird.

Soziale Gerechtigkeit lebt aber vom Vergleich. Wovon denn sonst? Ich muss, was ich leiste und was ich dafür bekomme, in ein Verhältnis setzen können sowohl zueinander als auch zu dem, was andere leisten und bekommen. Anders funktioniert es nicht. Gerechtigkeit ist zwar keine mathematische Größe, aber sie beruht auf dem Vorgang des Messens. Doch der hierfür erforderliche Maßstab scheint uns abhanden gekommen zu sein. Nein, nicht uns, sondern einer kleinen Schicht von Privilegierten, die mit dem »Rest« der Gesellschaft nichts mehr zu tun zu haben meint.

EINE KLASSE FÜR SICH

Es ist schwierig, von einem Menschen Verständnis für etwas zu verlangen, wenn sein Einkommen davon abhängt, dass er es nicht versteht.

Upton Sinclair

Millionengehälter, Bonussysteme, Aktienoptionen, üppige Pensions- und Abfindungsregelungen – die heute üblichen Managerbezüge wären zu meiner Zeit undenkbar gewesen. Auch ich habe wahrlich nicht schlecht verdient und – wie bereits gestanden – auch schon zur Abgehobenheit tendiert. Aber verglichen mit irgendeinem aktuellen Vorstandssalär wäre es vertretbar, im Rückblick von Peanuts zu reden. Da könnte man glatt neidisch werden. Und Neid spielt in diesem Zusammenhang tatsächlich eine zentrale Rolle, allerdings eine ganz andere, als gemeinhin kolportiert wird: nämlich als eine wesentliche Ursache der Gehaltsexzesse – und nicht als heimliches Motiv für deren kritische Kommentierung.

Die Chefs der großen Unternehmen befinden sich – spätestens seit der Chrysler-Übernahme durch Daimler – seit Jahren in einer Art Gehaltssteigerungs-Wettbewerb. Einerseits die absurde Entwicklung in den USA im Blick, andererseits die Bezüge der hiesigen

Vorstandskollegen vor Augen, sind sie von einer neidgetriebenen Gier befallen, die unstillbar scheint. Dabei geht es dem Einzelnen, da bin ich sicher, gar nicht in erster Linie um den konkreten »Mehrverdienst«; ob nun 3,2 oder 4,1 Millionen, wohlgemerkt jährlich, dürfte für den eigenen Lebensstandard praktisch keine Rolle spielen. Man nimmt es gern, aber letztlich ist die Höhe der Honorierung zu einem reinen Statussymbol verkommen, das den Herrschaften untereinander den Rang zuweist. Mit dem Markt hat all das nichts mehr zu tun. Anders ist nicht zu erklären, dass sich die Einkommen der Spitzenverdiener in den letzten zwanzig Jahren vervielfacht haben. Allein zwischen 2002 und 2007, nach bis dahin schon exorbitanten Steigerungen, zogen die Gehälter der Dax-Vorstände noch einmal um rund 80 Prozent an. Nahezu alle anderen Berufsgruppen, die normalen Werktätigen eben, hatten im selben Zeitraum keinerlei Zuwachs zu verzeichnen, was, gemessen in Kaufkraft, praktisch einer Gehaltsminderung gleichkommt – von denjenigen, die aus Renditeoptimierungsgründen gleich ganz von Arbeit »freigestellt« wurden, ganz zu schweigen.

Und die Dynamik scheint unaufhaltsam, da die Gehaltsfindung der Vorstände faktisch nach dem Selbstbedienungsprinzip funktioniert. Zwar gibt es als »Kontrollgremien« die Aufsichtsräte, die über die finanzielle Ausstattung des Topmanagements zu entscheiden haben. Aber in diesen Aufsichtsräten geben in der Regel sowohl ehemalige wie auch aktuelle Topmanager den Ton an. Wenn es mir nun als Aufsichtsratsmitglied in einem Fremdunternehmen gelingt, dass dort die Vorstandsbezüge angehoben werden, erhöhe ich zugleich die Chancen, dass sich die Aufsichtsräte der eigenen Firma auch einer »Neujustierung« meines Salärs nicht verschließen. Dass die Vertreter von Arbeitnehmern und Gewerkschaften – und manchmal auch der Politik – in solchen Kontrollgremien dieses durchsichtige Spiel geschehen lassen, ist für mich ein Rätsel, auf dessen Auflösung ich gespannt warte.

Vermutlich ergeht es diesen Mitbestimmungshelden wie dem Gros der Ökonomie-Experten und Globalisierungskenner: Sie sind durch die vermeintlichen Argumente der Wirtschaftsführer gewissermaßen weichgespült. Es gebe in Zeiten der Globalisierung einen internationalen Wettbewerb um die besten Köpfe, wird beispielsweise gern behauptet. Will man die fähigen Leute nicht verlieren, müsse man ihnen die entsprechenden Anreize bieten, um gegen etwaige Abwerbungsversuche etwa aus den USA gewappnet zu sein. Aber dass es tatsächlich so etwas wie einen internationalen Management-Markt gäbe, ist kaum mehr als ein Hirngespinst – ebenso wie die Vorstellung, US-Firmen seien in irgendeiner Weise an deutschen Managern interessiert. Davon ist mir jedenfalls bislang nichts bekannt. Und dass etwa japanische Topmanager ein Gehalt beziehen, für das ihre deutschen Kollegen gerade mal einen Monat arbeiten würden, wird selbstverständlich nicht erwähnt. Wahrscheinlich würde solche Bemerkung auch als unpassend zurückgewiesen, weil Japan mit seiner anderen Tradition einen Sonderfall darstelle – oder so ähnlich.

Na gut, heißt es weiter, wer das Wettbewerbsargument nicht hören wolle, der werde doch wohl zumindest das Kriterium der Leistungsgerechtigkeit akzeptieren. Wer Außergewöhnliches leiste, müsse auch außergewöhnlich honoriert werden. Die Führungskräfte würden schließlich eine immense Verantwortung tragen. Aber von welcher Art Verantwortung ist hier die Rede? Was leisten die Manager wirklich? Und wie viel ist ihre Leistung wert? Während sich die zum Teil gigantischen Gagen im Musik- oder Sportgeschäft immerhin noch mit einem klar zu beziffernden Publikumszuspruch plausibel machen ließen, vollziehen sich die Gehaltssprünge der Wirtschaftsführer weitgehend im Dunkeln.

Der Wert ihrer Leistung ist schwer zu bemessen, messbar sind allenfalls Umsatz-, Ertrags- und Aktienkursentwicklung ihrer Unternehmen.

Und diese Daten werden dann auch herangezogen. Jedenfalls, wenn es gerade passt. Immerhin hätten die Dax-Konzerne in den letzten Jahren regelmäßig Rekordgewinne eingefahren, wird auf Nachfrage trotzig verkündet. Da sei es doch wohl nur gerecht, wenn die hierfür Verantwortlichen auch entsprechend honoriert würden. Dieser Kausalität würde ich mich – siehe oben – im Prinzip gern anschließen. Es ist nur leider ökonomisch völlig offen, in welchem Ausmaß ein Vorstandsvorsitzender tatsächlich zum Erfolg seiner Firma beiträgt. Es ist ja zunächst einmal immer eine arbeitsteilige Organisation, nicht derjenige, der ihr vorsteht, die den Wert schafft. Am Erfolg wie auch am Misserfolg sind alle in einem Unternehmen Beschäftigten beteiligt. Wenn also ein Herr Mehdorn sein kontinuierlich wachsendes Gehalt damit rechtfertigt, dass der Wert der Bahn AG unter seiner Ägide entsprechend zugelegt hätte, und gleichzeitig einen monatelangen Arbeitskampf in Kauf nimmt, um zu verhindern, dass auch ein Teil seiner Mitarbeiter ein Stück weit vom Erfolg profitiert, dann belegt das, wie es um die geforderte Leistungsgerechtigkeit in Wahrheit bestellt ist.

Noch einmal: Ich finde es richtig, dass sich Leistung und Erfolg auch und meinetwegen gerade für die Vorstände lohnen sollen. Aber doch bitte nicht nur für die Chefs und die Aktionäre, sondern auch für diejenigen, die den Erfolg erarbeitet haben. So ist es aber nicht. Für die Mehrzahl der abhängig Beschäftigten erweist sich das Leistungsversprechen als reine Ideologie. Und auch auf Vorstandsebene ist das immer wieder beschworene Leistungsprinzip häufig eben nicht mehr als eine Privilegien absichernde Schimäre. Wie anders ist es zu erklären, dass etwa der Chef des Touristikunternehmens TUI sein Einkommen 2007 um mehr als

151

100 Prozent auf rund 4,5 Millionen Euro jährlich steigern konnte, obwohl der Aktienkurs des Konzerns in den vergangenen sieben Jahren kontinuierlich gefallen ist? Ebenso erfreute sich der vierköpfige Vorstand der Axel Springer AG, mit Mathias Döpfner an der Spitze, 2007 an einer Anhebung der Vorstandsvergütung von nahezu 40 Prozent – auf insgesamt 15 Millionen Euro –, obwohl der Berliner Medien-Konzern insbesondere wegen des Debakels um den Postdienstleister Pin Group ein verlustreiches Jahr zu beklagen hatte. Als »ergebnisabhängig« würde ich solche Entlohnungen nicht gerade bezeichnen.

Weitere Beispiele erspare ich mir. Und ich räume ein, dass es mir nicht wirklich zusteht, über die Berechtigung einzelner konkreter Gehaltsvereinbarungen zu urteilen. Darum geht es mir auch gar nicht. Die genannten Fälle stehen sozusagen Pars pro toto. Da ist etwas insgesamt aus den Fugen geraten. Die Manager haben sich eine eigene Welt geschaffen, in der fast nichts von dem Geltung hat, was sie öffentlich stets von anderen einfordern. Von den Arbeitnehmern wurde über Jahre Lohnzurückhaltung erwartet, sie sollen immer flexibler und das Kündigungsrecht immer weiter »liberalisiert« werden, während die Wortführer solcher »Mäßigung« für sich selbst die maximale Absicherung betreiben: mit Fünfjahresverträgen und üppigen Abfindungsregelungen, die ihnen auch im Falle einer Trennung mindestens das komplette Gehalt über den gesamten Zeitraum garantieren. Neu eingestellten Mitarbeitern gewähren viele Unternehmen inzwischen längst keinen Anspruch auf eine Betriebsrente mehr – fürs Alter soll gefälligst privat vorgesorgt werden –, während sich die Chefs selbst Pensionszahlungen in Höhe von 70 oder 80 Prozent des letzten Gehalts garantieren lassen – wobei in der Regel nur die fixen Gehaltsbestandteile pensionsrelevant sind, nicht aber die variablen wie Aktienoptionen oder Boni.

Solche Ruhegeldzahlungen unterliegen im Unterschied zu den Gehältern zwar noch keiner Transparenzpflicht, die Unternehmen müssen aber zumindest für die Pensionsansprüche der ehemaligen Vorstände Vorsorge treffen und sogenannte Rückstellungen in der Bilanz vornehmen: Bei Siemens beispielsweise wird hierfür Jahr für Jahr eine Summe von weit mehr als 100 Millionen Euro abgeschrieben. Hier tickt doch, ähnlich wie bei den öffentlichen Pensionskassen, eine Zeitbombe, und ich bin nicht sicher, ob die Aktionäre das unaufhaltsame Fortschreiten des Uhrzeigers wahrnehmen, ob ihnen bewusst ist, wie stark die Topmanager an den Gewinnen der Unternehmen »zehren« – auch dann noch, wenn sie keinen Dienst mehr tun. Denn auch die »Ruhegeld-Abschreibungen« werden nach den weiter gestiegenen Spitzengehältern von Jahr zu Jahr nach oben korrigiert werden müssen.

Aber bleiben wir bei den Aktiven: Um nicht die in der Presse ausgiebig genannten üblichen Verdächtigen, also die mehr oder weniger berühmten Vorstandsvorsitzenden, erneut zu benennen – ihr Durchschnittseinkommen liegt bei knapp vier Millionen Euro –, soll ein kurzer Blick auf die von den Unternehmen selbst angegebene Gesamtvergütung einiger weniger Dax-Vorstände genügen. BASF: gut 28 Millionen (ein Plus gegenüber dem Vorjahr von knapp 26 Prozent), Bayer: knapp 12 Millionen (plus 28 Prozent), BMW: gut 15 Millionen (plus 38 Prozent), Daimler: knapp 34 Millionen (plus 40 Prozent), Deutsche Bank: gut 33 Millionen (plus 6 Prozent), TUI: gut 16 Millionen (plus 124 Prozent).

Mit der Wirklichkeit, mit irgendeinem Marktgeschehen, hat all das, wie schon erwähnt, nur noch sehr eingeschränkt zu tun. Es ist stattdessen die konsequente Durchsetzung des Seerosen-Prinzips. Aber was die ganze Millionenpracht tatsächlich kostet, bleibt derweil noch unter dem üppigen Blütenteppich verborgen. Und wie lange der Untergrund noch »nährt«, darüber kann nur spekuliert werden. Denn es geht noch schlimmer, wie ein Blick auf die größte Volkswirtschaft der Welt beweist, wohin deshalb auch die deutschen Topverdiener so gern blicken: Im Vergleich zu ihren US-amerikanischen Kollegen nehmen sich die deutschen Vorstände trotz aller Aufholbemühungen immer noch geradezu harmlos aus. So haben nach Angaben des *manager magazins*, um nur ein Beispiel zu nennen, die Spitzenkräfte der fünf größten New Yorker Investmentbanken 2007, also inmitten der Bankenkrise und trotz milliardenschwerer Abschreibungen, die Rekordsumme von 39 Milliarden Dollar an leistungs- und erfolgsabhängigen Zahlungen kassiert, sprich: zusätzlich zu ihrem Festgehalt.

Millionen hier. Milliarden da. Pro Jahr. Ich bin für Reichtum, unbedingt. Um das festzuhalten. Und wo es Reiche gibt, da wird es, im Vergleich dazu, auch immer »Arme« geben. Aber das Zustandekommen von Reichtum muss irgendwie nachvollziehbar sein: unternehmerischer Mut, Innovation, berufliche Leistung, meinetwegen auch die Erbschaft oder der Lottogewinn; Lotto ist gerecht, alle haben die gleichen Chancen. Wo erkennbar ist, woher ein Vermögen stammt oder wie es zustande kommt, da wird es zweifellos Neid geben, aber wohl keinen Zorn, wie er sich zurzeit gerade auf die Manager entlädt. Denn ihr Reichtum, so scheint es, hat kein Maß, er verdankt sich keinen der hierfür allgemein anerkannten Mechanismen, sondern beruht möglicherweise sogar auf einem Handeln, das vielen anderen schadet. Denn der wachsende Reichtum der einen geht überall mit einer zunehmenden Armut anderer einher. Und er ist zudem, anders als etwa unternehmerischer Reichtum, gesellschaftlich wie auch wirtschaftlich gewissermaßen unproduktiv, er stellt kein »Sozialkapital« dar, auch weil die kleine Oberschicht sich gegenüber der Mehrheit zunehmend abschottet und sich von deren Wirklichkeit gewissermaßen emanzipiert hat.

JEDEM DAS SEINE: VON MINDEST- UND HÖCHSTLÖHNEN

Der eine backt Brot, der Nächste repariert Autos, ein anderer versucht Kranke zu heilen, wieder andere leiten vielleicht eine Firma oder fahren Taxi oder betreuen Kinder oder betreiben eine Buchhandlung. Was ein jeder für seine Tätigkeit verdient, regelt dabei weitgehend der Markt, und das heißt, sowohl die Nachfrage nach der angebotenen Leistung als auch Anforderungsprofil und Verantwortlichkeiten, Wertschöpfung und Wertschätzung – und nicht zuletzt gesellschaftliche Vereinbarungen wie etwa Tarifverträge. All dies ist einem permanenten Wandel unterlegen, bleibt aber, solange wir so etwas wie einen gesellschaftlichen Verbund bilden wollen, stets aufeinander bezogen. Dem Architekten darf eben nicht egal sein, was der Bäcker verdient, auch wenn beider Tätigkeiten nicht unmittelbar miteinander vergleichbar sind. Und ein Bäcker wiederum wird klaglos akzeptieren, wenn ein Architekt – zum Beispiel wegen einer längeren und aufwendigeren Ausbildung – ungleich mehr verdient, als er mit seinen Brötchen einzunehmen hoffen kann. Aber dieses »Mehr« hat eine schwer zu definierende Grenze, durch deren Überschreiten die Ungleichheit ihre Akzeptanz verliert.

Wie viel mehr darf aber nun der Architekt im Vergleich zum Bäcker, wie viel mehr darf ein Vorstandsvorsitzender im Vergleich zum Durchschnitt aller in seinem Unternehmen beschäftigten Mitarbeiter verdienen? Doppelt so viel? Das Zehnfache? Das Hundertfache? Eine einfache Antwort hierauf gibt es natürlich nicht, allenfalls so etwas wie »gefühlte« Grenzen. Denn wenn der Abstand zu groß wird, wenn die einen abheben und sich die anderen abgehängt fühlen, dann droht jeder soziale Zusammenhalt aufzubrechen, dann ist auf Dauer auch die politische und am Ende sogar die wirtschaftliche Stabilität gefährdet.

Eine einfache Rechnung kann die Relationen anschaulicher machen. Nehmen wir das schon erwähnte Beispiel der Axel Springer AG – wirklich nur beispielhaft, es geht hierbei nicht um Springer; der Berliner Medien-Konzern beschäftigt zufällig rund 10.000 Mitarbeiter, und diese gerade Zahl kann das Rechnen mit so großen Beträgen etwas erleichtern. Denn damit tun sich die meisten schwer. Unser Verhältnis zu hohen Geldsummen ist nicht besonders gut entwickelt. Psychologen haben herausgefunden, dass wir bis etwa 500.000 noch eine sinnliche Vorstellung mit der Größenordnung verknüpfen können. Danach wird es abstrakt. Ein Journalist hat einmal einen amtierenden Wirtschaftsminister, Martin Bangemann war sein Name, vor laufenden Kameras mit der Frage in Bedrängnis gebracht, wie viele Nullen eine Milliarde habe: »Ach du lieber Gott«, bekam er zur Antwort: »Sieben? Acht?« Es sind neun (aber ich hatte beim Schreiben etwas mehr Bedenkzeit und sogar die Gelegenheit nachzuzählen).

Zurück zu unserer Rechnung und dem modellhaften Medienkonzern. Wir gehen also von 10.000 Beschäftigten aus. Wir unterstellen zudem – das unterstreicht den Beispielcharakter nochmals –, die Springerangestellten würden »durchschnittlich« verdienen. Dann haben wir schon fast alle Größen beisammen, müssen aber noch diesen »Durchschnitt« beziffern, was einen kleinen Exkurs erzwingt.

Das Durchschnittseinkommen in Deutschland liegt statistisch irgendwo bei 3.000 Euro, mal ein paar hundert Euro weniger, mal ein paar hundert Euro mehr, je nachdem, ob alle Steuerpflichtigen in die Berechnung eingehen (= geringeres Durchschnittseinkommen) oder nur die Vollzeitbeschäftigten (= höheres Durchschnittseinkommen). Der Durchschnittswert ist allerdings in jedem Falle äußerst anfällig für Ausreißer nach oben. So beziehen 0,1 Prozent aller Steuerpflichtigen, das sind knapp 40.000 Personen, Einkünfte von mehr als eineinhalb Millionen Euro im Jahr und sind damit zu mehr als fünf Prozent an den insgesamt in Deutschland erzielten Einkünften beteiligt. Diese Spitzenverdiener verzerren dadurch natürlich den Durchschnitt und heben ihn auf ein Niveau, das den wirklichen Verhältnissen nicht entspricht, sodass davon auszugehen ist, dass die Mehrheit der Steuerpflichtigen oder der Arbeitnehmer das Durchschnittseinkommen nicht erreicht, sondern, statistisch betrachtet, unter Durchschnitt verdient. Dennoch soll hier der Einfachheit halber sehr großzügig von einem Durchschnittsgehalt von 3.000 Euro ausgegangen werden. Wie großzügig das ist, offenbart ein Blick auf die Gesamtsumme. Wenn die 10.000 Springer-Mitarbeiter tatsächlich im Schnitt 3.000 Euro monatlich verdienen würden, ergäbe das übers Jahr (3.000 x 12 x 10.000) eine gesamte Lohnsumme in Höhe von 360.000.000. Das erscheint mir wenig realistisch, soll hier aber keine Rolle spielen.

Das heißt, wir bleiben dabei: Der Durchschnittsbeschäftigte bei Springer bezieht ein Gehalt von 36.000 Euro im Jahr. Demgegenüber erhält der vierköpfige Vorstand nach einer gerade erfolgten Erhöhung der Bezüge um 40 Prozent rund 15 Millionen Euro jährlich. Das sind, ebenfalls großzügig gerechnet, knapp 3 Millionen Euro pro Kopf vor der Gehaltssteigerung und knapp 4 Millionen Euro danach. Wenn ich meinen Taschenrechner nun richtig bedient habe, bedeutet das, dass die Vorstandsmitglieder 2006 etwa das 83fache und 2007 etwa das 111fache verdient haben wie jeder einzelne der 10.000 anderen Konzernmitarbeiter. Denn es ist davon auszugehen, dass deren Gehälter, wie schon in den Jahren zuvor, nicht nennenswert gestiegen sind. Waren also die Herren in der Vorstandsetage bereits 2006 83-mal leistungsfähiger als der Rest der Belegschaft, so konnten sie 2007 noch einmal kräftig zulegen, oder aber die anderen haben entsprechend an Leistungsvermögen verloren. Oder wie anders sind solche Relationen zu deuten? Wie anders wären derartige Gewichtsverschiebungen zu rechtfertigen?

Wenn das Unternehmen sein Geschäftsergebnis tatsächlich um 40 Prozent gesteigert hätte – was ja im Falle von Springer gar nicht zutrifft –, wäre überhaupt nicht einzusehen, warum vier Angestellte davon profitieren, die 10.000 anderen aber nicht. Es sei denn, die vier wären allein für den Erfolg verantwortlich, während alle anderen nichts dazu beigetragen haben – was aber nicht recht vorstellbar ist. Wie also kommt es zu solchen Ungleichheiten? Die Antwort ist so schlicht wie ernüchternd: Es gibt keine rationale Erklärung dafür. Weder die ökonomische Vernunft noch eine Markt- oder Wettbewerbslogik können einen halbwegs treffenden Grund liefern. Das Gehalt der Vorstände ist kein Lebensunterhalt mehr, sondern Fetisch. Wenn noch von Markt und Wettbewerb zu reden ist, dann allenfalls von einem Markt der Eitelkeiten sowie von einem profitfressenden Statuswettbewerb – oder, wie es der Reeder Aristoteles Onassis einmal umschrieben hat: »Ab einem bestimmten Zeitpunkt wird Geld bedeutungslos. Es ist nicht mehr das Ziel. Nur noch das Spiel ist wichtig.«

Noch vor zehn bis zwanzig Jahren verdiente ein Konzernchef etwa 20- bis 50-mal so viel wie seine Mitarbeiter. Daran hatte zu Recht niemand Anstoß genommen. Heute ist dieser Faktor auf zum Teil bis zu 400 explodiert. Und diese Explosion lässt die gesellschaftlichen Teilwelten immer weiter auseinanderdriften. Selbst der jeder Gleichmacherei völlig unverdächtige Chef der US-amerikanischen Notenbank, Ben Bernanke, scheint den Ernst der Lage erkannt zu haben und kritisiert die ungleiche Einkommensentwicklung inzwischen in erstaunlicher Schärfe. Der Wettbewerb um Einkommen ist alles andere als ein Spiel. Während das oberste Zehntel der Bevölkerung in den vergangenen drei Jahrzehnten um 34 Prozent reicher geworden sei, hätte sich im unteren, breiten Sockel der Sozialpyramide so gut wie nichts getan. Würde sich diese Entwicklung fortsetzen, seien Konflikte auf Dauer unvermeidlich.

Denn die Einkommensentwicklung hat selbstverständlich unmittelbaren Einfluss auf die gesamte Vermögensverteilung. Nach Angaben des 2. Armuts- und Reichtumsberichts der Bundesregierung beispielsweise ist das Vermögen aller Haushalte in Deutschland im Zeitraum von 1998 bis 2003 um etwa 20 Prozent auf 4,2 Billionen Euro gestiegen; das sind 4.200 Milliarden Euro – eine Billion hat zwölf Nullen. Umgerechnet auf eine Bevölkerung von 80 Millionen entfielen demnach auf jeden Menschen in Deutschland, ob Säugling oder Greis, 52.500 Euro. Eine doch sehr erfreuliche Vermehrung, Deutschland ist ein wohlhabendes Land. Profitiert haben von diesen Zuwächsen allerdings nur die Reichen. Während der Anteil der oberen zehn Prozent aller Haushalte am Gesamtvermögen bei 50 Prozent liegt – eine Studie des Deutschen Instituts für Wirtschaftsforschung (DIW) aus dem Jahr 2007 weist den oberen zehn Prozent sogar schon zwei Drittel des Vermögens zu –, beträgt der Anteil der unteren 50 Prozent aller Haushalte am Gesamtvermögen gerade einmal 3,8 Prozent. Rund zwei Drittel der Bevölkerung in Deutschland, so wertet das DIW die Ergebnisse, besitzen kein oder nur ein sehr geringes Vermögen. Und die viel beschworene Schere geht tatsächlich immer weiter auseinander.

Vor diesem Hintergrund halte ich eine Diskussion um Mindestlöhne für berechtigt. Und wer über Mindestlöhne nachdenkt, darf auch nicht davor zurückschrecken, das Thema Höchstlöhne anzusprechen. Denn die ohnehin schon niederschmetternde Statistik vermittelt sogar noch ein geschöntes Bild. Der Lebensalltag von

Millionen Menschen sieht ja noch einmal düsterer aus, als es die sauberen Zahlenreihen vermuten lassen. Dass eine Friseurin in Sachsen mit drei Euro Stundenlohn, ein Gartenbauer in Sachsen-Anhalt mit 4,80 Euro, ein Bäcker in Thüringen mit 5,25 Euro oder ein Kellner in Nordrhein-Westfalen mit 5,34 Euro auskommen muss – und das sind, wohlgemerkt, deutsche Tariflöhne im Jahre 2008 –, halte ich für einen gesellschaftlichen Skandal. Zum Vergleich: Der Durchschnittslohn von 3.000 Euro, mit dem ich oben gerechnet hatte, ergäbe bei einer 40-Stunden-Woche einen Stundenlohn von 18,75 Euro. Die vollzeitbeschäftigte Friseurin in Sachsen müsste sich demgegenüber mit einem Monatslohn von 480 Euro, der thüringische Bäcker mit 840 Euro zufriedengeben. Und beide wären, obwohl voll berufstätig, nach allen offiziellen Definitionen »arm« zu nennen. Für die Weltgesundheitsbehörde beispielsweise wie auch für die OECD gilt als arm, wer weniger als die Hälfte des in einem Land errechneten Durchschnittseinkommens verdient. Mit den genannten Löhnen ist oftmals nicht einmal das vom Deutschen Bundestag regelmäßig festgelegte »sächliche Existenzminimum« zu erreichen, das heißt die Einkommenshöhe, die zum physischen Überleben notwendig ist und die zurzeit für Alleinstehende mit 7.140 Euro im Jahr beziffert wird.

Wenn ich in einer entwickelten und insgesamt überaus erfolgreichen Marktwirtschaft mit einer »regulären« Beschäftigung nicht einmal mehr meine Existenz sichern kann, dann stimmt etwas mit dieser Marktwirtschaft nicht – und noch weniger mit der Gesellschaft, die solche Verhältnisse zulässt. Hin und wieder flackert zwar mal die Empörung darüber auf, verflüchtigt sich aber zumeist schnell wieder in fruchtlosen Einzelfall-Diskussionen. Es handelt sich jedoch nicht um Einzelfälle. Nach Schätzungen des Deutschen Instituts für Wirtschaftsforschung gibt es in Deutschland rund 3,5 Millionen Beschäftigte, die weniger als 7,50 Euro die Stunde verdienen. Weit mehr als doppelt so viele, nämlich 22 Prozent aller Beschäftigten in Deutschland arbeiten mittlerweile im sogenannten Niedriglohnbereich. Das sind 6,5 Millionen Menschen, die sich für deutlich weniger als zehn Euro die Stunde verdingen. Drei Viertel dieser Leute haben eine Berufsausbildung oder sogar einen Hochschulabschluss. Etwa die Hälfte von ihnen arbeitet Vollzeit.

Das sind praktisch amerikanische Verhältnisse – in Frankreich ist die Quote lediglich halb so hoch. Und diese Millionen »Hungerlöhner« haben nicht nur ein akutes Problem, ihre Armut wird sich zwangsläufig im Alter fortsetzen, weil sie entweder gar nicht in der Lage sind, für die Zukunft vorzusorgen, oder weil ihre Beiträge in die Rentenkassen so gering ausfallen, dass sie später auf staatliche Transferleistungen angewiesen sein werden. Es ist deshalb richtig, über Mindestlöhne nachzudenken. Es ist nicht nur richtig, es ist ein Gebot verantwortlichen Handelns. Wenn es nur nach dem Markt ginge, würden sich viele Löhne zwangsläufig auf ein existenzgefährdendes Niveau herunterkonkurrieren. Es findet sich immer jemand, der dieselbe Arbeit für ein paar Cent weniger tut. Es darf aber nicht »nur« nach dem Markt gehen.

Wer ein Nachdenken über die Festsetzung von Mindestlöhnen mit dem Argument abzuwürgen versucht, solche Regelungen würden Arbeitsplätze gefährden, dem wäre erstens zuzustimmen: Ja, Arbeit, die derart gering geschätzt, die offenbar nicht nachgefragt wird und die kein Auskommen sichert, gehört abgeschafft. Zweitens offenbart das Argument einen eklatanten Mangel an Verantwortung, weil es eine ökonomische Praxis rechtfertigt, die aus Armut Gewinn erwirtschaftet – was, altmodisch gesprochen, geradezu schändlich ist. Und drittens schließlich stehen diejenigen, die so argumentieren – Wirtschaftspolitiker, Verbandsfunktionäre, Unternehmer, Manager – in der Regel am ganz anderen

Ende der Lohnskala. Das allein setzt sie selbstverständlich noch nicht ins Unrecht. Wenn sie aber systematisch den seltsamen Zusammenhang ausblenden, dass ihre eigenen Gehälter in ähnlichem Maße gewachsen sind wie der Niedriglohnsektor, dann würde ich in ihren ökonomischen Sachverstand nicht allzu viel Zutrauen setzen.

Diese Entwicklung, dass das Einkommen der Mehrheit der Beschäftigten stagniert oder sinkt, während sich die Spitzenverdiener in immer neue Gehaltsregionen hieven, ist in der jüngeren Vergangenheit endlich stärker in den öffentlichen Fokus geraten. Das sorgt für Unfrieden in den bislang so diskreten Reihen der vertrauten Führungszirkel. Die Viel-Verdiener sehen sich unter lästigen Rechtfertigungsdruck gestellt, Arbeitnehmer und Gewerkschaften ergreifen die ihnen hingehaltene Moralkeule und gehen gestärkt in die eigenen Gehaltsverhandlungen, Politiker nutzen die Gunst der Stunde, um die, deren Macht-Dominanz sie ansonsten anerkennen und denen sie vermutlich auch weiterhin alles recht machen werden, einmal ebenso publikumswirksam wie gratismutig an den Pranger zu stellen.

Öffentlichkeit in solchen Fragen ist zweifellos hilfreich, die geschilderten Reaktionen sind es überwiegend nicht. Wenn die einen lediglich versuchen, den Image-Schaden zu begrenzen, und die anderen scheinbar nur darauf erpicht sind, aus diesem Schaden kurzfristig Kapital zu schlagen, wird sich im Prinzip wenig bis gar nichts ändern. Und eine Änderung, behaupte ich, haben mindestens die Wortführer auch gar nicht im Sinn. Zwar haben etwa der Finanzminister und sogar die Bundeskanzlerin selbst mit ungewöhnlich scharfen Worten die Selbstbedienungsmentalität der Manager gegeißelt. Sie warben damit allerdings weniger um Mäßigung bei den Unternehmenschefs als um Wählergunst – und waren dann auch ganz und gar nicht mehr einverstanden, als daraufhin einige Sozialdemokraten und schließlich sogar die Europäische Kommission in Brüssel forderten, dass solchen Worten auch Taten folgen, dass mithin die Managergehälter gesetzlich gedeckelt werden müssten.

Nein, so wortwörtlich sei das doch nicht gemeint gewesen. Und das ginge auch gar nicht. In solche privatwirtschaftlichen Vereinbarungen habe der Staat nicht einzugreifen – und so fort. Aber der Geist war aus der Flasche und gebar nun zum Beispiel den Vorschlag, dass die Unternehmen die Gehälter und Abfindungen ihrer Manager nur noch bis zu einer gewissen Höhe, etwa eine Million Euro, voll von der Steuer absetzen dürfen; alles, was darüber hinausgeht, solle nur noch zur Hälfte als Betriebskosten geltend gemacht werden können. Das würde die Aufsichtsräte, als Kontrollgremium der Eigner, sicher dazu veranlassen, ihre Vorstände in Zukunft maßvoller zu entlohnen.

Ich gestehe, der pädagogisch raffinierte Vorschlag ist nicht uncharmant. Aber weniger, weil ich ihn für praktikabel oder gar für durchschlagkräftig hielte, sondern weil er unbeabsichtigt das politische Eingeständnis enthält, dass die inkriminierten Millionenbezüge auch noch durch die Gesamtheit der Steuerzahler mitfinanziert werden. Sie vermindern als Betriebsausgaben den zu versteuernden Gewinn. Darüber hinaus ist es ein seltsam um die Ecke gedachtes Modell. Da wäre es letztlich viel konsequenter – und im Übrigen auch sehr viel einfacher –, schlicht den erst kürzlich auf 42 Prozent abgesenkten Spitzensteuersatz wieder zu erhöhen, meinetwegen erst ab einem Spitzeneinkommen von einer Million Euro. Das hätte eine direkte Wirkung und wäre auch unter dem Gesichtspunkt der Gerechtigkeit vertretbar – was die, die es beträfe, natürlich ganz anders sehen: Eine solche »Reichensteuer« sei die Ausgeburt eines gesellschaftlichen Neidkomplexes. Aber das glaube ich nicht. Zwar zahle auch ich lieber weniger als mehr Steuern, mir leuchtet aber unmittelbar ein, dass die Abgabenbelastung besser ausbalanciert werden muss als bisher.

Dass die Reichen reicher und die Armen ärmer werden, beruht sicher nicht auf einfachen Kausalitäten. Es ist aber ein Faktum, und wer wollte ernsthaft bestreiten, dass zwischen beiden Tendenzen ein Zusammenhang besteht? Deswegen wäre es aus meiner Sicht tatsächlich dringend geboten, über Höchstlöhne nachzudenken. Aktienoptionen für leitende Mitarbeiter werden mittlerweile sogar schon in den USA als »Heroin für Manager« gegeißelt. Gehälter, deren Höhe am Aktienkurs orientiert sind, verführen zwangsläufig zu kurzfristigem Denken. Und ein Entlohnungssystem, das sich an der Gewinn- oder Auftragsentwicklung eines Unternehmens ausrichtet, wäre nicht nur auf den Vorstand zu beschränken.

Ein Unternehmen stellt einen Verbund dar, eine Einheit. Denkbar wäre deshalb beispielsweise ein Gehaltssystem, in dem es sehr unterschiedliche Niveaus geben kann, die aber – ganz im Gegensatz zu heute – transparent aneinander gekoppelt sind. Hierbei habe ich durchaus keine gesetzliche Regelung im Sinn, wie sie im Falle eines Mindestlohns wohl notwendig ist; Vertragsfreiheit ist ein hohes Gut. Aber Betriebsvereinbarungen wären möglich, wonach die Gehälter des Spitzenmanagements immer nur in Abhängigkeit von der Lohnentwicklung der Gesamtbelegschaft verändert werden können. Steigen die Löhne hier, kann sich auch der Vorstand eine Erhöhung genehmigen; sinkt das Lohnniveau, muss sich das auch bei den Spitzenverdienern abbilden. In welchem Verhältnis dabei die unterschiedlichen Bezüge zueinander stehen, wird sicher von Branche zu Branche, möglicherweise von Firma zu Firma variieren, spielt aber, glaube ich, keine entscheidende Rolle. Hier wären je nach Gesellschaftsform Aktionäre, Arbeitgeber- und Arbeitnehmervertreter gefordert, eine für die Beteiligten akzeptable Gewichtung vorzunehmen.

Dieselbe Verbundsidee steht auch hinter den verschiedenen Modellen der Mitarbeiterbeteiligung, wie sie schon von vielen Firmen praktiziert wird – etwa von Volkswagen und Porsche, wo ein definierter Anteil am Gewinn als Prämienzahlung an die Belegschaft ausgeschüttet wird. Solche Gewinnausschüttungen will beispielsweise der französische Präsident Sarkozy dadurch fördern, dass der an die Mitarbeiter weitergegebene Anteil des Gewinns künftig mit einem deutlich verminderten Steuersatz belegt wird. Er möchte damit das Volumen dieser Ausschüttungen in fünf Jahren von derzeit etwa acht Milliarden Euro auf 16 Milliarden Euro verdoppeln. In einer solchen Maßnahme zur Verbesserung der Einkommensgerechtigkeit sehe ich in der Tat einen Schritt in die richtige Richtung.

Ich bin davon überzeugt, dass viele der bis hierher angesprochenen Probleme und Ärgernisse behebbar wären, dass sowohl die Marktwirtschaft als auch die Politik wieder an Akzeptanz gewinnen könnten, wenn es gelänge, die Einkommensverteilung wieder nachvollziehbarer zu machen und sie erkennbar auch wieder an Leistungskriterien zu orientieren. Und ich will in der Folge versuchen zu zeigen, dass ein solcher Weg nicht nur überlebenswichtig, also nötig ist. »Gerechtes« Wirtschaften, das lässt sich an Beispielen zeigen, ist nicht »nur« ein gesellschaftliches Gebot, es erweist sich – mindestens langfristig – auch als ökonomisch erfolgreicher.

Von der Egonomie zur Ökonomie.
Der Marktwert des Guten

WOHLSTANDSTRÄUME

»Am Ausgangspunkt stand da der Wunsch, über eine breitgeschichtete Massenkaufkraft die alte, konservative soziale Struktur endgültig zu überwinden. Diese überkommene Hierarchie war auf der einen Seite durch eine dünne Oberschicht, welche sich jeden Konsum leisten konnte, wie andererseits durch eine quantitativ sehr breite Unterschicht mit unzureichender Kaufkraft gekennzeichnet. Die Neugestaltung unserer Wirtschaftsordnung musste also die Voraussetzung dafür schaffen, dass dieser einer fortschrittlichen Entwicklung entgegenstehende Zustand und damit zugleich auch endlich das Ressentiment zwischen ›arm‹ und ›reich‹ überwunden werden konnte.« Nein, diese Sätze stammen nicht etwa von Karl Marx. Sie sind jüngeren Datums. Sie finden sich in einem Buch mit dem Titel »Wohlstand für alle«, das der Christdemokrat Ludwig Erhard im Jahr 1957 vorgelegt hat. Er begründete damit das Programm einer sozialen Marktwirtschaft, das eine beispiellose Erfolgsgeschichte geschrieben hat. Und dennoch wirken seine Zeilen, mehr als 50 Jahre später, verstörend aktuell. Wieder sieht sich eine »breite«, ärmer werdende Unterschicht einer »dünnen«, reicher werdenden Oberschicht gegenüber. Als stünden wir wieder ganz am Anfang. Und so ist es ja auch. Aber was schon einmal eine »fortschrittliche Entwicklung« in Gang gesetzt hat, könnte auch ein weiteres Mal funktionieren. Warum denn nicht?

SELBSTMORD-KAPITALISMUS ODER
DER MARKT FRISST SEINE KUNDEN

»Die Lebhaftigkeit des Handels, das Durchrauschen des Papier-
geldes, das Anschwellen der Schulden, um Schulden zu bezah-
len, das alles sind die ungeheuren Elemente, auf die gegenwärtig
ein junger Mann gesetzt ist«, notierte Goethe 1829 in den »Wander-
jahren«. Schon den Weimarer Dichterfürsten beschlich dabei die
unheilvolle Ahnung, dass diese »fortschrittliche« Dynamik nicht
mehr zu bremsen sein und sich unweigerlich auf das Verhältnis
der Menschen untereinander, ja auf das »Sittliche« insgesamt nie-
derschlagen werde.

Und so geschah es dann auch. Nur wenig später, 1848, war aus
der Goethe'schen Befürchtung bereits eine unumstößliche Gewissheit geworden; jedenfalls für zwei junge Männer, die jene
»ungeheuren Elemente«, auf die sie sich gesetzt sahen, einmal
gründlich bedachten. Im »Manifest der kommunistischen Partei«
bekräftigten Karl Marx und Friedrich Engels apodiktisch: »Die
Bourgeoisie, wo sie zur Herrschaft gekommen, hat alle feudalen,
patriarchalischen, idyllischen Verhältnisse zerstört (…) und kein
anderes Band zwischen Mensch und Mensch übriggelassen als
das nackte Interesse, als die gefühllose ›bare Zahlung‹ (…). Sie hat
die persönliche Würde in den Tauschwert aufgelöst und an die
Stelle der zahllosen verbrieften und wohlerworbenen Freiheiten
die eine gewissenlose Handelsfreiheit gesetzt.«

Starke Worte. Zwar hat sich der Kommunismus, mit dessen
Hilfe Marx, Engels und viele andere die zerstörerische Macht des
menschenverachtenden Kapitals zu brechen hofften, inzwischen
selbst gründlich diskreditiert. Die im zitierten Manifest erhobene
Klage hingegen – und mit ihr nahezu alle Topoi einer fast zwei-
hundertjährigen Tradition der Kapitalismuskritik – scheint so ak-

tuell wie ehedem. Nachdem die Marktwirtschaft sich nach dem Zusammenbruch des Kommunismus 1989 einige Jahre im Glanz des historischen Sieges sonnen konnte, ist längst wieder lautstark vom nunmehr globalisierten »Raubtier-Kapitalismus« die Rede, von der »Diktatur des Geldes« und der Allmacht der Finanzmärkte.

Die geschilderte Entwicklung der Einkommens- und Vermögensverteilung sowie ein Blick auf die neuen Marktökonomien des ehemals planwirtschaftlichen Ostblocks scheinen solche Kritik ins Recht zu setzen. Bei allen nationalen Unterschiedlichkeiten kam in den einst kommunistisch dominierten Ländern der wirtschaftliche Kurswechsel insgesamt einem sozialen Einbruch gleich. Auch die dezidiert nicht kapitalismuskritische Weltbank sah sich im Jahr 2002 veranlasst, kleinlaut einzuräumen: »In allen Transformationsländern (Ostmitteleuropas) hat die soziale Ungleichheit deutlich, in manchen sogar drastisch zugenommen, obwohl diese Staaten vor Beginn des wirtschaftlichen Wandels die weltweit geringsten sozialen Unterschiede aufwiesen.«

Ist der Markt also tatsächlich jener Moloch, als den ihn der wissenschaftliche Sozialismus einst »demaskierte«? Oder handelt es sich bei den zu beklagenden Entwicklungen lediglich um Anpassungsprobleme, die aus dem Erbe des Staatssozialismus erwachsen waren und die nun die nationalen Volkswirtschaften insgesamt im Zuge einer fortschreitenden Globalisierung durchleiden? Beide Fragen sind aus meiner Sicht zu verneinen. Weder ist der Markt eine alles verschlingende Macht, noch handelt es sich im Falle einer zunehmenden Verteilungsungerechtigkeit um ein Übergangsphänomen. Aber auch dafür ist nicht der Markt verantwortlich zu machen.

Was wir erleben, ist nicht die Durchsetzung des Ökonomischen, sondern seine Pervertierung. Markt und Wirtschaft sind keine Zwecke, sondern Mittel, über deren Ausgestaltung und Verwendung die handelnden Akteure entscheiden. Von allein machen Markt und Wirtschaft gar nichts. Sie verströmen allerdings ihren »Geist«, das heißt, sie entfalten, vermittelt über das Verhalten der Marktteilnehmer, eine Logik, die sich auf unsere Gewohnheiten und – wovor schon Goethe warnte – auf das Soziale insgesamt niederschlägt. Jede Ökonomie bedarf deshalb notwendig einer Einbettung in die sozialen und kulturellen Verhältnisse. Nicht etwa umgekehrt. Und da liegt der Hase im Pfeffer, weil diejenigen, die das Marktgeschehen dominieren, die Wirtschaft aus solchem wertgebenden Kontext immer stärker herauslösen und sie zu einem Leitprinzip erheben, das sie gar nicht sein kann.

Als Rechtfertigung dienen vermeintliche Globalisierungszwänge. Schaut man jedoch genauer hin, ist es mit der viel beschworenen Globalisierung gar nicht weit her. Hinter dem Wortgespenst verbirgt sich zumeist nichts weiter als eine ungezügelte Profitgier. Wo aber nur noch der Profit zählt, entsteht am Ende – und sowohl die Finanz- als auch die jüngste Nahrungsmittelkrise haben dies dramatisch vor Augen geführt – eine Art Selbstmord-Kapitalismus, gewissermaßen als finale Stufe des Seerosen-Prinzips. Dieser gefährlichen Tendenz ist aber nicht durch »Systemwandel« beizukommen, sondern nur durch eine Rückkehr zum »Prinzip Verantwortung«. Denn nicht die Marktwirtschaft, zu der es in Wahrheit keine Alternative gibt, ist unser Problem, es sind die leitenden Marktwirtschaftler.

Das Handeln von Unternehmensführungen hat unmittelbar Einfluss auf das gesellschaftliche und politische Umfeld. Und dieses Umfeld, unser Verständnis von Wirtschaft und Gesellschaft, hat sich in den letzten Jahren drastisch gewandelt. Um es konkret zu benennen: Mein Verständnis von Wirtschaft war und ist ein anderes als dasjenige, das die heutigen Meinungs- und Wirtschaftsführer an den Tag legen. Und hierbei geht es keines-

wegs um Nuancen, sondern um eine grundlegende Bedeutungs-
verschiebung.

Die Wirtschaft – so oder ähnlich kann man es im Lexikon nach-
lesen – ist alles, was »der planvollen Deckung des menschlichen
Bedarfs dient«. Mit diesem knappen Satz ist das Wesentliche gesagt. Da nicht jeder alles, was er braucht, selbst herstellen kann,
sind wir auf Austauschprozesse angewiesen, um unsere Bedürfnisse zu befriedigen. Und was einstmals buchstäblich getauscht
wurde, wird heute – mit Hilfe des Vergleichsmediums »Geld« –
auf dem freien Markt gehandelt.

Das ist das Wesen, das sind Sinn und Zweck des Wirtschaftens.
Aber wie so oft im Leben verlieren wir das Wesentliche leicht aus
dem Blick und halten dann die Oberfläche, die eine oder andere
Begleiterscheinung oder gar eine Fehlfunktion für den eigentli-
chen Kern der Sache. Die Wirtschaft – so oder ähnlich würden es
heute wohl die meisten formulieren – ist alles, was »der planvollen Erzielung des größtmöglichen Profits dient«.

Der Unterschied zwischen der ersten und der zweiten Defini-
tion ist offenkundig. Während im ersten Fall das »Wir« im Zentrum steht, wird in der zweiten Version das »Ich« zur Zentral-
figur. Nun ist das »Ich« mit seinen Wünschen, Ängsten und
Absichten bei all unseren Handlungen immer mit im Spiel und
der Eigennutz jedes Einzelnen nicht nur verständlich, sondern als
Antrieb auch vom »Wir« durchaus erwünscht. Sobald sich solch
Profitstreben jedoch verselbständigt und zum Hauptzweck der
ganzen Veranstaltung wird, lässt sich streng genommen gar nicht
mehr von »Ökonomie« sprechen. Die »planvolle Erzielung des
größtmöglichen Profits« müsste »Egonomie«, Ich-Haltung, genannt werden.

Ökonomie heißt wörtlich übertragen »Haushaltung« – von grie-
chisch *oīkos* = Haus – und meint die verantwortliche Verwaltung

der »Hausgemeinschaft« beziehungsweise des gesellschaftlichen Zusammenschlusses. Ein Ökonom oder ein ökonomisch handelnder Mensch wäre demnach jemand, der gern auch nach Profit streben darf, der aber in erster Linie das »ganze Haus« im Blick hat, sowohl das Gebäude selbst wie auch alle seine Bewohner.

Schaut man sich im heutigen Wirtschaftsleben um, muss man – zumindest bei den großen, politisch einflussreichen Konzernen, im Mittelstand und bei Familienbetrieben ergibt sich ein anderes Bild – lange suchen, um auf einen Unternehmer oder Manager zu treffen, der in diesem Sinne als Ökonom auf sich aufmerksam macht. Egonomen, wohin man blickt, von Ökonomie kaum noch eine Spur. Das heißt, das, was heute vielmundig und überwiegend zu Recht beklagt wird – die Kälte und Ungerechtigkeit des Marktes, die Rücksichtslosigkeit und Raffsucht der Unternehmensführungen –, ist gar kein Ausfluss eines knallharten ökonomischen Handelns. Es ist der blanke Terror einer die Ökonomie ablösenden Egonomie. Ichsucht und Habgier sind zum Treibstoff des einstmals wirtschaftlichen Handelns geworden. Aber Ichsucht und Habgier produzieren, quasi als Emission, Ungleichheit – und vergiften damit die gesellschaftliche Atmosphäre. Hier gibt sich etwas als Ökonomie aus, was gar keine Ökonomie mehr ist. Und wenn ich »Ökonomie« schreibe, dann verstehe ich darunter tatsächlich weiterhin eine kapitalistische Wirtschaftsform.

Denn obwohl ich Marx mit einigem Wohlgefallen zitiert habe, hielte ich es für keine sehr gute Idee, den Kapitalismus abschaffen zu wollen – für den ich hier, im Gegenteil, viel lieber eine Lanze breche. Es ist für mich unzweifelhaft, dass die weltweite Verbreitung des Kapitalismus sehr viel mehr Menschen genützt als geschadet hat. Durch seine Eigenschaft, kontinuierlich die Produktivität zu erhöhen, hat der Kapitalismus die Armut in der Welt tatsächlich dramatisch verringert: Lebten 1820 noch 85 Prozent der Weltbevölkerung von weniger als einem Dollar pro Tag – nach heutiger Kaufkraft –, so ist deren Anteil bis 1950 auf 50 Prozent zurückgegangen und beträgt heute rund 20 Prozent. Und dabei ist zu berücksichtigen, dass sich die Weltbevölkerung in den letzten zweihundert Jahren mehr als versechsfacht hat, von etwa 1 Milliarde um 1800 über 3 Milliarden im Jahr 1960 auf heute 6,7 Milliarden Menschen. Selbstverständlich ergeben 20 Prozent von 6,7 Milliarden immer noch eine erschreckend große Zahl. Aber dennoch sollte unstrittig sein, dass erfolgreiches Wirtschaften menschliches Elend massiv verringert und in vielen Regionen der Erde darüber hinaus einen ungeheuren Wohlstand geschaffen hat. Der Durchschnittseuropäer etwa verbringt heute einen weitaus größeren Teil seines Lebens mit arbeitsfreier Zeit als die Angehörigen aller Generationen vor ihm.

Dass viele Menschen mit dieser Freizeit nichts anzufangen wissen und sich im Wohlstand gleichzeitig irgendwie sinnentleert fühlen, daran ist der »Geist« des Kapitalismus – wie oben angedeutet – gewiss nicht unschuldig. Andererseits ist ein sozioökonomisches System aber auch gar nicht »zuständig« dafür, uns glücklich zu machen. Es kann allenfalls die Voraussetzungen schaffen – Einkommen, Nahrung, Unterkunft, Gesundheit, Sicherheit usw. –, die uns ein gutes Leben erst ermöglichen. Was darunter konkret zu verstehen ist, muss anschließend jeder für sich selbst herausfinden. Aber in der Schaffung dieser Voraussetzungen ist der Kapitalismus beispiellos erfolgreich, sodass – zumindest in den modernen kapitalistischen Ländern – eigentlich vernünftigerweise niemand behaupten dürfte, ein »erbarmungsloses Wirtschaftssystem« stünde dem menschlichen Glück entgegen, Materialismus und Konsumismus würden uns jeglichen Lebenssinns berauben.

Aber ebendiese Klage reißt nicht ab. Seit Rousseau behaupten viele Intellektuelle immer wieder, dass der Kapitalismus die »wahren menschlichen Bedürfnisse« nicht zu befriedigen vermag. Und so ist es, der Befund ist zutreffend. Aber einen Kapitalismus, der die wahren menschlichen Bedürfnisse zu stillen verspräche, der wäre mir tatsächlich höchst suspekt. Das kapitalistische System enthält keine gesellschaftliche Utopie, niemand hat es geplant, und niemand versteht es wirklich. Niemand sollte es aber auch zu etwas anderem ummodeln, als es ist. Millionen auf dem Markt agierende Menschen sind das System. Deren Beziehungen unterliegen gesellschaftlichen Regeln, moralischen Geboten und staatlichen Gesetzen, denen mithin auch die Ökonomie unterliegen muss, die solche Regeln, Gebote und Gesetze niemals aus sich selbst hervorbringen könnte. Wo das versucht wird, wo sich die Wirtschaft, in Gestalt ihrer leitenden Manager, zur Gesetzgeberin aufschwingt, wo das »System« plötzlich von oben geplant und gelenkt wird, verlassen wir streng genommen die Sphäre des Ökonomischen – und wiederholen gewissermaßen die Fehler der kommunistischen Weltverbesserer. Ökonomie wird zur Ideologie, die auch außerwirtschaftliche und unwirtschaftliche Interessen verfolgt, insbesondere die Interessen einer Clique von Mächtigen. Und das ist es leider, was seit gut 20 Jahren passiert: die Abschaffung der Ökonomie durch ihre mächtigsten Befürworter.

DIE GLOBALISMUS-LEGENDE

Im Jahr 2006 kursierten die Ergebnisse einer vom »World Economic Forum« erhobenen Studie durch die Medien – auch Bundespräsident Horst Köhler hatte diese Studie in mindestens einer »Reform-Rede« mahnend zitiert –, die dem »Standort Deutschland« das denkbar schlechteste Zeugnis ausstellte. Von 104 untersuchten Ländern hatte Deutschland demnach beispielsweise das schlechteste Steuersystem. Platz 104! Weit abgeschlagen hinter Staaten wie etwa Bangladesh oder Äthiopien, Tschad oder Nigeria, Mali oder Malawi, wo die Steuern offenbar sehr viel besser erhoben werden als hierzulande. Ein erschreckendes Abschneiden. Aber wie war es zustande gekommen?

Das »World Economic Forum« ist eine Einrichtung, die von dem Wirtschaftsprofessor Klaus Schwab in den 1970er-Jahren zunächst als eine Art Manager-Forum gegründet worden war, wo sich die Unternehmenslenker über die neuesten Management-Strategien austauschen konnten. Das wachsende Renommee der Gesprächsrunden sowie die zunehmende internationale Verflechtung der Wirtschaftswelt veranlassten den Gründer dann in den 1980er-Jahren, den etablierten Kreis zum heutigen »Weltwirtschaftsforum« zu erweitern. Die private Stiftung wird gegenwärtig von mehr als tausend weltweit führenden Unternehmen getragen, wobei die Stiftungsmitglieder entweder einen Jahresumsatz von mindestens einer Milliarde Dollar nachweisen oder eine wichtige gesellschaftliche Stellung einnehmen müssen. Es ist also, in anderen Worten, ein Forum der internationalen, globalisierten Elite, die sich einmal im Jahr, zumeist im Schweizer Kurort Davos, zusammenfindet, um unter großer medialer Anteilnahme über die Weltlage im Allgemeinen und die wirtschaftliche Entwicklung im Besonderen zu diskutieren. Was hier besprochen wird, ist von eminentem Einfluss, was hier erforscht wird, nehmen Staatsoberhäupter – die sich gern zu den erwähnten Jahrestreffen einladen lassen, weil sie sich davon den Ritterschlag der »Wirtschaftskompetenz« erhoffen – für bare Münze.

Auch die besagte Studie ist in diesem erlauchten Kontext entstanden, und zwar buchstäblich. Denn ihr liegt keine irgendwie wissenschaftliche Untersuchung zugrunde, sie gibt nicht etwa Auskunft darüber, was denn ein gutes oder schlechtes Steuersystem kennzeichnen könnte, sondern sie ist das Resultat einer Befragung von Führungskräften, darunter etwa 70 Deutsche. Kurzum, die leitenden Manager haben, da sie sich ja unmöglich in 104 Ländern auskennen können, schlicht ihre Meinung zu Protokoll gegeben. Und aus Sicht dieser Führungskräfte ist das deutsche Steuersystem eben gewissermaßen das schlechteste der Welt. Worauf dieses vernichtende Urteil gründet, ist nicht bekannt. Es lässt sich aber mit einiger Sicherheit vermuten, dass sowohl die Kompliziertheit des deutschen Steuerrechts als auch die Höhe der Steuer- und Abgabenlast die entscheidenden Faktoren für das schlechte »Abschneiden« darstellen. Denn unter »Ökonomen« gelten »zu hohe« Steuern und Abgaben ganz selbstverständlich als Gift – ebenso wie Mindestlöhne, zu starre Kündigungsschutz- und Arbeitszeitregelungen oder die Macht der Gewerkschaften. Dies alles, so die einhellige Meinung, sei in Zeiten der Globalisierung, will sagen, in Zeiten eines weltweiten Kosten- und Preis-Wettbewerbs schädlich.

Inwiefern solche Überzeugungen mit der Wirklichkeit übereinstimmen, muss zumindest als fraglich gelten. So sind beispielsweise die von Arbeitgebern so gern gescholtenen, weil stetig steigenden Lohnnebenkosten in Wahrheit seit Mitte der 1970er-Jahre nahezu stabil geblieben; da ist in den letzten 30 Jahren nichts teurer geworden. Mehr noch, die realen Arbeitskosten, so muss auch das Deutsche Institut für Wirtschaftsforschung einräumen, sind im selben Zeitraum praktisch immer hinter den Produktivitätszuwächsen zurückgeblieben. Und das bedeutet nichts anderes, als dass die Lohnquote seitdem beständig gefallen ist. Es gibt inzwischen sogar Untersuchungen darüber, wie sich die Einführung von Mindestlöhnen auf den Arbeitsmarkt auswirken würde. Das Ergebnis: Wir wissen es nicht. Manchmal gehen Arbeitsplätze verloren, manchmal nicht, manchmal entstehen sogar welche.

Eine quasi gesetzmäßige Regel lässt sich nicht erkennen. Und dass starke Gewerkschaften den Unternehmen schaden, widerlegen etwa die deutschen Autohersteller oder Metallbetriebe, deren weltweiten Erfolg auch die mächtige IG Metall nicht verhindern konnte.

Ebenso verhält es sich mit der Mär von den schädlichen Steuern: OECD-Statistiken zeigen eindeutig, dass Wirtschaftsleistung oder Wirtschaftswachstum nicht unmittelbar von der Höhe der Steuerquote abhängen. In Dänemark, Schweden, Österreich oder Frankreich wurden Bürger und Unternehmen in den letzten Jahren stärker zur Kasse gebeten als in Deutschland. Dennoch waren dort das Wirtschaftswachstum höher und die Arbeitslosigkeit geringer als hier. Selbstverständlich beeinflusst die staatliche Finanzpolitik das wirtschaftliche Geschehen. Ein klarer, kausaler Zusammenhang zwischen der Höhe der Steuerbelastung einerseits und der volkswirtschaftlichen Verfassung andererseits ist jedoch nicht zu erkennen.

Fast alle ehernen Regeln der sogenannten Wirtschaftsexperten ließen und lassen sich empirisch einfach nicht bestätigen. Umso erstaunlicher ist, wie sehr diese Weisheiten als sozusagen erfahrungsresistente Gewissheiten das wirtschafts- und gesellschaftspolitische Geschehen dominieren. Selbst schwerste Verwerfungen, wie die Finanzmarkt- oder die Nahrungsmittelkrise, die von Fachleuten immer erst dann schon lange absehbar gewesen sein sollen, wenn sie eingetreten sind, vermögen das Vertrauen in den Sachverstand der Ökonomen kaum und schon gar nicht nachhaltig zu erschüttern. In der Regel kehrt man nach kurzer Verunsicherung zur selben Tagesordnung zurück, die solche Krisen hervorgebracht hat oder zumindest nicht verhindern konnte. Einen Beleg für die Schwäche der eigenen Theorien und Strategien will man in deren praktischem Versagen partout nicht erkennen.

Eines hingegen können die heute vorherrschenden Theorien und Strategien sehr wohl belegen: dass die Moral in ihrem Kategoriensystem eindeutig keinen Marktwert hat. Allein schon die Idee, die Steuersysteme von Deutschland und Äthiopien – einem Land, das von Armut, Bürgerkrieg und Korruption zerrüttet ist – aus ökonomischer Sicht vergleichen zu wollen, ist bizarr und zeigt, wes Geistes Kind die international »aufgestellte« Wirtschaftselite ist. Die forschen Globalisten betrachten die ganze Welt, unabhängig von politischen oder sozialen Verhältnissen, als ihr gewissermaßen moralfreies Spielfeld. Aber das ist tatsächlich Spielerei, eine Art Hütchenspiel, in dem sich kindliche Omnipotenzfantasien ausagieren. Denn keiner der befragten Wirtschaftsführer dürfte momentan ernsthaft in Erwägung ziehen, zum Beispiel in Äthiopien zu investieren. Aber dass das ein Irrsinn wäre, lehrt sie nicht etwa ihr ökonomischer Sach-, sondern ihr »gesunder Menschenverstand«. Gleichzeitig argumentieren sie so, als sei dies möglich. Und dabei haben sie keineswegs Äthiopien im Blick. Es geht nicht darum, die äthiopischen Verhältnisse zu verbessern, um dort in Zukunft investieren zu können, es geht darum, die europäischen Verhältnisse zu »äthiopisieren«, um hier billiger – und das heißt ausschließlich: profitabler – produzieren zu können.

An möglichen Investitionen in Äthiopien hinderten sie dabei weder Skrupel noch die »reine Lehre«, sondern die Reste einer Vernunft, die erkennt, dass sich ein »Standort« eben nicht nur durch die dort jeweils anfallenden Kosten, sondern durch vielerlei andere Faktoren auszeichnet: infrastrukturelle Gegebenheiten wie ein Straßen-, Schienen- oder Wasserwegenetz sowie das Vorhandensein von Häfen oder Flughäfen, Bildungs- und Ausbildungsniveau, Gesundheitssystem, Forschungsbedingungen, natürliche Ressourcen, politische und rechtsstaatliche Stabilität, Einkommens- und Vermögensverhältnisse, Versorgungssituation, soziale Sicherungssysteme – und vieles andere mehr in jeweils unterschiedlicher Gewichtung, je nachdem, welche Produkte oder Dienstleistungen ein Unternehmen für welchen Markt anzubieten hat. Das heißt, die Rede von einem weltweiten Standortwettbewerb ist nur in sehr eingeschränktem Maße zutreffend und entpuppt sich häufig als nichts anderes als eine Drohgebärde.

Ähnlich verhält es sich aus meiner Sicht ganz generell mit der sogenannten Globalisierung. Der Begriff »Globalisierung«, für die einen Hoffnungsträger, für die anderen Schreckgespenst, dient nach meiner Überzeugung ganz überwiegend als ein Vorhang, der vor ein Geschehen gezogen wird, das mit »Haushaltung«, also mit vernünftigem und verantwortlichem Wirtschaften, nicht mehr viel zu tun hat; der Begriff ist eine Wortblüte, die ähnlich wie die Blüten der Seerose von den zehrenden Vorgängen unterhalb der schönen Oberfläche ablenkt. Globalisierung ist gewissermaßen eine Blendung, und sie ist im Unterschied zu den Seerosen eine interessengeleitete Erfindung. Denn das, was die modernen Ökonomen darunter verstanden wissen wollen, gibt es entweder gar nicht – wie einen freien, durch und durch liberalisierten Welthandel –, oder es existiert schon seit vielen hundert Jahren.

Wovon also reden wir, wenn wir von Globalisierung sprechen? Von einem grenzenlosen Warenverkehr und internationaler Arbeitsteilung? Wolle aus England, Felle aus Russland, Gewürze aus Indien, Edelmetalle aus Afrika oder Seide aus China wurden bereits in den ab dem 12. Jahrhundert an Europas Flüssen und Küsten erblühenden Hafenstädten gehandelt. Dieser überregionale Wirtschaftsverkehr, der das Alltagsleben der Menschen tatsächlich massiv veränderte – der die Märkte öffnete, der Banken und Versicherungen entstehen ließ, der auf einheitlichen Regeln und anerkannten Währungen beruhte, der die Arbeitsteilung immer stärker ausdifferenzierte –, war überhaupt der Beginn der modernen Ökonomie, die damit praktisch von Anfang an eine globale war. Die Hanse beispielsweise, der ab dem 13. Jahrhundert zeitweilig nahezu 200 See- und Hafenstädte Nordeuropas angehörten, kannte sogar schon Zollunion, Währungsgemeinschaft und freien Kapitalverkehr.

Insofern ist die Globalisierung durchaus nichts Neues. Richtig ist allerdings, dass der grenzüberschreitende Handel seit etwa 200 Jahren sowie ganz verstärkt in den letzten 50 Jahren enorm an Bedeutung gewonnen hat. Dieser Bedeutungszuwachs verdankt sich in erster Linie den seit einigen Jahrzehnten rapide sinkenden Transport- und Kommunikationskosten sowie der damit einhergehenden Verbreitung globaler Transport- und Kommunikationsnetze, wodurch vielerlei neue Produktions-, Vermarktungs- und Absatzmöglichkeiten überhaupt erst entstanden sind. Und davon haben über viele Jahrzehnte tatsächlich alle profitiert. Insbesondere in der Zeit zwischen 1960 und 1980 ging es mit der gesamten Weltwirtschaft erfreulich voran. Überall nahmen die Wirtschaftsleistung pro Kopf und damit auch der Wohlstand erstaunlich zu: In Lateinamerika betrug das Pro-Kopf-Wachstum in diesem Zeitraum 78 Prozent, in Schwarzafrika immerhin 39 Prozent, und in den arabischen Staaten konnte sich die Wirtschaftskraft sogar verdreifachen.

Dann, irgendwann um 1980 herum, begann die neue Ära der »Globalisierung«, die vor allem dadurch gekennzeichnet ist, dass sie nun erst diesen Namen erhielt. Der Rückblick legt nahe, dass hierbei die Entwicklung des Ölpreises eine entscheidende Rolle gespielt hat. War der Preis für Rohöl bis 1960 moderat, aber stetig gefallen, kehrte sich dieser Trend in den 1960er und 1970er-Jahren massiv um. An Ölpreisschock und autofreie Sonntage werden sich

180

manche noch erinnern. Von diesen Preiserhöhungen konnten natürlich überproportional die erdölproduzierenden Länder profitieren, also insbesondere die arabischen Staaten, aber eben auch Lateinamerika und Afrika, während sich Europas Wachstum im Vergleich verlangsamte. Im Weltmaßstab betrachtet waren dies unterm Strich dennoch goldene Jahre, weil sich Armut und Ungleichheit verringerten, ohne dass die Wohlhabenden – außer an dem einen oder anderen Sonntag – spürbare Einbußen in Kauf zu nehmen hatten. Ihr Wohlstand wuchs lediglich etwas langsamer als in den Jahren zuvor.

Ab 1980 fiel dann der Preis pro Barrel Rohöl Jahr für Jahr von einem Tiefstand auf den nächsten und ließ den weltweiten Warenexport und mit ihm auch die Anzahl multinational agierender Unternehmen geradezu explodieren. Denn erst niedrige Energiepreise, also geringe Transportkosten, machen alle Regionen der Welt als potenzielle Absatz- und Produktionsorte interessant. Allein zwischen 1990 und 2000 nahm so das Volumen der Warenexporte um knapp 100 Prozent zu; gegenüber 1950 hatte sich der Wert der exportierten Waren sogar fast verhundertachtzigfacht und betrug so im Jahre 2004 rund 9.000 Milliarden US-Dollar. Und während 1980 erst etwa 17.000 multinationale Unternehmen gezählt wurden – und diese Unternehmen sind zweifellos die treibende Kraft der Globalisierung –, ist deren Zahl mittlerweile auf 77.000 gestiegen, mit weit mehr als 700.000 Tochterunternehmen.

Trotz dieser immensen quantitativen Zuwächse bleibt für mich die Frage unbeantwortet, was diese »neue« Globalisierung im Wesentlichen ausmacht. Ist damit wirklich »nur« die extreme Steigerung des globalen Warenexports gemeint? Die Erschließung neuer Absatzmärkte und der schärfere Wettbewerb zwischen Produktionsstandorten? Die um den Globus zirkulierenden Finanzströme? Oder die Tatsache, dass es in über 100 Staaten mehr als 130.000 Filialen von Fast-Food-Ketten gibt? Oder dass es bereits rund zwei Milliarden Mobilfunknutzer gibt und dass alle Staaten mit dem Internet verbunden sind?

Wenn diese Entwicklungen hinreichend beschreiben, was wir Globalisierung nennen, gibt es nichts zu befürchten. Denn ohne Zweifel hat all dies die Nationen und deren Bevölkerungen einander näher gebracht. Und das ist doch eine im Prinzip sehr positive Entwicklung. Wohl noch nie war die Welt so stark miteinander vernetzt – elektronisch, ökonomisch, ökologisch und politisch, am wenigsten noch sozial – wie gegenwärtig. Waren-, Kommunikations- und Kapitalströme werden durch immer weniger Einschränkungen behindert. Tausende multilaterale Abkommen – vom Arten- bis zum Verbraucherschutz – sorgen für eine zunehmende Stabilität in den internationalen Beziehungen. Der sprichwörtliche Sack Reis, der in China umfällt, kann uns heute tatsächlich nicht mehr egal sein. Zu groß sind die wechselseitigen Abhängigkeiten geworden, sodass es kaum noch etwas gibt, was sich noch auf den nationalen Kontext beschränken ließe. Jeder Einkauf im Supermarkt ist heute wie eine kleine Weltreise. Aber eine neue Qualität, eine »Wesensveränderung« der seit Jahrhunderten ablaufenden Globalisierung kann ich darin allein noch nicht erkennen.

Gleichwohl hat sich etwas gewandelt. Es bleibt nur zumeist hinter der schönen Warenwelt im Supermarkt verborgen – provoziert aber ein Unbehagen, das weiter wachsen wird. Was die Globalisierungsängste schürt und die Globalisierungskritiker auf den Plan ruft, ist etwas anderes als eine sich global vernetzende Wirtschaft. Es sind vielmehr die Entwicklungen, die sich sozusagen im Rücken der Globalisierung abspielen – oder sie sogar schon abgelöst haben. Die »alte« Globalisierung, also eine Internationalisierung der nationalen Volkswirtschaften, von der alle profitiert haben, hat vielleicht bis 1980 stattgefunden. Was seitdem passiert, würde ich mit dem ehemaligen US-Arbeitsminister Robert Reich eher »Super-Kapitalismus« nennen, oder, besser noch, »Globalismus«, als eine neue, nun nicht mehr politische, sondern ökonomische Ideologie.

Was die sogenannte Globalisierung heute wirklich ausmacht, sind Konzentrationsprozesse von Macht und Kapital. Das heißt, diejenigen, die Macht haben und über Kapital verfügen, missbrauchen die Globalisierung. Sie erklären sie zu einer Art naturgesetzlichem Zusammenhang – Globalismus –, in dem nur die Starken überleben können. Also finden Konzentrationsprozesse statt, die die Starken noch stärker machen, allerdings nunmehr zulasten der ohnehin schon »Schwachen« oder derer, die im Zuge solcher Konzentrationsprozesse schwach werden – nicht mehr zum allseitigen Nutzen.

FREIHANDELS-PIRATEN

Auf dem Markt geht es zwar scheinbar zu wie immer: Es wird verkauft und gekauft, es gibt Angebot und Nachfrage, Produzenten und Konsumenten. Aber noch einmal: Mit Ökonomie im klassischen Sinne hat das immer weniger zu tun, auch wenn die Verfechter dieser »Globalisierung« nicht müde werden, das Gegenteil zu behaupten, und ständig Programme und Maßnahmen einfordern, die uns »fit« machen sollen, um den »Stürmen der Globalisierung« – so eine Lieblingsformulierung des ehemaligen Bundeskanzlers Gerhard Schröder – zu widerstehen. Die Antreiber solcher »Fitnesskuren« sind multinationale Konzerne und eine weltweit sehr agile Finanzindustrie sowie deren Lobbyisten in den einflussreichen internationalen Organisationen wie dem Internationalen Währungsfonds (IWF), der Welthandelsorganisation (WHO) und der Weltbank. Aber die »Schlankheit«, die hier entsteht, verdankt sich einem zunehmenden Mangel – sowohl einem Mangel an Verantwortung als auch ganz konkreten Mangelerscheinungen, wie in der jüngsten Nahrungsmittelkrise erschreckend deutlich wurde. In dieser Krise wiederholt sich darüber hinaus im Grunde dieselbe Ungleichheitsmechanik, die in den vergangenen rund 20 Jahren bereits zahlreiche Regionen der Welt in ein Elend zurückgestoßen hat, aus dem man sich dort gerade befreien zu können gehofft hatte.

Die sogenannten wie auch die selbsternannten Globalisierungskritiker sind deshalb aus meiner Sicht gar keine Gegner der Globalisierung. Ihre Kritik wendet sich paradoxerweise vielmehr gerade gegen die »wahren« Globalisierungsgegner. Und die sitzen dort, wo man sie am wenigsten vermutet: in den von den Regierungen der hochentwickelten Wirtschaftsnationen gesteuerten internationalen Institutionen, wie dem IWF, der WHO, der Weltbank und der Europäischen Kommission. Das heißt, ausgerechnet diejenigen, die sich offensiv als Globalisierungsaktivisten gebärden und die über die Macht verfügen, im Namen einer freien Wirtschaft die »Liberalisierungs-Spielregeln« vorzugeben, betreiben eine Politik, die eine erfolgreiche, allen zugute kommende Globalisierung geradezu verhindert.

Die wichtigsten dieser Regeln lauten: Liberalisierung der Kapitalmärkte, das heißt Öffnung des nationalen Banken- und Börsenwesens sowie des Währungsverkehrs für die internationale Finanzindustrie; eine radikale staatliche Sparpolitik, inklusive Subventionsabbau und Privatisierung von Staatsunternehmen; sowie die konsequente Öffnung des Binnenmarktes für ausländische Anbieter und Produkte, und zwar unabhängig davon, ob die nationalen Unternehmen solchem Wettbewerb überhaupt schon gewachsen sind. Und diese Regeln sind nicht etwa Zielvorgaben – das wäre ja durchaus noch vertretbar –, sondern akut bindend. Wer immer Finanzmittel von IWF oder Weltbank erhalten oder sich an WHO-Abkommen beteiligen will, hat die geforderten Maßnahmen, als Vorbedingung, zu ergreifen. Das gilt allerdings nicht – und das ist der entscheidende Punkt, der die Freihandelskämpfer als Globalisierungsgegner entlarvt – für alle Länder gleichermaßen, sondern nur dann und dort, wenn und wo es den entwickelten Ländern zum Vorteil gereicht. Von einem wirklich freien Markt kann mithin keine Rede sein.

Mit welcher Doppelmoral die Muster-Marktwirtschaftler aus den »Weltorganisationen« hierbei agieren, hat der Journalist Harald Schumann vor wenigen Jahren einmal am Fall der verheerenden Finanz- und Wirtschaftskrise in Indonesien exemplarisch durchdekliniert – Harald Schumann ist Autor (gemeinsam mit Hans-Peter Martin) des Mitte der 1990er-Jahre erschienenen kritischen Bestsellers »Die Globalisierungsfalle« und hat gerade (zusammen mit Christiane Grefe) ein wiederum äußerst lesenswertes und lehrreiches Buch mit dem Titel »Der globale Countdown« veröffentlicht. Auf Einzelheiten und viele Besonderheiten der Asienkrise kann ich hierbei nicht näher eingehen. Ich denke aber, es genügt und sollte zulässig sein, im holzschnittartigen Verlauf vor allem jene Punkte hervorzuheben, die die strammen »Globalisierer« schlicht als machtvolle Lobbyisten offenbaren.

Es beginnt im Frühjahr 1997. Indonesien blickt auf erfolgreiche Jahre zurück, die Wirtschaft boomt und die Armut konnte spürbar reduziert werden. Dennoch ist die Situation alles andere als wirtschaftlich stabil, weil der hoffnungsfrohe Aufschwung, den der riesige Inselstaat genommen hatte, zu nicht unerheblichen Teilen auf Krediten in Fremdwährung beruhte. Diese Verschuldung war ökonomisch weder sinnvoll noch notwendig, es wäre genügend inländisches Kapital vorhanden gewesen, um die Entwicklung zu finanzieren. Um aber für den weiteren Anpassungs- und Reformprozess auch auf Finanzhilfen etwa vom IWF hoffen zu können, war der damalige Diktator Suharto den hartnäckigen IWF-Forderungen nach einer Liberalisierung des Kapitalverkehrs nachgekommen. Der auch im Rückblick einzig erkennbare Grund für diese Forderung konnte nur darin bestanden haben, der westlichen Finanzindustrie zu ermöglichen, am Boom in Indonesien mitzuverdienen. Und eben das war dann auch geschehen. Innerhalb kurzer Zeit waren Milliarden aus den USA und Europa als kurzfristige Anlagen und Kredite nach Indonesien geflossen und hatten die nationale Geld- und Zinspolitik praktisch ausgehebelt.

Als dann ein Währungsverfall in Thailand im Frühjahr 1997 auf Indonesien überzugreifen beginnt und der indonesische Rupiah in wenigen Monaten um fast 40 Prozent an Wert verliert, bricht das Kartenhaus zusammen. In Panik ergreifen die ausländischen Anleger die Flucht, woraufhin die Währung ins Bodenlose abstürzt. Etliche Banken müssen ihre Schalter schließen. Nach Jahrzehnten hohen Wachstums bricht die Produktion praktisch von einem Tag auf den anderen zusammen. Das Bruttosozialprodukt stürzt von 212 Milliarden Dollar (1997) auf 95 Milliarden Dollar (1998), die Arbeitslosigkeit steigt auf 40 Prozent, die Reallöhne sinken um 30 Prozent, das Pro-Kopf-Einkommen fällt von 1.200 auf nur mehr 400 Dollar. Und nachdem sich die Anzahl der Menschen, die unterhalb der Armutsgrenze leben, in den zurückliegenden Jahren stetig verringert hat, sehen sich Millionen Indonesier, fünfmal so viel wie noch vor Jahresfrist, wieder ins Elend gesetzt. Ein wirtschaftliches und soziales Desaster, von dem sich Indonesien bis heute nicht wieder vollständig erholt hat.

In seiner Not zieht Diktator Suharto eine IWF-Expertenrunde zu Rate und geht noch im November ein »Notfallarrangement« mit dem Währungsfonds ein, das auch einen zweistelligen Milliardenkredit beinhaltet. Aber die Forderungen, die daran wiederum geknüpft sind, versetzen dem Land fast den Todesstoß und offenbaren sowohl die moralischen Abgründe als auch die ökonomische Unvernunft der »Globalismus«-Agenturen. Hatte der IWF zuvor eine radikale Liberalisierung gefordert, so verordnen dessen Experten dem Land nun, mitten in der Krise, ein strenges Sparprogramm sowie eine Hochzinspolitik – also das Gegenteil dessen, was eine vernünftige Regierung in Krisenzeiten zu tun pflegt. Lebensmittel, Benzin und Nahverkehr werden praktisch über Nacht um 100 Prozent teurer, während der IWF-Kredit von mehr als 20 Milliarden Dollar ausschließlich dazu verwandt wird, die Schulden von privaten Unternehmern in staatliche Schulden umzuwandeln.

Das bis zu diesem Zeitpunkt erfolgreiche Entwicklungsland liegt gewissermaßen in Trümmern. Und während es auf den Straßen der Hauptstadt Djakarta zu gewaltsamen Protesten einer aufgebrachten Bevölkerung kommt – das einzig Positive an der Krise ist der Sturz des Diktators Suharto –, nutzen ausländische Investoren die Gelegenheit, große Teile der produktiven Industrie Indonesiens zu Schnäppchenpreisen aufzukaufen. Mit dem Slogan »This is a money making opportunity« hatte kurz zuvor ein britischer Investmentfonds in der *Financial Times* auf einer ganzseitigen Anzeige für ein Engagement in dem krisengeschüttelten Inselstaat geworben und damit den Zynismus der westlichen Geldelite bis zur Kenntlichkeit demaskiert. Ebensolche Schnäppchenjagd hatte die IWF-Politik erst ermöglicht, und man muss keiner Verschwörungstheorie anhängen, um zu mutmaßen, dass diese »Vorteilsgewährung« durchaus absichtsvoll geschah – was wiederum nicht bedeutet, dass auch die Katastrophe bewusst geschürt worden ist.

Nein, dem IWF, der Weltbank und der Welthandelsorganisation geht es ganz sicher nicht um Zerstörung, sondern um Gewinn. Sie betreiben eine einseitige Interessenpolitik zugunsten der entwickelten Staaten und verschärfen damit die bestehenden Ungleichheiten. Tatsächlich kann bislang kein einziges Beispiel belegen, dass ein Entwicklungs- oder Schwellenland durch die geforderte Marktöffnung und Handelsliberalisierung Entwicklungsfortschritte erzielt hätte. Im Gegenteil, überall, wo diese Forderungen umgesetzt wurden, erwies sich die Binnenwirtschaft als (noch) nicht wettbewerbsfähig. Die Liberalisierung hat deshalb immer zu einer Beschädigung oder gar Zerstörung der heimischen Industrie und des heimischen Gewerbes geführt.

Es gibt Ausnahmen, Länder wie China, Indien, Malaysia oder Vietnam, die eine konstant erfreuliche Entwicklung nehmen, wo die Armut kontinuierlich sinkt und Wirtschaftsleistung wie Einkommen ebenso kontinuierlich steigen. Aber all diesen Ausnahmen ist bei vielen Unterschieden im Detail gemeinsam, dass sie sich zentralen Forderungen des IWF oder der Weltbank verweigert haben. In jedem dieser Erfolgsländer sind weder der Kapitalmarkt noch der Binnenmarkt vollständig liberalisiert. Insbesondere die Trennung des eigenen Finanzsektors vom Weltkapitalmarkt hat sich hierbei als überaus segensreich erwiesen, weil die Unternehmen weder Aktionären noch ausländischen Kreditgebern teure Dividenden und Zinsen zahlen müssen, sondern über das staatlich gelenkte Bankenwesen äußerst günstig Kapital aufnehmen können. Auch schwankende Währungen und Kapitalflucht sind so gut wie ausgeschlossen. In China beispielsweise diktiert die Notenbank den Wechselkurs: Indem sie alle Devisen aus Exporterlösen aufkauft und größere Auslandsüberweisungen einer Genehmigungspflicht unterliegen, sind Spekulationen gegen die eigene Währung, den Yuan, praktisch ausgeschlossen.

Auch der Binnenmarkt unterliegt in diesen Erfolgsländern einer staatlichen Kontrolle. Mit der alten Planwirtschaft hat dies gleichwohl nichts mehr zu tun, es entspricht eher einem »gelenkten« Kapitalismus. So gibt es zum Beispiel unterschiedliche Importbeschränkungen, die so lange aufrechterhalten werden, bis die betreffenden eigenen Wirtschaftsbereiche wettbewerbsfähig sind. Sobald dieser Punkt erreicht ist, das weiß man auch in diesen Ländern, führt an einer Liberalisierung kein Weg vorbei, um weiter wachsen zu können und sich den Zugang zu Technologien und Geld zu erhalten. Über den Zeitpunkt und das Ausmaß einer Öffnung müsste aber jedes Land selbst entscheiden – so, wie es die erfolgreichen Entwicklungsländer vormachen.

Eine solche Verweigerung gegenüber den Vorgaben internationaler Kreditinstitute wäre jedenfalls so lange nötig, wie die führenden Industriestaaten und die von ihnen dominierten Institutionen die eigenen Grundsätze arrogant missachten. Denn während man in den Entwicklungsländern nach Liberalisierung ruft und einen freien Marktzugang fordert, sind die eigenen Märkte in den USA und in Europa für die wichtigsten Exportprodukte des Südens, Agrarprodukte und Textilien, mindestens quotiert oder gleich ganz gesperrt. Darüber hinaus belegen die OECD-Länder die Importe aus Entwicklungsländern mit einem durchschnittlich viermal so hohen Zoll wie die Einfuhr-Produkte im Handel untereinander. Von einem freien Markt, der woanders stets gefordert, nicht selten sogar erpresst wird, kann also »zu Hause« überhaupt keine Rede sein. Die Liberalisierungs-Rhetorik dient nicht dem Zweck, die Globalisierung voranzutreiben, damit sie endlich überall ihren vollen Segen entfalten kann, sondern verfolgt das schlichte Ziel, den eigenen Unternehmen neue Märkte und

Geschäftsfelder zu erschließen. Das ist nichts anderes als knallharte Interessenpolitik.

WIE DIE GIER DER SATTEN HUNGRIG MACHT

Dass diese Interessenpolitik, die nichts mit Globalisierung und nichts mit verantwortlicher Ökonomie zu tun hat, buchstäblich hungrig macht, lässt sich an der anhaltenden Nahrungsmittelkrise studieren, für die der langjährige »UNO-Sonderberichterstatter für das Recht auf Nahrung«, Jean Ziegler, die genannten Organisationen sogar direkt verantwortlich macht. Weltbank, Internationaler Währungsfonds und die Welthandelsorganisation, so heißt es in einem Bericht, den er im März 2008 dem UN-Menschenrechtsrat vorlegte, würden mit ihren Forderungen nach einer Privatisierung der öffentlichen Dienste, der Liberalisierung des Agrarhandels und der Kommerzialisierung der Ressource Land den Hunger in der Welt verschärfen und allen Bemühungen etwa des Welternährungsprogramms (WFP) oder der UN-Organisation für Ernährung und Landwirtschaft (FAO) geradezu entgegenarbeiten. Dasselbe gelte für transnationale Konzerne und die aberwitzige Agrarsubventionspolitik vor allem seitens der USA und der Europäischen Union.

Gerade diese Subventionspolitik offenbart in meinen Augen das Höchstmaß an Bigotterie. Mit mehr als 360 Milliarden Dollar jährlich fördern die industrialisierten OECD-Staaten, im Wesentlichen Europa und die USA, ihre äußerst produktive High-Tech-Landwirtschaft. Das entspricht in etwa dem Siebenfachen der pro Jahr weltweit gewährten Entwicklungshilfe und dem 350fachen der von den OECD-Ländern direkt in Afrika geleisteten Agrarbeihilfe. Und der hier dank solcher Förderung produzierte Überfluss landet dann – dem woanders durchgesetzten »freien Handel« sei Dank – unter anderem zu Billigpreisen auf den Märkten der Entwicklungsländer. Zum Beispiel in Sandaga, dem größten Konsumgütermarkt Westafrikas im Herzen von Dakar, wo man heute Obst und Gemüse aus Spanien, Italien, Frankreich oder Griechenland zur Hälfte bis zu einem Drittel des Preises der einheimischen Produkte kaufen kann, womit den lokalen Landwirten buchstäblich der Boden entzogen wird.

Im Verbund mit den Liberalisierungsauflagen hat dieses Agrardumping inzwischen ganze Agrarbranchen in Afrika und anderswo ruiniert, vielen Ländern die Fähigkeit zur Selbstversorgung genommen und sie überdies anfällig für Schwankungen des Weltmarktpreises gemacht, da sie auf Lebensmitteleinfuhren angewiesen sind. Lag der Anteil der 42 ärmsten Länder am Welthandel bereits 1970 nur bei lächerlichen 1,7 Prozent, so beläuft er sich knapp 40 Jahre später – trotz aller Entwicklungsanstrengungen und etlicher Globalisierungsschübe – auf gerade noch einen halben Prozentpunkt.

Das ist die Ausgangslage, das ist die Ursache für eine möglicherweise bevorstehende Hungerkrise beispiellosen Ausmaßes, von der schon heute mehr als 800 Millionen Menschen direkt betroffen sind – Tendenz dramatisch steigend. Denn tatsächlich sind die Weltmarktpreise für Grundnahrungsmittel seit knapp zwei Jahren exorbitant gestiegen: für Reis um mehr als 200 Prozent, für Weizen nahezu 150 Prozent, für Mais und Soja über 100 Prozent. Inzwischen haben sogar schon Weltbank-Chef Robert Zoellick und sein IWF-Kollege Dominique Strauss-Kahn, die ja beide für Ziegler zu den Mitverantwortlichen der Misere zählen, davor gewarnt, dass mehr als 33 Staaten infolge der Krise von Instabilität bedroht seien, darunter auch Regionalmächte wie Ägypten, Indonesien und Pakistan. In Dutzenden von Ländern – wie etwa in Peru, Haiti, Indonesien, Burkina Faso, Kamerun, Senegal oder der Elfenbeinküste – ist es bereits zu gewaltsamen Unruhen gekommen, weil sich immer mehr Menschen, die ihre Existenz auch nicht mehr durch Arbeit sichern können, akut gefährdet sehen und buchstäblich nichts mehr zu verlieren haben.

Das ist eine Bankrotterklärung der jahrzehntelang betriebenen Liberalisierungspolitik. Daran ändert auch das beliebte Argument nichts, dass die korrupten und kriminellen örtlichen Machteliten vor allem in Afrika den Erfolg jeder Entwicklungsstrategie regelmäßig unterlaufen würden. Sicher tragen zum Teil miserable Rahmenbedingungen zum Niedergang einzelner Länder bei. Nehmen wir zum Beispiel das wunderbare, gerade bei deutschen Touristen so beliebte Land Kenia. Nach wochenlangen, bürgerkriegsartigen Unruhen im Anschluss an die Präsidentenwahl 2007 haben sich dort die zerstrittenen Parteien im Frühjahr 2008 endlich geeinigt und eine neue, gemeinsame Regierung gebildet. Und was für eine: Den nunmehr 42 Ministerien – darunter eines für »Nordkenia und andere Trockengebiete« oder eines für die »Entwicklung der Metropole Nairobi«, ein eigenes Ministerium für Kinder und ein anderes für Jugendliche – stehen 94 Minister und »Hilfsminister« vor und verschlingen für sich und ihre Verwaltungen ein Jahresbudget von etwa 5,5 Milliarden Dollar. Das ist knapp ein Drittel des gesamten Bruttoinlandsprodukts Kenias, das gerade einmal 19,4 Milliarden Dollar beträgt. Und während 56 Prozent der Bevölkerung unterhalb der Armutsgrenze leben, werden die »einfachen« Abgeordneten des neu gewählten Parlaments mit 17.000 Dollar im Monat entlohnt; die Minister beziehen noch einmal rund 5.000 Dollar mehr. Man könne aber nicht sagen, so der neue Premierminister Raila Odinga in einem Interview mit dem Berliner Tagesspiegel, dass die Bezahlung zu hoch sei. »Ein Minister bekommt nur 2.000 Euro im Monat mehr als ein Abgeordneter. Aber er arbeitet jeden Tag, auch samstags. Abgeordnete haben montags frei, dienstags arbeiten sie ab 14.30 Uhr, Donnerstag früh und freitags arbeiten sie nicht.«

Muss man solche Sätze noch kommentieren? Da fällt einem doch buchstäblich nichts mehr ein. Und Kenia ist nur ein Beispiel unter anderen. Mit solchen »Volksvertretern« ist kein Staat zu machen und keine wirtschaftliche Entwicklung in Gang zu bringen. Wo eine korrupte Regierung das Land ausbeutet, privates Eigentum nicht schützt und das Vertrauen in gesetzliche Spielregeln untergräbt, oder wo willkürlich Steuern erhoben werden und eine unzulängliche Rechtsordnung Unternehmer zu kostspieligen Absicherungen zwingt, wo überdies zu wenig für Infrastruktur, Bildung und Ausbildung getan wird, da sind die Bedingungen sowohl für private Investitionen als auch für Produktivitätszuwächse in der Tat denkbar ungünstig. Da helfen auch geringe Lohnkosten nichts. Wen sollten die denn locken?

Aber all diese »Defizite« sind hinlänglich bekannt, und sie wären sozusagen sanktionsfähig. Inzwischen werden sogar in Afrika selbst Stimmen laut, die ein Ende der klassischen Entwicklungshilfe fordern, weil sie das Elend verlängere, statt es zu beheben. Afrika brauche keine Barmherzigkeit, sondern stabile Verhältnisse, argumentiert etwa der ugandische Entwicklungsexperte Andrew Mwenda. Eine solche Stabilisierung sei durch die seit 40 Jahren gewährte Hilfe geradezu verhindert worden, weil die staatlichen Beihilfen eben auch die korrupten Regimes gestützt hätten. An Geld herrsche doch in Wahrheit gar kein Mangel. Die Nigerianer beispielsweise besäßen 60 Milliarden Dollar Auslandsvermögen. Und »in Uganda gibt es 71 Minister und 114 Präsidentenberater. Das Budget des Agrarministeriums beträgt in diesem Jahr (2007) 18 Millionen Dollar, aber 55 Millionen Dollar kostet die Residenz des Präsidenten. Braucht Uganda Entwicklungshilfe?« Nein, sagt

Andrew Mwenda. Schluss damit! Wenn überhaupt, »brauchen wir Hilfe, die den Menschen nützt, nicht den Regierungen«.

Das ist eine sicherlich extreme, wenngleich bedenkenswerte Position. Denn tatsächlich gibt es in diesem immer mehr verarmenden Kontinent mittlerweile über hunderttausend Dollar-Millionäre. Und deren Macht und Reichtum verdankt sich in nicht unerheblichen Teilen den staatlichen Entwicklungsbeihilfen, den internationalen Kreditinstituten und den transnationalen Konzernen. Vor allem Letztere haben eben nicht einen langfristigen Entwicklungsweg im Auge, sie sind vielmehr an kurzfristigen Geschäften interessiert, vor allem am Geschäft mit Rohstoffen. Hierfür sichern sie sich ihren Einfluss, indem sie sich die Loyalitäten vor Ort etwas kosten lassen. Korruption und Vetternwirtschaft machen es ihnen in gewisser Weise sogar leichter, ihren Vorteil zu wahren, weil sie den Wettbewerb quasi ausschalten: Eine angemessene Summe oder Beteiligung hier und dort ist weniger aufwendig als langwierige Verhandlungen oder komplizierte Ausschreibungsverfahren.

Mir ist nicht bekannt, dass solche Praxis von den internationalen Finanzinstituten konsequent bekämpft wird. Sicher, man heißt sie auch nicht gut, aber was soll man schon machen. Aus den inneren Angelegenheiten eines Landes müsse sich die Wirtschaft weitgehend raushalten, heißt es heuchlerisch, als hätten die Konzerne das jemals getan. Doch anstatt im Angesicht der sich zuspitzenden Krise nun endlich auch die eigene Politik zu hinterfragen, rufen Weltbank und IWF zu karitativen Aktionen auf, glauben, den Hunger durch Geldspenden lindern zu können, und halten die Probleme weiterhin für »nicht systembedingt«, sondern führen sie darauf zurück, dass der »freie Weltmarkt« eben noch nicht »reibungslos funktioniert«. So viel Erfahrungsresistenz ist kaum mehr zu fassen.

Währenddessen brennen in Port-au-Prince auf Haiti Autoreifen und kommen Menschen ums Leben, weil sie vor dem Präsidentenpalast »Wir haben Hunger« skandieren. Für immer mehr Menschen auf Haiti ist das Grundnahrungsmittel Reis unerschwinglich geworden, nachdem die dortige Regierung 1995 auf Druck des Internationalen Währungsfonds – als Gegenleistung für Kredite – den Importzoll für Reis von 35 auf drei Prozent abgesenkt hatte. Als Folge dieses in Zeiten der Globalisierung notwendigen Liberalisierungsschrittes nahmen die Reisimporte vor allem aus den USA um mehr als 150 Prozent zu, woraufhin die einheimischen Reisbauern verarmten oder gleich ganz aufgaben. Sie waren der billigen Konkurrenz nicht gewachsen und mussten den Anbau, der sie nicht mehr ernähren konnte, einstellen. Mehr als drei Viertel des in Haiti verkauften Reises kommen heute aus dem Ausland und sind damit den Preisschwankungen des Weltmarktes unterworfen. Und dass sich der Reisanbau bei steigenden Preisen ja auch für die einheimischen Bauern wieder lohnen würde, ist blutleere Seminar-Ökonomie. Zum einen hat es viele verarmte Reisbauern in die städtischen Slums verschlagen, wo sie sich und ihre Familien nun als Tagelöhner durchzubringen hoffen. Zum anderen lässt sich eine lahmgelegte landwirtschaftliche Produktion nicht von heute auf morgen wieder in Gang setzen. Auch Reis muss schließlich wachsen. Und woher das Geld für Saatgut nehmen?

Nein, im Nahrungsmittelbereich funktionieren die »Marktgesetze« nur eingeschränkt, insbesondere dann, wenn derart unfaire Bedingungen herrschen. Dass die Nachfrage den Preis bestimmt, ist ja zunächst einmal nichts weiter als eine Binsenweisheit, die mehr verschleiert als erklärt. Denn die Nachfrage steigt zum Beispiel auch, weil die westlichen Regierungen den Anbau von »Energiepflanzen« mit Milliardensummen fördern, um ihre Abhängigkeit vom sich stetig verteuernden Öl zu verringern. Auf immer größeren Anbauflächen wachsen daher Raps, Mais oder Zuckerrohr als Treibstoffbasis für die Biosprit-Produktion. Landet das Getreide aber im Tank statt auf dem Teller oder im Trog, verteuern sich eben die Nahrungs- und Futtermittel – was sich dann unmittelbar auch auf die Fleischpreise niederschlägt. Und auch Spekulanten und Großanleger, wie Altersvorsorgefonds und Pensionskassen, treiben die »Nachfrage« künstlich hoch, indem sie, sobald sie einen Preisanstieg erwarten, große Mengen Getreide an den Terminbörsen aufkaufen. Das heißt, sie erwerben nicht wirklich Sojabohnen, Weizen oder Mais, sondern »Terminkontrakte«, in denen Menge, Preis und Liefertermin genau festgelegt sind. Wenn das Getreide dann tatsächlich teurer wird, lässt sich – bei relativ geringem Risiko, weil die Nachfrage nach Agrarrohstoffen in absehbarer Zeit ganz sicher nicht zurückgehen wird – eine ansehnliche Rendite erzielen.

Das sind Beispiele dafür, wie die Interessen der Satten unmittelbar hungrig machen und Ungleichheit wie Ungerechtigkeit weltweit verschärfen. Selbstverständlich gibt es noch zahlreiche andere Ursachen für steigende Preise. Dazu gehören eine wachsende Weltbevölkerung sowie zunehmende Ernteausfälle durch die Folgen des Klimawandels, für den wiederum die »reichen« Länder die Hauptverantwortung tragen. Und dazu gehört sicher auch eine massiv wachsende Nachfrage in den erfolgreichen und besonders bevölkerungsstarken Schwellenländern wie China und Indien. Deren wachsende Mittelschichten beispielsweise begnügen sich nicht mehr mit einfachen Reis- oder Nudelgerichten. Ihr zunehmender Hunger auf Fleisch hat den weltweiten Fleischkonsum im Vergleich zu den 1980er-Jahren schon mehr als verdoppelt. Für ein Kilogramm Rindfleisch benötigt ein Züchter aber sieben Kilo Futter und Unmengen Wasser. Und das hierfür verwendete Getreide steht dann eben wie der Biosprit-Rohstoff auch nicht mehr für Brot zur Verfügung. Mehr als 15 Millionen Tonnen Getreide hat China 2007 trotz sehr guter eigener Getreideernten importieren müssen, um die rasant wachsenden Viehbestände füttern zu können.

Sowohl China – wo fast ein Viertel der Weltbevölkerung lebt, wo sich aber nur gut sieben Prozent der Anbauflächen befinden – als auch Indien importieren heute Nahrung in großem Stil. Dazu gibt es derzeit keine denkbare und praktikable Alternative. Wachsender Wohlstand und Konsum in diesen so bevölkerungsreichen Ländern sind zu begrüßen und werden sich langfristig positiv auf die gesamte Weltwirtschaft auswirken. Aber selbstverständlich heizt die dort gestiegene Nachfrage die Preise kurzfristig mit an – das spüren übrigens auch die chinesischen und indischen Konsumenten, die erstmals seit Jahren zweistellige Teuerungsraten hinnehmen müssen. Von diesen hohen Preisen profitieren jedoch bislang vor allem die Anleger an den Terminbörsen sowie die hochsubventionierte europäische und US-amerikanische Landwirtschaft, während sich derselbe Preisauftrieb in den armen Regionen der Welt zur akuten Katastrophe auswächst. Das ist eine moralische, ökonomische und politische Herausforderung, der wir uns stellen müssen, nicht nur, weil »wir«, also die reichen Länder, diese Situation maßgeblich mit herbeigeführt haben, sondern weil massenhaftes Elend und massenhafte Verzweiflung auch die Stabilität »unserer« Gesellschaften bedrohen. Unserer Gier, die zuerst andere ruiniert, werden wir am Ende selbst zum Opfer fallen. Ein System, bei dem sich alles immer schneller um immer größere Summen dreht, aber immer weniger von dieser Raserei profitieren, fliegt uns irgendwann um die Ohren. Und zwar zu Recht. Das gilt auch in ökonomischer Hinsicht.

»WO GEFAHR IST ...«

»... wächst das Rettende auch.« Für die Klassiker der modernen Ökonomie – für Adam Smith, David Ricardo, John Stuart Mill oder Vilfredo Pareto – ist ein funktionierender Markt tatsächlich so etwas wie ein Gerechtigkeit herstellender Mechanismus. Ein entscheidender Gedanke hierbei ist, dass sich sowohl die Produktion von Gütern und Dienstleistungen als auch deren Konsum nicht unendlich steigern lassen, sondern dass solche Steigerungen dem »Gesetz der rückläufigen Erträge« sowie dem »Gesetz des rückläufigen Grenznutzens« unterworfen sind. Das klingt furchtbar akademisch, meint aber nicht viel mehr als zum Beispiel die schlichte Tatsache, dass der Nutzen oder die Befriedigung, die ich aus dem Kauf eines Fernsehers ziehe, mit jedem zusätzlich erworbenen Fernsehgerät abnimmt. Das sollte, außer vielleicht für einen Zwangsneurotiker, für jeden unmittelbar einleuchtend sein.

Auf solchem rückläufigen Nutzen wiederum beruht das Wechselspiel von Angebot und Nachfrage und damit letztlich auch der Wert oder Preis von Gütern. Ein zusätzlicher Tropfen Wasser, obwohl als Grundstoff unentbehrlich, wird einen Nordeuropäer deutlich weniger befriedigen als etwa ein zusätzlicher Diamantsplitter, obwohl völlig nutzlos. Insofern stimmt der Markt die vielfältigen Bedürfnisse der Individuen aufeinander ab und kommt im Idealfall zu einem Gleichgewicht, zu einer »optimalen« wirtschaftlichen Situation. Dieses Optimum ist benannt nach dem 1893 in Paris geborenen, italienischen Nationalökonomen Vilfredo Pareto – also »Pareto-Optimum« –, der es ungefähr wie folgt definierte: Eine Wirtschaft ist dann im Idealzustand, wenn jeder weitere Tausch, mit dem jemand sein Wohlbefinden noch zu steigern versucht, automatisch die Situation eines anderen verschlechtern würde. Sobald dies passiert, ist es um das schöne Gleichgewicht wieder geschehen.

Nun gut, das klingt vielleicht etwas theoretisch, und das ist es sicher auch. Wenn aber alles mit rechten Dingen zugeht, das heißt, wenn Tausch und Handel unter fairen Bedingungen ablaufen, strebt der Markt auch praktisch auf einen solchen Zustand zu. Dass wir tatsächlich so meilenweit vom »Optimum« entfernt sind, spricht deshalb nicht gegen den Markt, sondern ist für mich ein klarer Beleg dafür, wie wenig es heute, eben auch aus ökonomischer Perspektive, mit rechten Dingen zugeht. Denn unter halbwegs fairen Bedingungen gäbe es immer Auswege und Möglichkeiten, ja, unter veränderten Vorzeichen könnte sich zum Beispiel sogar die Hungerkrise als eine Chance erweisen.

Schauen wir noch einmal auf Afrika: Von den derzeit 53 afrikanischen Staaten sind nahezu 40 reine Agrarnationen. Wenn es gelänge, deren landwirtschaftliche Produktivität, die deutlich geringer ist als die Leistungsfähigkeit vergleichbarer asiatischer Länder, zu verbessern, anstatt sie wie bisher noch zusätzlich zu schwächen – das heißt, wenn wir, anstatt ihre Situation um des eigenen Nutzens oder Profits willen weiter zu verschlechtern, das Pareto'sche Gleichgewicht anstreben würden –, wäre allen geholfen. Das setzte allerdings voraus, dass nicht die afrikanischen, sondern zunächst einmal die OECD-Länder ihre Märkte liberalisierten und sie konsequent für Produkte aus Afrika öffneten, während die afrikanischen Märkte ihrerseits vor der noch sehr viel leistungsfähigeren und zudem subventionierten Konkurrenz zu schützen wären. Das käme einer Umkehr der bisherigen Politik gleich, wäre aber makroökonomisch vernünftig und würde zugleich eine Rückkehr zu verantwortlichem Handeln markieren. Denn noch einmal: Für die existenziellen Schwierigkeiten der afrikanischen Bauern sind wir in den reichen Ländern sowohl in ökonomischer als auch in ökologischer Hinsicht die Hauptverantwortlichen.

Durch den notwendigen Politikwechsel könnte die Nahrungskrise dadurch am Ende zu einem Wiedererstarken der afrikanischen Landwirtschaft führen – zumal die gestiegenen Preise inzwischen auch den Anbau bislang nicht »wettbewerbsfähiger« Sorten wieder attraktiv machen. Aber hierfür benötigen viele Bauern Starthilfen, vor allem in Form von Ackerland, patentfreiem (!) Saatgut und freiem Zugang zu Wasser sowie ein Minimum an Sicherheit. Einige Länder, wie Senegal, das zurzeit noch 80 Prozent seines Reisbedarfs durch Importe decken muss, haben bereits angekündigt, der Entwicklung des eigenen Agrarbereichs wieder höchste Priorität einzuräumen, um die Ernteerträge künftig deutlich zu verbessern. »Es wird hier keine Hungersnot geben«, hat der senegalesische Präsident Abdoulaye Wade kürzlich versprochen und sich eine Steigerung der Reisernte um das Fünffache auf 500.000 Tonnen pro Saison zum Ziel gesetzt. Auch Liberia und Nigeria wollen Anbauflächen künftig massiv ausweiten und ihre Bauern zu längeren Anbauzeiten motivieren.

Das sind richtige Antworten auf die Krise. Eine binnenorientierte Entwicklung sollte, wie die Beispiele China und Indien lehren können, Vorrang haben vor der Öffnung zum Weltmarkt. Nur unter dieser Voraussetzung, erst wenn die eigene Wirtschaft auf einem soliden Fundament steht, lässt sich vom freien Handel überhaupt profitieren; andernfalls ist der von den Weltökonomen so gern gepriesene Wettbewerb tödlich. Insofern ist die sogenannte Globalisierung, wie sie sich seit 20 Jahren bis heute gebärdet, ein gefährlicher Irrweg. Ihn weiter zu verfolgen hieße nicht nur, noch mehr Armut und Elend zu produzieren, sondern würde schließlich auch diejenigen, die vom bisherigen Kurs profitiert haben, an den Rand des Abgrunds führen. Die machtvollen Global Player, die die Welt als ihr Spielfeld begreifen, werden vielmehr umdenken und »umkehren« müssen, weil schon jetzt spürbar wird, dass sie – wie die stark zehrenden Seerosen – Raubbau an ihrer eigenen Existenzgrundlage betreiben.

Da die Ressourcen – Wasser, fruchtbarer Boden, Rohstoffe, günstige Klimabedingungen und vieles andere mehr – weltweit ungleich verteilt sind und bleiben werden, führt an einer internationalen Arbeitsteilung, an einer globalen Vernetzung der Wirtschaft auch künftig kein Weg vorbei. Internationaler Handel ist richtig und wichtig, weil von solchen Austauschbeziehungen wegen der »komparativen Kostenvorteile« – auch das ist klassische Ökonomie – buchstäblich alle Beteiligten profitieren. Ein regulär ablaufender Welthandel schafft, modern ausgedrückt, eine »Win-Win-Situation«. Solche Vernetzung einerseits, die nicht rückgängig zu machen ist, wird jedoch andererseits in Zukunft immer stärker durch eine scheinbar gegenläufige Entwicklung ergänzt werden, zu der es meiner Überzeugung nach aus vielerlei Gründen ebenfalls keine Alternative gibt. Kooperation wird wichtiger als Warentausch.

Das gilt auch für eine andere Krise, die sich gewissermaßen im Rücken der Nahrungskrise abspielt und in menschlicher wie auch in wirtschaftlicher Hinsicht mindestens ebenso verheerend ist wie diese: die weltweite Krise der Trinkwasser- und Sanitärversorgung. Sie taucht immer einmal wieder als Kurzmeldung in den Nachrichten auf, ist aber schon seit Jahren die Ursache von Gewalt, Elend und millionenfachem Sterben.

Alles Leben kommt buchstäblich aus dem Wasser und benötigt Wasser zu seiner Existenz. Zwar verfügt die Erde über einen ungeheuren Wasservorrat, von dem allerdings, da das salzhaltige Meerwasser für die Nutzung ungeeignet und das in Eis und Gletschern gebundene Wasser nicht zugänglich ist, nur ein kleiner Teil verwendet werden kann. Aber selbst dieser kleine Teil, der sich in Grundwasserspeichern, in Flüssen, Seen und im Wassergehalt der Atmosphäre befindet, würde vom Volumen her locker ausreichen, um den weltweiten Wasserbedarf zu decken. Die Reserven sind jedoch regional ungleich verteilt. In den USA beispielsweise, wo etwa sechs Prozent der Weltbevölkerung leben, lagern 25 Prozent der Weltreserven an Trinkwasser, während Asien, wo etwa 60 Prozent der Weltbevölkerung leben, nur über etwa ein Drittel der Weltreserven verfügt.

Ein Drittel der Weltbevölkerung lebt in Gebieten, vor allem in Afrika, im Nahen Osten und in Westasien, in denen akuter Wassermangel herrscht, und es steht zu befürchten, dass sich der Anteil dieser Menschen bis 2050 noch verdoppeln wird. Denn die Süßwasserkrise verschärft sich stetig. Bevölkerungswachstum, Verschmutzung von Grund- und Oberflächenwasser, ineffektive Nutzung, marode Wasserleitungen sind Ausdruck eines allzu sorglosen Umgangs mit dieser unersetzbaren Ressource und machen das Wasser zu einem knapper werdenden Gut – das zugleich immer stärker nachgefragt wird. Im Verlaufe des vergangenen Jahrhunderts stieg der weltweite Wasserverbrauch um das Zehnfache, auf heute mehr als 5.000 Kubikkilometer jährlich, und das Ende eines weiter steigenden Bedarfs ist nicht abzusehen – wohl aber das Ende der Regenerationsfähigkeit der Frischwasservorräte. Dabei fließt übrigens ein Großteil, nahezu 90 Prozent, dieser Trinkwassermassen nicht etwa aus privaten Wasserleitungen, Gartenschläuchen oder öffentlichen Springbrunnen, sondern kommt in Industrie und Landwirtschaft zum Einsatz.

Den Durstenden dürfte schwer vorstellbar sein, wie reichhaltig man andernorts das kostbare Nass fließen lässt. Denn wie der Energieverbrauch oder der Nahrungsmittelkonsum ist auch der

Wasserverbrauch weltweit extrem ungleich verteilt. Denn während etwa ein US-Amerikaner durchschnittlich 450 Liter und ein Europäer durchschnittlich 250 Liter Wasser pro Tag verbrauchen, müssen rund 1,5 Milliarden Menschen ohne gesicherten Zugang zu sauberem Trinkwasser auskommen und ermangelt es 2,5 Milliarden Menschen an grundlegender Sanitärversorgung. Wenn ich einmal meine Toilette spüle, verbrauche ich bereits mehr Wasser – etwa fünf Liter –, als Hunderten von Millionen Menschen in den wasserarmen Regionen pro Tag und Person zugänglich ist.

Nach UN-Angaben sterben jedes Jahr fünf Millionen Menschen, darunter knapp zwei Millionen Kinder, infolge schlechter Wasserversorgung. Nahezu 80 Prozent der Krankheitsfälle in den weniger entwickelten Ländern sind auf verseuchtes Wasser zurückzuführen. Wasserbeschaffung und wasserbedingte Krankheitsfälle binden Arbeitskraft und verhindern Bildung – verlängern das Leiden also auch in die Zukunft. Das ist eine nicht hinnehmbare Katastrophe, deren Bekämpfung nicht nur eine humanitäre Selbstverständlichkeit sein sollte, sondern die zu bekämpfen auch wirtschaftlich und politisch geboten ist. Wiederum nach UN-Angaben bringt jeder US-Dollar, der für eine bessere Wasserversorgung eingesetzt wird, über Kostenvermeidung und Produktivitätszuwächse acht US-Dollar ein. Jede Verbesserung in diesem Bereich bewirkt einen bezifferbaren Fortschritt. Und nicht nur das. Zwar gehören wir in den reichen Ländern, anders als im Nahrungsmittel- und Energiesektor, nicht zu den unmittelbaren Verursachern des Mangels. Von seiner Behebung würden wir aber unmittelbar profitieren.

Noch glauben wir uns in mitteleuropäischen Breiten vor Dürreszenarien gefeit und fürchten eher den Überfluss. Diese Furcht ist ja auch berechtigt, die Gefahr sogar berechenbar. Das zunehmende Vorkommen schwerer Hochwasser, Erdrutsche und Lawinenabgänge resultiert zu einem nicht unerheblichen Teil auf einem von uns Menschen in Gang gesetzten Teufelskreis: Menschengemachte Umweltveränderungen lassen die Fähigkeiten unserer Landschaften, Wasser aufzunehmen und zu speichern, immer stärker schwinden. Gleichzeitig kommt es durch die Klimaveränderungen immer häufiger zu extremen Wetterlagen, die den Böden und Flüssen gerade jene im Schwinden begriffene Fähigkeit abverlangten. Am Ende wird das Wasser, das gar nichts dafür kann, sondern sich lediglich, wie zu allen Zeiten, seinen Weg sucht, eher als Gefahr denn als Segen wahrgenommen. Ein Zuviel ist genauso verheerend wie ein Zuwenig.

Doch auch der Mangel wird uns erreichen, hat uns längst erreicht. Nicht in erster Linie als natürliches Phänomen – wenngleich es in einigen Gebieten Spaniens bereits zu akuten Dürresituationen gekommen ist, sodass die Großstadt Barcelona sogar schon per Schiff mit Wasser versorgt werden musste –, sondern vor allem als soziale und politische Bedrohung. Seit Jahren schon ist die Stabilität einiger Staaten und Regionen durch Konflikte um Wasserressourcen gefährdet; so geht es auch im Nahost-Konflikt zwischen Israel und Palästina nicht zuletzt um Wasser. Zu helfen, solche Konflikte vor Ort zu lösen und eine lokale Mindestversorgung mit Nahrung, Wasser und Energie zu gewährleisten, ist für mich eine entscheidende Voraussetzung sowohl für die eigene Sicherheit als auch dafür, dass die Globalisierung doch noch auf einen Erfolgskurs einschwenkt. Denn das ist möglich.

Es mag zunächst paradox klingen, aber ich gehe davon aus, dass die nächste Phase der Globalisierung vor allem durch eine eindeutige Tendenz zur Lokalisierung gekennzeichnet sein wird. Die chinesische Stadt Dongtan gibt gewissermaßen die Richtung vor: Nachhaltigkeit, eine marktnahe Produktion von Waren sowie dezentrale Selbstversorgungssysteme für Energie, Treibstoff, Nahrungsmittel und Wasser, die den jeweiligen lokalen Gegebenheiten angepasst sind, werden die Zukunft prägen. Gleichwohl wird diese Zukunft eine durch und durch »globalisierte« bleiben, und zwar nicht nur, nicht einmal in erster Linie wegen der Kommunikationstechnologie, sondern weil sich die Erkenntnis, dass die weltweit drängendsten Probleme – Energieversorgung, Klimawandel, Nahrungsmittel- und Wasserknappheit, Armut, Fundamentalismus – nicht national gelöst werden können, endlich durchzusetzen beginnt.

Schon heute tragen viele Elemente des Krisenmanagements auf die weltweiten Bedrohungsszenarien ebendiese Charakteristika: eine stärkere »Verortung« der Lösungsansätze, das Herstellen lokaler Kreisläufe, das Vermeiden langer Transportwege – sofern möglich –, kulturelle Sensibilitäten, ökologische und ökonomische Nachhaltigkeit, soziale Ausgewogenheit, die Übertragung von Verantwortung und anderes mehr. All diese, hier noch sehr abstrakt benannten Maßnahmen gehen nicht mehr vom alles beherrschenden »Weltmarkt« aus, dessen Wettbewerbsbedingungen den Takt sowie alle daraus angeblich erwachsenden »Notwendigkeiten« vorgeben. Sie nehmen diesen Weltmarkt vielmehr dezidiert aus Sicht der örtlichen Besonderheiten und der »Stakeholder« – das heißt etwa der Anwohner und der vorherrschenden Umweltbedingungen – in den Blick. Was können wir – in einer Firma, an einem Ort, in einer Region, in einem Land – konkret tun, um unser Leben zu verbessern? Und wo haben wir im Vergleich zu unseren nahen und fernen Nachbarn komparative Kostenvorteile? Das heißt, welche Fähigkeiten und Kompetenzen müssen wir weiter ausbilden, um zum eigenen Vorteil wie zum Vorteil anderer auch auf dem Weltmarkt agieren zu können?

VON DER GLOBALISIERUNG ZUR LOKALISIERUNG

Die Erde ist rund. Wer gestern seinen Betrieb, um Lohnkosten zu sparen, nach Polen ausgelagert hatte, zieht heute nach Rumänien weiter, morgen nach Kasachstan, übermorgen vielleicht nach Kambodscha – und kehrt möglicherweise aus denselben Kostensenkungsgründen irgendwann wieder an seinen Ausgangspunkt zurück. Solche Rückkehrer, Firmen, die nach einer Betriebsverlagerung in ein sogenanntes Billiglohnland plötzlich den alten »Standort Deutschland« wieder entdecken, gibt es schon heute. Ich halte deshalb dieses scheinbar so typische Element der Globalisierung, den Steuer-und-Lohnkosten-Standort-Wettbewerb, mindestens in großen Teilen für ein Übergangsphänomen, das ohnehin nie von wirklich eminenter Bedeutung gewesen ist.

Zwar gibt es fraglos eine Standort-Konkurrenz – und für die durch Betriebsverlagerungen arbeitslos gewordenen Arbeitnehmer sind und bleiben solche unternehmerischen Entscheidungen eine Katastrophe. Aber der Anteil der industriellen Produktion, für den solcher Wettbewerb tatsächlich verlockend ist, dürfte in Wahrheit recht überschaubar sein. Zum einen konnten und können nur solche Betriebe von einer Produktionsverlagerung profitieren, deren Fertigungsverfahren sowohl einfach als auch personalintensiv sind. Denn der Lohnkosten- und Steuerersparnis auf der Habenseite stehen in der Regel deutlich höhere Logistik- und Transportkosten auf der Sollseite gegenüber. Zum anderen haben Industrieansiedlungen in Niedriglohnländern immer den Effekt, dass dort nach relativ kurzer Zeit mit der Verbesserung der wirtschaftlichen Gesamtlage auch die Einkommen steigen. Das heißt, der anfangs attraktive Kostenvorteil ist zumeist nur von befristeter Dauer, sodass sich viele Unternehmen bereits nach fünf oder zehn Jahren erneut nach einem günstigeren Standort umschauen.

Da aber auch jede Betriebsverlagerung mit Kosten verbunden ist und da die Verbraucher ein Produkt zunehmend nach seiner sozialen und ökologischen Verträglichkeit beurteilen, wird selbst der hartgesottenste Rendite-Jäger irgendwann bemerken, dass sein kurzfristig erfolgreicher Sparkurs mittel- bis langfristig gar nichts einbringt – oder sich wegen eines Imageschadens sogar als eine Fehlstrategie erweist.

In einer Untersuchung im Frühjahr 2008 hat die Wirtschaftsprüfungs- und Beratungsgesellschaft PriceWaterhouseCoopers (PwC) in Zusammenarbeit mit dem deutschen Bundesverband Materialwirtschaft, Einkauf und Logistik (BME) beispielsweise die Kostenvorteile in China analysiert. Das Ergebnis war durchaus ernüchternd. Zwar ist dort die gesamte Kostenstruktur im Durchschnitt nach wie vor deutlich niedriger als hier. Aber davon sollte man sich besser nicht blenden lassen. Transportkosten, Planungsfehler und eine aufwendige Qualitätssicherung machen die trocken errechneten Einsparungen in der Praxis häufig mehr als zunichte, sodass Produktion und Einkauf zum Teil sogar bis zu 30 Prozent teurer sind als in Deutschland. Von den 203 befragten Unternehmen, die in China aktiv sind, darunter viele Konzerne und große Mittelständler, gaben darüber hinaus 94 Prozent an, sie würden von weiter steigenden Lohn- und Treibstoffkosten ausgehen. Dass die meisten Firmen dennoch an China festhalten wollen, wird deshalb auch nicht mehr betriebswirtschaftlich, sondern strategisch begründet. Das »Reich der Mitte« ist in Wahrheit nur insofern als Wirtschaftsstandort interessant, weil es zugleich ein riesiger Absatzmarkt ist, auf dem die Firmen mitzumischen hoffen. Und da die chinesische Regierung darauf achtet, dass ein Teil der Wertschöpfung im Inland erfolgt, muss man auch mit Produktionsstätten vor Ort präsent sein.

Das aber ist etwas grundlegend anderes als die Heuschreckensprünge in Billiglohnländer – die moralische Frage, ob ein Management in seiner Standort-Entscheidung von der Menschenrechtssituation in dem betreffenden Land absehen darf, sei hier ausdrücklich ausgeklammert. Wenn ein deutsches Unternehmen wie etwa Volkswagen zum Beispiel in Brasilien ein Werk errichtet, um für den südamerikanischen Markt zu produzieren, gibt es daran aus meiner Sicht nicht das Geringste auszusetzen. Im Erfolgsfall wird diese Produktionsausweitung auch in Deutschland Arbeitsplätze und Wohlstand sichern helfen. Die Zeiten hingegen, in denen in Übersee – wegen der günstigeren Lohnkosten – Produkte vom Band rollen, um sie gewissermaßen zu reimportieren und in Deutschland oder Europa zu verkaufen, neigen sich schon heute spürbar dem Ende zu. Und das gilt andersherum ebenso: Auch das Volumen der in Deutschland für den weltweiten Export hergestellten Waren wird abnehmen. Zunehmen wird hingegen eine sehr viel stärkere lokale bzw. regionale Ausrichtung und Diversifikation der Produktion von Waren und Nahrungsmitteln – im Dienstleistungsbereich sieht das im Zeitalter digitaler Kommunikation sicher anders aus; wo ein Call Center angesiedelt ist, spielt keine große Rolle, der Standort einer Fabrik wird hingegen immer wichtiger werden.

Das heißt, der Globalisierungsweg à la Nokia wird keine Zukunft haben. Und auch die Nike-Turnschuhe aus Indonesien, die iPods aus China, die Boss-Unterwäsche aus Bangladesh oder die in Marokko gepulten Nordseekrabben werden sich irgendwann nicht mehr »rechnen«. Ähnliches gilt für viele Produkte des Alltags, für die Tiefkühlpizza oder die Jeans, für den Parma-Schinken oder den Joghurt: Bevor wir sie an der Einkaufskasse einscannen lassen, haben sie häufig bereits eine Weltreise hinter sich. Wegen der langen Transportwege setzt beispielsweise eine Jeans durchschnittlich etwa die Hälfte ihre Gewichts an CO_2 frei. Und selbst der heimische Joghurt hat kumuliert bereits mehrere tausend Kilometer zurückgelegt, bis wir ihn bei uns zu Hause in den Kühlschrank stellen – die Erdbeeren aus Schleswig-Holstein, die Milch aus Bayern, der Zucker aus Braunschweig, die Bakterien für die Milchgerinnung aus dem Saarland, der Plastikbecher aus der Nähe von Stuttgart, der Metalldeckel aus Detmold, und am Ende über die Warenverteilzentren der Handelsketten in unseren Supermarkt. Auf die meisten dieser Produkte werden wir deshalb keineswegs verzichten müssen. Ihre Herstellung und Verteilung wird aber künftig anders, mittels regionaler Wirtschaftskreisläufe, zu organisieren sein.

Es mag noch eine Weile dauern, aber dass der Umfang solcher Warenbewegungen drastisch abnehmen wird, davon bin ich überzeugt. Und der ökonomisch härteste – jedoch längst nicht einzige – Grund für diese Überzeugung liegt in der absehbaren Entwicklung der Energie- und Transportkosten. So, wie der ab den 1980er-Jahren rapide sinkende Ölpreis die neue Phase der Globalisierung angefeuert hat, so werden die nun steigenden Preise – im Verbund mit den notwendigen Klimaschutzmaßnahmen – nicht die Globalisierung beenden, aber ihr Gesicht verändern. Seit 2006 hat sich der Preis pro Barrel (159 Liter) Rohöl nahezu verdreifacht, von rund 50 US-Dollar – schon damals sprachen alle vom teuren Öl – auf mittlerweile fast 140 Dollar. Und ein Ende des Preisauftriebs ist, Experten zufolge, nicht in Sicht. Bereits gegen Ende 2008 könnte ein Fass bereits 200 Dollar kosten, prognostiziert das renommierte Geldhaus Goldman Sachs, denn der Hunger nach Öl steigt weiterhin rapide, insbesondere wegen des auch durch den steigenden Energiepreis kaum zu bremsenden Aufschwungs in den asiatischen Schwellenländern, während die Ressourcen bekanntlich begrenzt sind und langsam zur Neige gehen.

Zwar gibt es immer wieder einmal Meldungen über sensationelle Funde, über riesige neue Ölvorkommen tief unter dem Meeresgrund, die die Hoffnung auf nicht versiegenden Reichtum und eine Verlängerung des Ölzeitalters neu beleben. Auch ermöglicht der hohe Rohstoffpreis nun den Einsatz sehr viel kostenintensiverer Fördertechniken, die schwer zugängliche und deshalb bislang unwirtschaftliche Vorkommen erschließbar machen und selbst aus Schiefer und Sand noch jeden Tropfen Öl auspressen, sodass es sehr gut möglich ist, dass wir von den Reserven deutlich länger zehren können, als noch bis vor kurzem zu befürchten war. Es gibt aber keinen ernstzunehmenden Fachmann, der behaupten würde, dass sich die Ausgangslage dadurch grundlegend verändert hätte. »Was das Erdöl betrifft, liegt die Zukunft schon hinter uns«, so unmissverständlich formuliert das etwa Josef Bauer, Energieexperte bei der Deutschen Bank Research. Er bezieht sich hierbei auf Untersuchungen der sogenannten Energy Watch Group, eines internationalen Zusammenschlusses von Experten aus Wirtschaft, Wissenschaft und Politik, die im Mai 2008 zu dem Ergebnis kamen, dass der Höhepunkt der Ölförderung, der sogenannte Peak Oil, bereits im Jahr 2006 – mit 81 Millionen Barrel pro Tag – erreicht worden sei. Seitdem gehe die Produktion zurück. »Die Weltwirtschaft«, heißt es im Ausblick der Studie, »steht am Rande eines Strukturwandels«.

Das heißt, der schwarze Rohstoff wird knapp bleiben und teurer werden. Alles andere ist eine Illusion. Um seine Verteilung finden schon heute Konflikte statt, die die gesamte Region des Mittleren und Nahen Ostens gefährlich destabilisiert haben, wo sich ja tatsächlich weniger die Anliegerstaaten als vielmehr die Interessen der großen Erdölverbraucher – USA, China, Russland, die EU – gegenüberstehen; der iranische Publizist Bahman Nirumand spricht in einem 2007 veröffentlichten Buch mit großer Plausibilität sogar von einem »unerklärten Weltkrieg«. Und dass, last but not least, sowohl die Ölförderung wie auch der Ölverbrauch in ökologischer Hinsicht mehr als problematisch sind, sollte inzwischen selbst der leidenschaftlichste Motorsportfan begriffen haben. Die Ära der nahezu ausschließlichen Dominanz der fossilen Brennstoffe geht zu Ende, und zwar je eher, desto besser.

Der steigende Ölpreis ist daher für mich – man möge mir die Emphase nachsehen – ein unschätzbarer Segen, vielleicht das Beste, was uns passieren konnte. Was weder die dramatischen Fernsehbilder von den furchtbaren Naturkatastrophen der jüngeren Vergangenheit noch all die Debatten und Ängste rund um den Klimawandel vermocht haben, das scheinen die Preistafeln an den Tankstellen sowie die alljährlichen Heizkostenabrechnungen nun tatsächlich erreichen zu können: Ursache für eine nachhaltige Verhaltensänderung zu sein. Heute wird nicht mehr nur in den Talkshows über Energiesparen geredet, sondern alltäglich einsparend gehandelt: Es werden Energiesparlampen eingedreht, Fenster abgedichtet, Heizungen erneuert, Wände gedämmt; viele Leute lassen sich Solaranlagen aufs Dach montieren, fahren benzinsparender Auto, wechseln zu Stromanbietern, deren Energie aus erneuerbaren Quellen stammt, oder zahlen bei Flugreisen eine freiwillige Emissionsabgabe. Selbst in den USA gilt es heute nicht mehr als »unamerikanisch«, statt in einem riesigen Straßenkreuzer in einem Smart zum Einkaufen oder ins Büro zu fahren. Auf benzinsparende Kleinwagen sowie auf Elektroautos hat dort ein wahrer Run eingesetzt, sodass die Käufer gegenwärtig mit Wartezeiten von mehr als zwölf Monaten rechnen müssen – fast schon wie ehedem in der sozialistischen Planwirtschaft.

Auch wenn die Teuerung für viele mit schmerzhaften Einschränkungen verbunden ist, erlaube ich mir, offen zu bekennen: Dieses gesamte Marktgeschehen gibt Anlass zu großer Hoffnung.

Man möge mir deshalb nachsehen, wenn ich derweil zunächst sogar hoffe, dass der Preis ruhig noch eine Weile weiter steigen wird. Denn wir werden offenbar immer erst klug, wenn es sozusagen wehtut. Dabei geht es um nichts weniger als um »eine Dritte Industrielle Revolution«, so hat der deutsche Klimaforscher Hans Joachim Schellnhuber den auch von der Energy Watch Group angekündigten »Strukturwandel« auf den Punkt gebracht. Und diese Revolution wird umso schneller gelingen, je stärker jeder Einzelne – ob Konsument oder Produzent, Autofahrer oder Mieter – ein unmittelbares Interesse damit verknüpfen kann. Und sie wird umso nachhaltiger sein, je mutiger nun endlich auch die Politik das heute vorhandene Wissen in praktisches Handeln übersetzte und beispielsweise für den CO_2-Ausstoß von Autos, Industrieanlagen und Kraftwerken verbindliche Grenzwerte definierte, die sich mindestens am Durchschnitt der zurzeit technisch erreichbaren Effizienz zu orientieren hätten. In Japan zum Beispiel setzen schon heute die jeweils effizientesten Elektrogeräte den immer neuen Mindeststandard, der dann auch für alle Neugeräte der gleichen Art gesetzlich bindend wird. So etwas ist auch national möglich und erweist sich in der Regel als äußerst wirkungsvoll.

Daneben sollte der Staat mindestens dort, wo er selber als Konsument auftritt, verantwortlich agieren und die Vergabe öffentlicher Aufträge von der Einhaltung vorher definierter sozialer und ökologischer Mindeststandards abhängig machen. Das geschieht bereits in einigen Bundesländern, ist aber unverständlicherweise noch nicht die Regel, was die Überzeugungskraft politischer Appelle nicht gerade erhöht und die Glaubwürdigkeit der Politik insgesamt in Zweifel zieht. Wenn es zutrifft, dass sowohl der Klimawandel als auch eine wachsende soziale Ungleichheit existenzielle Bedrohungen darstellen, dann muss eine gewählte Regierung klar erkennbar mit verantwortlichem Handeln vorangehen. Alles andere wäre fahrlässig. Da hilft auch das häufig gehörte Argument nichts, wonach nationale Politik in Zeiten der Globalisierung nichts mehr ausrichten könne. Denn das stimmt nicht. Diese »Ohnmacht« ist eine hartnäckige Legende, die entweder in die Welt gesetzt wurde, um staatliche Regulierungen abzuwehren, oder die diejenigen erfunden haben, die damit die eigene Untätigkeit kaschieren wollen. Aber der Mythos lässt sich leicht entzaubern.

Was politische Entscheidung und gesetzgeberisches Handeln bewirken kann, das hat geradezu beispielhaft das im Jahr 2000 in Kraft getretene »Erneuerbare-Energien-Gesetz« unter Beweis gestellt. Dieses Gesetz garantiert den Betreibern etwa von Windkraft-, Solar- oder Biogas-Generatoren über einen Zeitraum von 20 Jahren einen festen, jährlich absinkenden Vergütungssatz für den damit erzeugten Strom. Solche Berechenbarkeit machte die Errichtung kleiner Anlagen für Millionen von Privatleuten kalkulierbar und als Zukunftsinvestition sogar wirtschaftlich attraktiv. Noch viel wichtiger aber war eine andere, eine geradezu staatsdirigistische Maßnahme, die gegen machtvollen Widerstand durchgesetzt werden konnte – und die den Markt interessanterweise in diesem Fall tatsächlich »freier« gemacht hat. Die großen Stromversorger in Deutschland, EON, Vattenfall, EnBw und RWE, die in Wahrheit ein Oligopol bilden, weil sie bisher nicht nur die Produktion von Elektrizität kontrollieren, sondern als Betreiber des überregionalen Stromnetzes auch deren Verteilung, wurden verpflichtet, die Anlagen anzuschließen, den darin erzeugten Strom einzuspeisen und ihn wie vorgesehen zu vergüten.

Der Erfolg ist überwältigend – und sollte Mut machen. Das Inkrafttreten des Gesetzes war wie der Startschuss für eine neue Industriebranche, in der mittlerweile mehr als 100.000 neue Arbeitsplätze geschaffen wurden, und zwar Arbeitsplätze mit einem zugleich ökologischen Mehrwert. Innerhalb weniger Jahre konnte der Anteil der erneuerbaren Energien an der deutschen Stromerzeugung von sechs Prozent im Jahr 2000 auf knapp 15 Prozent ausgeweitet werden, ohne dass sich dadurch der Preis für die Privatkunden nennenswert erhöht hätte. Bei gleichbleibendem Ausbautempo ließe sich der gesamte Stromverbrauch in Deutschland in nur wenigen Jahrzehnten aus sauberen Quellen speisen. Und nicht nur in Deutschland. Die Bilanz des Erneuerbare-Energien-Gesetzes ist auch anderswo zur Kenntnis genommen worden. Inzwischen haben schon fast 50 Länder weltweit Regelungen eingeführt, die sich am deutschen Vorbild orientieren.

Solche Einmischungen sehen die Chefs der großen Konzerne natürlich gar nicht gern. Der Aufbau einer dezentralen Versorgungsstruktur würde ihren Einfluss und ihre Renditeaussichten deutlich schmälern. Ihre einst hochsubventionierten Großkraftwerke, allen voran die Atommeiler, sind längst abgeschrieben und werfen stattlichen Gewinn ab; und im Zusammenhang damit ist ihr Netz-Oligopol wie eine Lizenz zum Gelddrucken. Also versuchen sie mit aller Kraft und Lobby-Power, die alte Struktur zu erhalten. Schließlich werden sie nicht für die Verbesserung der Umwelt, sondern für die Vermögensmehrung der Firmeneigner bezahlt. Da die Fakten gegen sie sprechen, bemühen sie sich gar nicht erst um Argumentation, sondern entfalten eine Angstrhetorik: Eine weitgehende Umstellung auf regenerative Energien, so warnen sie lauthals, würde die nationale Versorgung gefährden. Wer so etwas Unseriöses propagiere, würde fahrlässig in Kauf nehmen, so der EON-Chef Wulf Bernotat, dass wir am Ende »alle bei Kerzenschein sitzen« müssen.

Nun, der gute Mann ist entweder technologisch nicht auf der Höhe der Zeit, oder aber er führt die Öffentlichkeit wissentlich hinters (Kerzen-)Licht. Da ich ihm das Erste nicht unterstellen mag, tippe ich auf das Zweite. Aber vermutlich weiß er auch, dass er auf verlorenem Posten steht und den Lauf der Dinge, der durch Erfahrungen in anderen Ländern, wie etwa Dänemark und den Niederlanden, eine zusätzliche Beschleunigung erfährt, nicht wird aufhalten können. Zumal auch die eigene Front erste Risse erkennen lässt: Mittlerweile beginnen auch einige Manager, das Seerosen-Prinzip zu durchschauen und zu erkennen, dass ihnen ein Weitermachen wie bisher den Nährboden entziehen und das Geschäft verderben könnte. Auch die Wirtschaft braucht Stabilität und Sicherheit. Und dass weltweit immer mehr arme Menschen dauerhaft als Konsumenten ausfallen, wird auch für die global agierenden Unternehmen zunehmend zum Problem.

Ein langsamer Sinneswandel in Reihen der Wirtschaft setzte spätestens ein, als der Wirtschaftswissenschaftler Nicholas Stern im Herbst 2006 seinen von der britischen Regierung in Auftrag gegebenen Bericht über die ökonomischen Folgen der Erderwärmung vorlegte. Darin konnte der Professor von der London School of Economics, der zuvor als Chefökonom bei der Weltbank tätig gewesen war – also jemand mit Stallgeruch und bestem Leumund –, eindrücklich belegen, dass der Klimawandel auch das Wirtschaftsgeschehen unmittelbar beeinflusst, dass er Investitionen vernichtet und den Unternehmen direkt schadet; er verglich die zu erwartenden Zerstörungen spektakulär mit jenen der beiden Weltkriege. Die Kosten, solche Schäden zu verhindern, seien deutlich geringer als der Aufwand, sie später auszugleichen, schrieb der Professor seinen Wirtschaftskollegen ins Stammbuch. Und wie um seinen Worten zusätzliches Gewicht zu verleihen, ließen kurz darauf die verheerenden Folgen des Hurrikans Katrina bei fast der Hälfte der amerikanischen Top-100-Unternehmen die Gewinne schrumpfen. Diese Schmerzen waren sicher heilsam.

Geld ist ein starkes, für Firmenchefs vielleicht das stärkste Motiv. Und ein Großteil des Geldes befindet sich eben auch in den Taschen der Verbraucher, die durch ihre Verhaltensänderungen deshalb für einen kräftigen zusätzlichen Antrieb sorgen. Immer mehr Firmen beginnen, in energiesparende Technologien zu investieren. Ob in Schleswig-Holstein oder Sachsen, in Japan oder Kalifornien, in Indien oder China – überall auf der Welt erleben die Industrien für neue Energietechniken jenseits von Öl, Kohle oder Atom einen wahren Boom, den manche Beobachter schon mit dem Siegeszug der Computertechnik vergleichen. Windkraft, Sonnenenergie, Wasserkraft oder Biomasse sorgen heute schon für Milliardenumsätze und verzeichnen zweistellige Zuwachsraten; die Nachfrage nach sauberer Energie wächst derzeit sehr viel schneller als das Angebot. Und das ist in einer Marktwirtschaft stets die beste Voraussetzung für eine weitere Dynamisierung der Entwicklung. Auch in die Erforschung alternativer Antriebsarten für den Individualverkehr ist nach Jahren des Stillstands wieder Bewegung eingekehrt – am wenigsten vielleicht noch bei den deutschen Autobauern.

ZUKUNFTS-TREIBSTOFFE

Gegenwärtig ist noch nicht absehbar, wohin die geschilderten Aktivitäten führen werden und wie schnell der erforderliche Wandel gelingen kann. Manches wird sich sicher auch als Sackgasse erweisen. Dennoch lassen sich bestimmte Kennzeichen der eingeleiteten Wende benennen und einige absehbare Folgen skizzieren. Und in der Summe haben alle Merkmale eines gemeinsam: Sie laufen auf zunehmend regionale Wirtschafts- und Energiekreisläufe hinaus, auf eine stärkere Konzentration auf die lokalen

Ressourcen. Die Strom- und Treibstoffversorgung werden sich mittelfristig aus ihrer Abhängigkeit vom Öl befreien, den alten Energieträger aber nicht einfach durch einen Zukunfts-Treibstoff ersetzen, sondern ihn durch lokal ganz unterschiedliche Konzepte entbehrlich machen.

Bis es so weit ist, gilt es allerdings noch, einige Abwehrschlachten zu schlagen. Denn natürlich hat die Industrie ein Interesse daran, die in Frage kommenden Ersatzstoffe unter ihrer Kontrolle zu behalten; und ihr Favorit zurzeit heißt »Biosprit«, vor allem in Form von Bioethanol, das aus zuckerhaltigen Pflanzen wie Mais oder Zuckerrohr gewonnen wird, sowie in Form von Biodiesel, wie er sich aus Soja-, Raps- oder Palmöl raffinieren lässt. Eine Massenproduktion dieser Treibstoffe würde den Mineralöl- und Automobilkonzernen weiterhin eine zentrale Versorgung sowie eine kostengünstige Motorenfertigung ermöglichen. Das hieße aber streng genommen, denselben Fehler zweimal zu machen. Die Abhängigkeit von einer Hauptquelle oder von wenigen industriell zu verarbeitenden Ressourcen würde ausschließlich den Unternehmen und den großen Rohstoffproduzenten nützen, der Umwelt und den Verbrauchern hingegen massiv schaden. Schon heute verschärft der Biomasse-Boom, der nun weltweit eingesetzt hat, nicht nur den Druck auf die Waldbestände, er bedroht zudem, wie oben skizziert, auch die Nahrungsmittelversorgung, ist also eine Gefahr vor allem für die Armen.

Länder wie Brasilien, Indonesien oder Malaysia, wo die klimatischen Bedingungen für den Anbau von Energiepflanzen optimal sind, haben die Produktion entsprechend der steigenden Nachfrage massiv intensiviert. Eine solche, aktuell lukrative Plantagenbewirtschaftung macht aber den Nutzen einer ökologisch durchaus sinnvollen Biospritbeimischung komplett zunichte. Nicht nur fällt bei der Vergärung von Glucose zu Alkohol insgesamt mehr

CO_2 an, als durch das Pflanzenwachstum mittels Photosynthese zuvor gebunden wird. Durch den hohen Wasser- und Flächenverbrauch einer Plantagenwirtschaft sowie durch zusätzliche Belastungen durch Düngung wird die Ökobilanz dieser nachwachsenden Energieträger vollends negativ – und zwar schon ohne Berücksichtigung der Folgen dieses Anbaus auf den Nahrungsmittelsektor oder auf die Artenvielfalt.

Das heißt, die Biomassen-Nutzung ist für den Massenverbrauch wohl ungeeignet, stellt aber zweifellos eine sinnvolle Brückentechnologie auf dem Weg zu emissionsfreien Antriebssystemen dar. Sie wird darüber hinaus ein fester Bestandteil der Energieversorgung von morgen bleiben. Nachwachsende Energieträger werden, wenngleich in kleinerem Maßstab sowie in regional ganz unterschiedlichen Ausprägungen, einen Teil unseres künftigen Energiebedarfs decken. Gefragt sind hierbei intelligente Energiemix-Konzepte, die sich aus den lokal jeweils verfügbaren Ressourcen speisen, und es gibt zurzeit kaum etwas – von A wie Abfallstoff bis Z wie Zuckerrübe –, das nicht auf seine Mehrfachverwertbarkeit hin getestet würde. Hier entfaltet sich momentan eine unverhoffte Kreativität, die durch die alten Strukturen nicht mehr zu bändigen sein wird und die mir meinen fast schon erstorbenen Optimismus kräftig wiederbelebt hat.

Wo das Öl versiegt, muss die Fantasie sprudeln. In der gesamten Natur ist Sonnenenergie gespeichert. Viel weniger bekannt als etwa Biodiesel, womit sich auch herkömmliche Dieselmotoren antreiben lassen, ist naturbelassenes Pflanzenöl, dessen Einsatz allerdings eine Umrüstung der Motoren erforderte. Aber da es keiner Zwischenschritte und auch keinerlei Zugaben zu seiner Erzeugung bedarf, sondern im einfachsten Fall durch Zermahlen der Samen und anschließende Kaltpressung gewonnen wird, schlummert hier ein ungehobenes Potenzial. Rund 270.000 Pflanzenarten sind weltweit bekannt, wovon mehr als 30.000 als essbar gelten. Wenn man bedenkt, dass davon nur etwa 120 Arten überhaupt landwirtschaftlich genutzt werden und weniger als zehn Arten für mehr als 75 Prozent der menschlichen Nahrung sorgen, wird ersichtlich, welche Einfalt hier inmitten der natürlichen Vielfalt noch vorherrscht. Die Nutzung von Pflanzenölen als Energieträger steckt praktisch noch in den Kinderschuhen, eine züchterische Arbeit hat hier noch kaum stattgefunden. Dabei wären europaweit rund 50 Arten anbaufähig, wovon bislang jedoch lediglich Raps, Sonnenblumen oder Öl-Lein in nennenswertem Umfang genutzt werden, und zwar ganz überwiegend zur Speiseöl- oder Biodieselherstellung. Pflanzenöl als Treibstoff in regional unterschiedlicher Zusammensetzung könnte eine attraktive Alternative darstellen: regenerativ, CO_2-neutral, ohne Vergärungsprozesse sowie frei von Schwefel oder Schwermetallen. Und große Flächen sind hierfür gar nicht erforderlich, Ölpflanzen gedeihen zum Teil wie Unkraut – so zum Beispiel Leindotter in Mitteleuropa oder Ricinus in den Tropen –, sodass es jeweils auf den regionalen Mix ankäme.

Der Energie- und Treibstoffmarkt der Zukunft wird nicht mehr durch Einfalt, sondern durch wachsende Vielfalt gekennzeichnet sein. In landwirtschaftlichen Regionen, wo pflanzliche Abfälle anfallen, wird tatsächlich vermehrt der Biosprit in seinen verschiedenen Variationen zum Einsatz kommen – zum Beispiel in Mecklenburg-Vorpommern, wo bereits eine erste industrielle Produktionsanlage im Bau ist, in der aus Bioabfällen und Reststroh Kraftstoff gewonnen werden soll; übrigens mit Beteiligung des Shell-Konzerns, der die Zeichen der Zeit offenbar zu lesen begonnen hat. Und mit denselben Ressourcen – Pflanzenabfälle, Dung und Gülle – lassen sich auch Biogasanlagen betreiben, die sowohl Strom als auch Wärme liefern und in ländlichen Regionen die komplette Versorgung gewährleisten könnten – wobei sich die Reststoffe aus solchen Anlagen auch noch als Dünger verwenden lassen. Auch die Nutzung von Pflanzenölen als Kraftstoff könnte künftig eine wichtigere Rolle spielen, steckt aber, wie gerade erwähnt, noch in ihren Anfängen.

Woanders werden andere Energieträger zum Einsatz kommen: Bioethanol in Brasilien, womit schon heute mehr als 40 Prozent des einheimischen Treibstoffbedarfs gedeckt wird, Erdgas in Nordafrika oder Kolumbien, Wasserstoff in den nördlichen Regionen und elektrobetriebene Motoren für den Stadtverkehr. Selbstverständlich wird diese Diversifikation Einfluss auf Mobilität und Verkehrsverhalten haben: Entweder wird es Motoren geben, die mit verschiedenen Kraftstoffarten zu betreiben sind – was ich für möglich halte –, oder aber wir werden nicht mehr, wie bisher, mit ein- und demselben Fahrzeug vom Nordkap bis nach Sizilien fahren können – was ebenfalls nicht ganz unwahrscheinlich ist.

Die Antworten auf solche Fragen stehen noch aus. Dies heute schon vorherzusagen wäre Kaffeesatzleserei. Ähnliches gilt in meinen Augen für die Zukunft des Stadtverkehrs. Gerade die weiter wachsenden Städte gehören verkehrspolitisch zweifellos zu den größten Herausforderungen. Bereits gegenwärtig lebt nach UN-Angaben etwa die Hälfte der Weltbevölkerung in Städten. Und dieser Anteil wird sich in den kommenden Jahren ebenso vergrößern wie die Städte selber, die sich immer mehr zu sogenannten Megacitys auswachsen. Mehr als 20 solcher Städte mit über 10 Millionen Einwohnern gibt es schon heute, und es gehört nur wenig prophetischer Mut dazu, vorherzusagen, dass der Verbrennungsmotor in diesen Metropolen keine Zukunft hat. Und zwar nicht nur aus ökologischen Gründen, sondern auch weil sich die Einstellung zur Mobilität in den Städten bereits zu ändern begonnen hat. Schon heute besitzen 40 Prozent der Haushalte in der Pariser Innenstadt kein Auto mehr.

Ich betreibe hiermit aber keinen Abgesang auf das Automobilzeitalter, denn eines zumindest kann ich ebenfalls prophezeien: Weder der Klimawandel noch die Verstädterung werden ein Ende des Automobils bedeuten. Es wird nur anders genutzt und angetrieben werden. Jüngste Mobilitätsstudien zeigen, dass in einem relativ dicht besiedelten Gebiet wie Deutschland die Hälfte aller Autofahrten nicht länger als sechs Kilometer sind. In den Städten dürften der Anteil noch einmal höher und die Strecke noch einmal kürzer sein. Insofern wäre für mich dort in jedem Fall der Elektromotor der Antrieb erster Wahl. Und ich hielte eine sukzessive Umstellung keineswegs für unrealistisch, da wir, was im Überfluss vorhanden ist, ohne nachwachsen zu müssen: Sonne, Wind, Wasser, trotz aller Riesenfortschritte bisher nur zu einem Bruchteil ihrer Ergiebigkeit als Energiequellen nutzen. Hier steckt noch so viel Potenzial, das ich mir über die Zukunft der Mobilität keine Sorgen mache.

Grüne Utopie? Öko-Träume? Nein, das glaube ich nicht. Ein Umbau hat tatsächlich begonnen. Dass er stattfindet, steht für mich außer Frage, fraglich ist allerdings, ob er sich schnell genug vollziehen wird. Denn die Beharrungskräfte sind nach wie vor groß. Diejenigen, die von der alten Shareholder-Wirtschaft profitieren, werden sich nicht plötzlich eine Latzhose überstreifen und das Feld widerstandslos räumen. Das sollen sie aber auch gar nicht, und das wird hoffentlich niemand von ihnen verlangen. Rein ökonomisches Handeln würde absolut genügen. Wie die Shell-Beteiligung an der Biokraftstoff-Anlage in Mecklenburg-Vorpommern zeigt – und das ist nur ein Beispiel von vermutlich Tausenden –, hat man auch in den global agierenden Unternehmen das Potenzial dieser neuen Märkte erkannt. Aber gerade das

Neue daran bereitet den Konzernstrategen Kopfzerbrechen: Es ist gewissermaßen ein Potenzial mit Bodenhaftung. Die Märkte sind kleinteiliger und lokal verankert; es sind viele kleine Mikrowirtschaften; Ressourcen, Produkte, Konzepte lassen sich nicht mehr – wie in der »alten« Globalisierung – beliebig woandershin transferieren; bewährte Marketing- und Absatzinstrumente greifen hier nicht. Insofern herrscht, meine ich, sicher noch ein Gutteil Verunsicherung vor. Diese Schockstarre, die garantiert nicht lange anhalten wird, ist für die flexibleren kleinen und mittleren Unternehmen eine günstige Gelegenheit. Und so nutzen viele von ihnen zurzeit die Chance, sich neue Geschäftsfelder zu erschließen, und treiben damit den Umbau der Wirtschaft sowie eine Neujustierung der Globalisierung kräftig mit voran.

Das ist aber, da sollte man sich nichts vormachen, durchaus nicht ihr primäres Motiv. All die geschilderten, überaus erfreulichen Aktivitäten wie auch das erste vorsichtige Mitgehen der großen Konzerne erwachsen nicht aus plötzlicher Einsicht, beruhen also nicht in erster Linie darauf, dass man sich in den Chefetagen nun endlich der gesellschaftlichen Verantwortung bewusst werden und dem »Richtigen« und »Guten« zuwenden würde. Nein, es geht natürlich nach wie vor ums Geschäft, es geht um Marktanteile und Profit. Aber immerhin beginnen mehr und mehr Geschäftsleute, auch den »Marktwert des Guten« sowie seinen »Mehrwert« zu erkennen. Das könnte tatsächlich eine Wende markieren, die nicht »nur« ökologisch, sondern auch sozial von größter Reichweite wäre. Denn was alle moralischen Appelle nicht werden bewirken können, das wird ein durch konkrete Beispiele und Vorbilder gewecktes Eigeninteresse umstandslos ins Werk setzen. Das Problem ist, wie so oft, lediglich ein Problem des Anfangs. Immer muss es irgendjemanden geben, der den ersten, den vielleicht entscheidenden Schritt macht.

WHO'S FIRST? DAS GEFANGENENDILEMMA

Verantwortliches unternehmerisches Handeln ist leider bis heute ein Minderheitenverhalten. Zwar sind die Begriffe »Verantwortung« und »Nachhaltigkeit« in aller Munde, auch allen Vorstandssprechern kommen sie ganz fließend über die Lippen, doch handelt es sich dabei bislang noch ganz überwiegend um Marketing, um das Prinzip »Seerose«. Man spendet Computer für Schulen, hilft bei der Renovierung von Denkmälern, unterstützt ein Regenwald-Projekt, finanziert den Brunnenbau in Äthiopien, schenkt in der hauseigenen Kantine fair gehandelten Kaffee aus oder lässt den Firmennamen als Sponsor von Kulturveranstaltungen auf Plakate drucken. Aber all die schönen Blüten – die tatsächlich schön sind, das will ich gern einräumen – dienen doch in erster Linie dazu, die Oberfläche herauszuputzen, um von den Niederungen des Kerngeschäfts abzulenken.

Denn dort herrscht nach wie vor ein anderer Geist. Nehmen wir wieder die Automobilindustrie: Alle deutschen Konzerne ergehen sich in hehren Absichtserklärungen, schalten »grüne« Anzeigenkampagnen, gehen freiwillige Emissions-Senkungs-Vereinbarungen mit der EU-Kommission ein, die dann doch nicht eingehalten werden, oder haben sogar – wie BMW, Daimler und Volkswagen, auch EON, RWE und die Lufthansa – den sogenannten Global Compact der Vereinten Nationen unterschrieben, der alle Unterzeichner beispielsweise zu einem pfleglichen im Sinne von »vorsorglichen Umgang mit der Umwelt« verpflichtet.

Dieser weltweite Pakt war 1999 vom ehemaligen UN-Generalsekretär Kofi Annan ins Leben gerufen worden, um den negativen Auswirkungen der Globalisierung auf die Gesellschaften und die natürliche Umwelt entgegenzuwirken sowie die Einführung und Einhaltung sozialer und ökologischer Mindeststandards zu be-

223

fördern. Diesem Pakt gehören inzwischen viele tausend Mitglieder an: staatliche Institutionen, nichtstaatliche Organisationen, Wirtschaftsverbände, Gewerkschaften, Städte sowie inzwischen auch weit mehr als 3.000 Wirtschaftsunternehmen, die sich alle mit ihrem Beitritt zu zehn Grundprinzipien bekannt haben, darunter die Achtung und den Schutz der internationalen Menschenrechte, die Abschaffung von Kinderarbeit und die Beseitigung von Diskriminierung sowie ein »vorsorgender Ansatz« im Umgang mit Umweltproblemen und die »Entwicklung und Verbreitung umweltfreundlicher Technologien«.

Eine wunderbare Initiative, die zwar, weil sie ihren Mitgliedern eine Berichterstattungspflicht auferlegt, für eine gewisse Transparenz sorgt, den Unterzeichnern aber gleichwohl erlaubt, das Seerosen-Spiel weiterzuspielen. Denn was ein dem Pakt angehörendes Unternehmen tut oder nicht tut, ob es darüber tatsächlich Bericht erstattet oder nicht, wird letztlich weder kontrolliert, noch könnten »Nichtstun« oder ein dem Geist des Paktes zuwiderlaufendes Handeln sanktioniert werden. Und dass die deutschen Automobilkonzerne seit Unterzeichnung des Global Compact einen »vorsorgenden Ansatz« im Umgang mit Umweltproblemen an den Tag legen würden, lässt sich jedenfalls, wie weiter oben skizziert, nicht wirklich erkennen. Trotz durchaus verbesserter und verbrauchsärmerer Motoren hat der Gesamtausstoß von Kohlendioxid durch die immer schwerer und stärker gewordene PKW-Flotte nicht etwa ab-, sondern weiter zugenommen. »Sorry, hat leider nicht geklappt. Da haben wir wohl zu viel versprochen. Aber unsere Kunden reißen uns nun mal den allradgetriebenen Geländewagen nur so aus den Händen. Was soll man machen? Wir geben uns ganz bestimmt weiter die größte Mühe.«

Ja, was soll man machen? So ganz unrecht haben die Konzerne natürlich nicht. Jeder wird aus eigener Erfahrung bestätigen oder sich zumindest leicht vorstellen können, wie schwer es ist, von einem erfolgreichen Kurs abzuweichen. Die deutschen Autofirmen machen blendende Geschäfte – die großen global »aufgestellten« Energie- und Pharmakonzerne ebenso –, Gewinne und Aktienkurse folgen nach wie vor einem überaus positiven Trend, und die mittelfristigen Umsatzprognosen sind sogar in Zeiten des Klimawandels weiterhin rosig. Die Firmeneigner freuen sich über die Wertsteigerung ihres Eigentums und die Vorstände über kontinuierlich steigende Gehälter. Worüber sich die Beschäftigten freuen, ist nicht ganz sicher, weil die Belegschaften insgesamt, trotz Wachstum, weiter geschrumpft sind. Aber aus dem Blickwinkel der Vorstandsetagen läuft doch alles bestens in der Automobilindustrie. Warum soll ich da als Manager etwas ändern? Das hieße doch, gegen die eigenen Interessen und die des Unternehmens zu verstoßen.

Auch das eine oder andere gute Beispiel – wie der Erfolg des Hybrid-Antriebs im Toyota Prius – hilft noch nicht entscheidend weiter. Auch wird gern eingeräumt, dass das Vertrauen der Kunden, die Motivation der Mitarbeiter, die öffentliche Wahrnehmung der Marke als Ergebnis praktizierter Unternehmensverantwortung »geldwerte« Vorteile versprechen. Aber wirklich bezifferbar und also kalkulierbar sind diese Positionen nicht. Und wissen wir nicht seit Adam Smith um das segensreiche Wirken der »unsichtbaren Hand«: Gerade dadurch, dass jeder seinen eigenen Vorteil sucht, nützt er der Gesamtheit? Ist es für mich betriebswirtschaftlich von Vorteil, wenn ich Milliarden Euro in die Entwicklung alternativer Antriebsarten investiere, obwohl ich die »alte« Technik nach wie vor gut verkaufe? Hat es betriebswirtschaftliche Vorteile, mich für eine Stärkung der Arbeitnehmerrechte, für Mindestlöhne und korrekte Arbeitsbedingungen bei ausländischen Zulieferfirmen oder in Billiglohnländern einzusetzen?

Die zurzeit vorherrschende Antwort auf solche Fragen lautet immer noch: Nein! All diese gut meinenden Maßnahmen erhöhen die Kosten und mindern die Gewinne. So einfach ist das. Aber diese einfache Antwort ist so falsch wie das von Adam Smith formulierte »Gesetz«. Es mag »egonomisch« zutreffen, führt jedoch ökonomisch in die Irre. In Wahrheit befinden sich vor allem die großen Konzerne, deren angestellte Vorstände eher an Jahresbilanzen orientiert sind als an längerfristigen Perspektiven, in einer Art Gefangenendilemma: Warum sollte ich mich gegen den kurzfristigen Profit entscheiden und einseitig die Kosten für sinnvolle Maßnahmen übernehmen, während die anderen weitermachen wie bisher? Ich weiß zwar, dass Änderungen notwendig sind, würde aber durch entsprechend verantwortliches Agieren die eigene Position schwächen und der Konkurrenz womöglich einen Wettbewerbsvorteil verschaffen. Also warte ich ab. Diese betriebswirtschaftlich vernünftige Entscheidung ist jedoch paradoxerweise die gesamtwirtschaftlich schlechteste.

Das sogenannte Gefangenendilemma ist ein aus der Spieltheorie bekanntes Paradoxon, das zeigt, wie rationale Einzelentscheidungen der Gesamtheit und damit am Ende auch den einzelnen Entscheidern Schaden zufügen können. Dies lässt sich an folgender Gedankenfigur nachvollziehen: Zwei eines gemeinsam begangenen Verbrechens Beschuldigte sitzen in Haft. Die Höchststrafe für die Tat, derer man sie beschuldigt, beträgt fünf Jahre, allerdings reicht die Beweislage allenfalls aus, die Angeklagten für zwei Jahre hinter Gitter zu bringen. Also schlägt der Staatsanwalt den beiden einen Deal vor: Wenn einer gesteht und den anderen belastet, kommt er nach einem Jahr wieder frei, während der andere die vollen fünf Jahre absitzen muss – Gesamtstrafe für beide Angeklagten: sechs Jahre. Wenn beide gestehen, kommen sie mit jeweils vier Jahren davon – Gesamtstrafe acht Jahre. Wenn beide schweigen, reichen die Indizien eben nur zu einer Verurteilung zu jeweils zwei Jahren Haft – Gesamtstrafe vier Jahre. Nun werden die Gefangenen, die keinerlei Möglichkeit haben, sich untereinander zu verständigen, jeweils einzeln befragt. Wie sollen sie entscheiden? Da sie nicht wissen können, wie sich der andere verhalten wird, ist es die individuell vernünftigste Entscheidung, die Tat zu gestehen. Denn egal, was der andere tut, kann das Strafmaß durch ein Geständnis um ein Jahr reduziert werden, während andernfalls die Höchststrafe droht. Wenn aber nun jeder der beiden – ganz im Sinne von Adam Smith – tatsächlich das für sich Beste tut, erzielen sie gemeinsam das schlechteste Ergebnis: nicht vier, nicht sechs, sondern acht Jahre Freiheitsentzug. Das heißt in anderen Worten: Wenn jeder nur den eigenen Vorteil im Blick hat und sich für seine Belange optimal verhält, haben alle gemeinsam den geringsten Nutzen. Und das ist, so scheint es, was auch in der bisherigen Globalisierung passiert.

Das Dilemma besteht darin, dass kein Wettbewerber auf dem Markt je ganz sicher sein kann, wie sich die Konkurrenz verhalten wird. Nur durch Kooperation und Vertrauen wäre ein besseres Ergebnis erreichbar. Aber Kooperation und Vertrauen sind unter den Wettbewerbsbedingungen der Konkurrenzwirtschaft schwer herstellbar. Es bleibt immer ein Schuss Unsicherheit und Misstrauen im Spiel. Also erscheint es »ökonomisch« vernünftig, sein Handeln in jedem Fall am eigenen Vorteil auszurichten. Wenn sich also beispielsweise die Automobilfirmen in einer freiwilligen Selbstverpflichtung gemeinsam darauf einigen würden, den Kohlendioxid-Ausstoß von Neufahrzeugen bis zu einem Zeitpunkt X auf einen Zielwert Y zu reduzieren, könnte sich jeder einzelne Teilnehmer an diesem Pakt gegenüber den anderen einen Vorteil verschaffen, wenn er hierfür möglichst weniger Kosten aufbringt als sie. Ergo werden alle das Ziel nicht gerade konsequent verfolgen. Da sie aber vor den Augen der Öffentlichkeit wie der Mitbewerber auch nicht nichts tun können, verursacht die Selbstverpflichtung eigentlich sinnlos Kosten, die auch als Werbeausgaben nicht eben gut angelegt sind, weil ja das öffentlich angekündigte Ziel verfehlt wird. Dadurch entsteht am Ende ein Imageschaden, den man dann wiederum mit aufwendigen Kampagnen mühsam zu beheben versuchen muss.

Solches Taktieren ist ein teurer Spaß und buchstäblich unwirtschaftlich. Da niemand ernsthaft in Frage stellt, dass das gesetzte Ziel möglichst rasch erreicht werden muss, wäre es in Wahrheit viel rentabler, alles hierfür Nötige zu tun, ja sogar, mehr dafür zu investieren als die Konkurrenz. Denn die Firma, die am schnellsten ein innovatives, umweltfreundliches Auto am Markt hätte, würde sich einen deutlichen Wettbewerbsvorteil verschaffen, den die anderen wiederum mit aller Macht aufzuholen versuchen müssten. Das wäre im Resultat, anders als beim Gefangenendilemma, eine Win-Win-Situation: Was für die Allgemeinheit das Beste ist, ist letztlich auch das Beste für ein verantwortlich agierendes Unternehmen.

Diese Erkenntnis beginnt sich zwar langsam durchzusetzen. Aber solange viele Firmen in der Praxis noch unfähig sind, aus solchen Dilemmata auszubrechen, und stattdessen weiterhin Heerscharen von Lobbyisten aussenden, die den Status quo aufrechtzuerhalten versuchen, ist es geradezu ein Gebot der Notwehr, allgemein als erforderlich geltende Maßnahmen – zum Beispiel Grenzwerte für den Kohlendioxid-Ausstoß oder arbeits- und sozialrechtliche Minimalstandards – gesetzlich vorzuschreiben und ihre Nichteinhaltung entsprechend zu sanktionieren, das heißt, verantwortliches Handeln zunächst einmal zu erzwingen. Das wäre, wie ich zu zeigen versucht habe, auch ökonomisch vernünftig, da die Folgen des »egonomischen« Wirtschaftens – Erderwärmung, Hunger, Armut und Ungleichheit – bereits heute die Stabilität des gesamten Systems bedrohen. Und wo Gefahr im Verzug ist, muss, wie schon einmal erwähnt, das Vorsichtsprinzip gelten.

Eine neue, andere Ökonomie ist möglich. Und sie ist nicht »nur« ethisch geboten, sondern auch ökonomisch vernünftig. Sie rechnet sich. Ein Unternehmen ist kein rein kapitalistischer Transaktionsmechanismus, es benötigt neben Kapital noch eine Vielzahl anderer Ressourcen – motivierte Mitarbeiter, Rechtssicherheit, Vertrauen von Kunden und Geschäftspartnern – und steht dadurch in einem komplexen Interessen-Geflecht, das sich nicht einfach nach der Einnahmen- und Ausgabenseite hin entwirren lässt. Der gesellschaftliche Rahmen, in dem eine Firma arbeitet und aus dem heraus sie ihre Legitimität bezieht, ist mindestens ebenso wichtig wie ihre Kostenstruktur. Vertrauen ist die Basis jedes Geschäfts, das mehr als nur einmal funktionieren soll. Wenn ruchbar wird, dass Nike seine Turnschuhe oder Adidas seine Fußbälle von Kinderhand fertigen lässt, bricht der Absatz ein. Wer Pestizide versprüht, wer seine Angestellten schlecht behandelt oder gar ausspioniert, wird an der Kasse abgestraft. Und wenn bekannt wird, dass ein Energiekonzern wie Vattenfall versucht, Pannen in einem Atomkraftwerk zu vertuschen, dann müssen die Mitarbeiter von Ökostromanbietern Überstunden machen, weil Zehntausende von Kunden den Großversorger mit einem Wechsel zur kleineren Konkurrenz abstrafen.

Die Moral hat in der Konsumwelt längst Einzug gehalten. Das Gute zu tun, verantwortlich zu handeln, nachhaltig zu wirtschaften lohnt sich tatsächlich. Eine sozial und ökologisch verantwortliche Unternehmensführung steigert die Reputation bei Kunden wie am Kapitalmarkt ebenso wie die Motivation der Belegschaft und die Anziehungskraft für hoch qualifizierte Mitarbeiter. Ein ressourcenschonendes Management kann zugleich dazu beitragen, mittelfristig die Kosten zu senken und neue Geschäftsfelder, etwa im Bereich energiesparender Produkte, zu erschließen. Selbst das *manager magazin* erkennt inzwischen einen systematischen Zusammenhang zwischen dem gesellschaftlichen und ökologischen Engagement, das eine Firma praktiziert, und ihrem ökonomischen Erfolg – und hat darauf auch redaktionell reagiert; die Zeitschrift veröffentlicht nun alle zwei Jahre – in Zusammenarbeit mit einer Unternehmensberatung und einer Wirtschaftsprüfungsgesellschaft – ein sogenanntes Good Company Ranking, in dem die 120 größten Konzerne Europas analysiert und deren Geschäftsergebnisse etwa mit der Umweltverträglichkeit ihrer Produkte oder mit der Qualität der Personalführung in Beziehung gesetzt werden. Das heißt, es geht nicht nur um »Gutmenschentum«, sondern um Gewinn und Gewissen. Das Ergebnis: »Verantwortungsbewusstes Management ist heute eine Frage des Überlebens.«

Es ist tatsächlich sogar mehr und gleichzeitig weniger als das: Verantwortliches Management ist zunehmend auch eine Voraussetzung für Erfolg. »Wenn Unternehmen unserer Größe«, so der stellvertretende Vorstandschef des im Good Company Ranking 2007 erstplatzierten BASF-Konzerns, Eggert Voscherau, »den Kontakt zu den Menschen – zu unseren Mitarbeitern, zur Gesellschaft insgesamt – verlieren, dann bekommen wir irgendwann auch massive wirtschaftliche Probleme.« Und diese Erkenntnis scheint sich tatsächlich langsam durchzusetzen; sie hat mindestens immerhin die Schwelle des Bewusstseins überschritten. Nicht nur belegen zahlreiche Untersuchungen, dass sich Unternehmen mit klaren ethischen Richtlinien im Fünfjahresvergleich deutlich positiver entwickeln – sprich: mehr Gewinn erwirtschaften und den Aktionären höhere Renditen einbringen – als konventionelle Konzerne, auch weisen die Märkte für entsprechende Produkte, etwa für fair gehandelte Waren, energiesparende Haushaltsgeräte oder erneuerbare Energien, zurzeit die größten Zuwachsraten auf. Moral ist längst keine Gutmenschen-Veranstaltung mehr, war es in Wahrheit nie. Moralisch bin ich nicht, um in den Himmel zu kommen oder auf irgendeinen Sockel gestellt zu werden, sondern um gut zu leben. Und niemand kann gut leben, wenn es seinen oder ihren Mitmenschen schlecht geht. Darin, in der Bewahrung und stetigen Verbesserung von Lebensqualität, bestehen Sinn und Zweck verantwortlichen Handelns.

Dass das Gute einen Marktwert hat, dass Markt und Moral mithin nicht nur zusammenpassen, sondern sehr gut miteinander harmonieren, ja letztlich sogar aufeinander angewiesen sind, will ich hier aber keineswegs nur behaupten. Es lässt sich auch anhand von erfolgreichen Firmengeschichten eindrucksvoll vorführen. Es gibt sie ja, die verantwortlichen Unternehmer und Manager. Man findet sie allerdings bisweilen nur äußerst selten in Aktiengesellschaften und so gut wie gar nicht in den Dax-geführten Konzernen, wo nach wie vor die Shareholder-Philosophie dominiert. Man findet sie stattdessen aber zum Beispiel in Burladingen, einer kleinen baden-württembergischen Stadt südlich von Tübingen auf der Schwäbischen Alb.

FAIRER FEINRIPP AUS BURLADINGEN

Ausgerechnet in der äußerst preisumkämpften Textilbranche ist die in einer der traditionsreichsten Textilregionen Deutschlands ansässige Firma tätig. Während fast alle namhaften Hersteller und Designer längst in Asien nähen lassen, hat Wolfgang Grupp, der das Familienunternehmen »Trigema« in dritter Generation leitet, den Lohnkostensenkungs-Versuchungen der globalisierten Wirtschaft stets widerstanden und sowohl am Firmensitz als auch an seiner Belegschaft festgehalten. Und zwar mit einem geradezu anachronistisch anmutenden Erfolg, dessen Rezept im Wesentlichen aus einem ausgeprägten Verantwortungsbewusstsein besteht – gewürzt mit einer starken Prise »Beratungsresistenz«, da weder Branchenkollegen noch Experten für möglich gehalten haben, was sich in Burladingen ereignen sollte. Wolfgang Grupp hat die Globalisierung einfach ausfallen lassen und steht nun besser da als die meisten seiner Wettbewerber, von denen viele, nachdem sie ihre Produktion in Niedriglohnländer verlegt hatten, inzwischen aufgeben mussten, weil ihnen das mitbetriebene Kosten- und Preisdumping am Ende die Geschäftsgrundlage aufgezehrt hatte. Das Seerosen-Prinzip eben.

Dabei ist der Trigema-Chef sicher alles andere als ein Globalisierungsgegner. Er ist Geschäftsmann durch und durch, hat aber im Unterschied zu den meisten seiner Kollegen früh erkannt, dass sich der von den modernen »Egonomen« gepriesene Königsweg für viele Betriebe ökonomisch als Sackgasse erweisen kann. Wer nahezu ausschließlich auf Kostensenkung sowie auf Ertrags- und Renditesteigerung fixiert sei, der werde zwangsläufig seine Mitarbeiter und damit die Qualität seines Produkts aus den Augen verlieren. Und das kann gerade in der anspruchsvollen Bekleidungsindustrie tödlich sein, es sei denn, ein Unternehmen ist aufgrund seiner Ausrichtung, seiner Ausstattung, seiner Kunden- und Vertriebsstruktur – man denke etwa an H&M – in der Lage, auch mit Massenware und zu entsprechenden Preisen konkurrenzfähig zu bleiben. Aber ebendieser Weg, dessen war sich der als Firmenlenker erfahrene Wolfgang Grupp schon bewusst, als in der Branche eine massenhafte Produktionsverlagerung einsetzte, kam für sein Familienunternehmen aus vielerlei Gründen nicht in Frage. Grupps Diagnose: ökonomisch falsch und sozial inakzeptabel.

Sein Großvater, Josef Mayer, hatte die Firma »Mechanische Trikotwarenfabrik Gebr. Mayer KG« im November 1919 gegründet – und damit zugleich einen wahren Textilboom auf der Schwäbischen Alb eingeleitet. Allein in Burladingen, mit seinen heute rund 13.000 Einwohnern, produzierten zeitweise bis zu 26 verschiedene Betriebe gleichzeitig. Tausende von Garnmachern, Färbern und Gerbern, Nähern und Schneidern hatten die Region in einen glänzenden Ruf gebracht, der inzwischen längst wieder erloschen ist. Mehrere hunderttausend Arbeitsplätze sind während der letzten fünf Jahrzehnte verlorengegangen, weil die deutsche Textil- und Bekleidungsindustrie ihre Produktion zu 90 Prozent ins Ausland verlagert hat.

Mittlerweile erinnert nur noch »Trigema« an das einstige »Textil-Valley«. Und auch für Grupps Firma sah es bisweilen kritisch aus. Da der Großvater, der die Fabrik innerhalb von zwei Jahrzehnten zu einem Großbetrieb mit 800 Beschäftigten ausgebaut hatte, mit den Nationalsozialisten kooperierte, wofür er im Gegenzug Aufträge von NSDAP und Wehrmacht erhielt, kam es nach dem Zweiten Weltkrieg zu einer Demontage der Maschinen durch die Siegermächte. Darüber hinaus waren unmittelbar nach Kriegsende auch kaum noch qualifizierte Arbeitskräfte zu finden, sodass die Trikotwarenfabrik praktisch kurz vor der Schließung stand. Da übernahm Grupps Vater, der Rechtsanwalt Franz Grupp, Schwiegersohn des Firmengründers, das nunmehr kleine Unternehmen. Und es gelang ihm tatsächlich, den Betrieb aufrechtzuerhalten und ihn schließlich, wenn auch alles in allem mehr schlecht als recht, durch schwierige Zeiten hindurchzuretten.

Als Grupp junior die Fabrik im Jahre 1969 übernahm, hatte das Unternehmen zehn Millionen Mark Schulden bei einem Jahresumsatz von gerade einmal 18 Millionen DM. In dieser fast aussichtslose Situation hatte der studierte Betriebswirt seine Promotion abgebrochen und vom Vater die Geschäftsführung übernommen. Und er zeigte gleich ein glückliches Händchen, indem er sofort begann, die eher als bieder und billig geltende Marke spürbar aufzuwerten. Schwer verkäufliche Unterhemden aus dem Lager ließ er kurzerhand einfärben und verwandelte sie in neumodische »amerikanische« Freizeithemden, der altehrwürdige Firmenname wurde auf »Trigema« verkürzt, die Qualität der Produkte und die Flexibilität der Produktion wie auch die Produktionstiefe stetig verbessert.

Und die Globalisierung ließ Grupp, wie schon erwähnt, einfach ausfallen. Er produziert vom Garn bis zum fertigen Produkt – T-Shirts, Tennisbekleidung, Trainingsanzüge, Unterwäsche oder Bademäntel – ausschließlich an drei Standorten auf der Schwäbischen Alb. Alle Garne, die verarbeitet werden, stammen aus Deutschland oder der Europäischen Union. Und während andere über zu hohe Personalkosten klagen, beschäftigt er rund 1.200 Angestellte, darunter etwa 40 Auszubildende, und ist stolz darauf, seit 30 Jahren keine einzige betriebsbedingte Kündigung ausgesprochen und niemals Kurzarbeit angeordnet zu haben. Er zahlt streng nach Tarif oder darüber und gibt allen Mitarbeitern auch noch die abenteuerliche Garantie, dass jedes ihrer Kinder einen Job bei Trigema erhalten könne, wenn es gewünscht werde. Das stärke den betrieblichen Zusammenhalt und die Verankerung vor Ort. Außerdem fühle er sich seinem Standort verpflichtet, denn die »gesellschaftliche Verantwortung von Unternehmen ist die Basis allen Wirtschaftens« – so der Firmenchef, dessen Worte dann aber tatsächlich in konkretes Handeln münden.

So kommt es, dass viele Beschäftigte bereits in zweiter oder dritter Generation bei der Textilfirma arbeiten, dass die meisten

Angestellten direkt aus der Region stammen und dass 80 Prozent der leitenden Mitarbeiter von Trigema dort selbst einmal ausgebildet worden sind. Das klingt fast zu schön, um wahr zu sein, ist aber das Ergebnis einer sehr klaren Firmenphilosophie. Gemäß der alten Weisheit von Henry Ford, dass nicht der Unternehmer die Löhne zahle, sondern das Produkt, hat Wolfgang Grupp konsequent auf Innovation gesetzt, auf Qualität und Flexibilität, und lässt in Burladingen nur solche Produkte anfertigen, wie sie in Billiglohnländern nicht herzustellen wären. Und er rühmt sich, jede Bestellung, auch Sonderanfertigungen, gleich in welcher Stückzahl, innerhalb von 48 Stunden ausliefern zu können, weil er buchstäblich alles hierfür Notwendige vor Ort verfügbar hat: Material, hochmoderne Anlagen, qualifizierte und motivierte Mitarbeiter.

Das ist in meinen Augen eine sehr viel bessere Antwort auf die Globalisierung, als in jedem Hasenrennen der Meute hinterherzujagen. Nein, die eigenen Stärken zu akzentuieren, sich zu spezialisieren, die vergleichsweise hohen Kosten und Preise durch ein entsprechendes Produkt zu rechtfertigen, hat sich in diesem Fall als ökonomisch richtiger Weg erwiesen. Denn nicht die hohen Lohnkosten seien das Problem, so der Trigema-Chef hellsichtig, sondern »die Nichtnutzung qualifizierter Arbeitskräfte«. Seine 700 Näherinnen beispielsweise, die zwischen 8,50 und 12 Euro verdienen, seien ihr Geld eben nur wert, wenn er genügend Arbeit für sie heranschaffe. Das läge in seiner Verantwortung und entspreche zudem seinem unternehmerischen Credo: »Probleme sind nicht zum Beklagen oder Weglaufen, sondern ausschließlich zum Lösen da.«

Und Probleme gab und gibt es in der Textilbranche reichlich. Vor allem durch die Billigkonkurrenz aus Fernost fühlten sich die Zwischenhändler und Discounter, die großen Versandhaus- und

Kaufhausketten auch hierzulande ermutigt, einen gnadenlosen Preiskampf anzuzetteln, den viele Bekleidungsfirmen nicht überlebt haben. Auch Trigema geriet in die Kampfzone, aber Wolfgang Grupp blieb seinen Prinzipien treu. Als er Ende der 1980er-Jahre ein Viertel seines Umsatzes verlor, weil er sich dem Preisdruck seines damals größten Kunden, Aldi, im Alleingang widersetzte, suchte er kurzentschlossen nach neuen Vertriebskanälen und gründete bald darauf eigene Verkaufsstellen, die »Trigema-Testgeschäfte«, in deren mittlerweile mehr als 40 Filialen er heute bereits über die Hälfte seines Umsatzes erwirtschaftet, im Direktverkauf, zum Fabrikpreis. Das Problem ist eben zum Lösen da.

Wolfgang Grupp ist auch in der heißen Phase der Globalisierung kühl geblieben. Er hat den überzogenen Rendite-Verheißungen der Globalisten beizeiten misstraut und an einen Börsengang nie einen Gedanken verschwendet. Dann wäre er ja nicht mehr Herr im eigenen Haus gewesen. Auch sonst schert sich der eigenwillige Textilkönig nicht im Geringsten darum, was etwa an Managementschulen gelehrt wird. Seine Verwaltung besteht aus gerade einmal gut 30 Leuten, mit denen er sich ein Großraumbüro teilt. So ist jeder jederzeit für jeden verfügbar, inklusive Chef, und wenn es etwas zu besprechen gibt, wird das direkt und sofort erledigt. »Ich kann es mir nicht leisten, meine Zeit mit sinnfreien Sitzungen zu verplempern.« Anders als das Gros der Konkurrenz setzt er nicht primär auf Wachstum und Umsatzsteigerung, sondern auf Solidität und den Erhalt von Arbeitsplätzen. Es sei »ein Irrsinn«, meint er, in einer »Bedarfs-gedeckten Wirtschaft« unablässig von Wachstum zu reden. Langjährige Mitarbeiter bezahlt er seit Jahren sogar über Tarif, weil sie ihm auch in Zeiten, als Mercedes in Stuttgart höhere Löhne bot, die Treue gehalten haben. Das sei Ehrensache. Und auch mit seiner eigenwilligen Werbung hebt sich Grupp vom Rest der Hochglanz-Branche ab. Seit über zehn Jahren schon mutet er den Fernsehzuschauern einen sprechenden Schimpansen zu, der »Deutschlands größten T-Shirt-und Tennisbekleidungshersteller« lobt und den Firmeninhaber, Herrn Grupp, preist, der daraufhin versichert, auch in Zukunft die Arbeitsplätze in Deutschland erhalten zu wollen. Der Spot ist sicher grenzwertig, hat aber, soweit ich weiß, keinen Schaden angerichtet.

Denn das Schönste an diesem Beispiel ist: Was einem Unternehmensberater vermutlich die Nackenhaare aufstellt, erweist sich als Erfolgsgeschichte. Hier wurschtelt kein Kauz am Rande der Existenz oder gar Insolvenz, hier wird auch kein fremdes Kapital aufs Spiel gesetzt. Trigema ist kerngesund, seit 1975 schuldenfrei bei einer Eigenkapitalquote von 100 Prozent – dabei gelten solche Unternehmen schon als solide finanziert, die eine Eigenkapitalquote von 30 Prozent aufweisen. Die Firma macht einen Jahresumsatz von etwa 80 Millionen Euro und erzielt laut ihrem Inhaber eine Rendite von über zehn Prozent. Letzteres ist schwer zu überprüfen, weil der alleinige Besitzer das Betriebsergebnis lediglich dem Finanzamt zur Kenntnis gibt. Ein festes Gehalt bezieht er nicht, sondern behält ein, was am Ende übrig bleibt, haftet aber auch mit seinem Vermögen, sollte der Betrieb rote Zahlen schreiben – ein Prinzip, das Herr Grupp gern allen Managern auferlegen würde, deren Entscheidungen für gewöhnlich mit keinerlei persönlichen Risiken behaftet sind. Das sei ein entscheidender Webfehler, der viele Fehlentscheidungen und Verwerfungen innerhalb der Shareholder-Wirtschaft begünstigt habe: Dass niemand mehr für sein Tun persönlich verantwortlich ist und auch haftbar gemacht werden kann; für teure Fehler kommt in der Regel die Allgemeinheit auf, sei es die Belegschaft, seien es die Aktionäre oder Steuerzahler. Und das, findet der Textilchef, sei ganz und gar nicht in Ordnung.

Ebenfalls nicht in Ordnung ist für ihn die Einführung eines gesetzlichen Mindestlohns – jedenfalls für den Betriebswirt und Marktwirtschaftler in ihm. Da es aber offenkundig so sei, dass in diesem reichen Land viele Menschen trotz Arbeit arm sind, müsse über einen Mindestlohn wohl oder übel diskutiert werden. Und allein diese Tatsache empfindet er als Unternehmer geradezu als Schande, weil sie das Eingeständnis enthält, dass Arbeitskräfte hier und heute von Arbeitgebern buchstäblich ausgebeutet werden und dass Letztere mit dieser Ausbeutung Gewinn erwirtschaften. Was denn sonst? Andernfalls gäbe es solche Arbeitsverhältnisse gar nicht. Irgendjemand profitiert direkt von dieser skandalösen Armut.

Wolfgang Grupp ist sicher eine Ausnahmeerscheinung, von ganz anderer Statur als die Manager aus den Eliteschmieden, die auf Kennzahlen, Kosten und Kurse fixiert sind, auf Prozess- und Portfolio-Optimierung. Auch Grupp muss sehr gut rechnen, hat aber hinter den Prozessen nie die Menschen aus dem Blick verloren. Dabei ist er eindeutig kein Sozialromantiker, vielleicht ein Traditionalist, aber ganz gewiss ein überzeugter Kapitalist, der seinen »wohlverdienten« Reichtum, sei es den eigenen Hubschrauber, sei es den privaten Butler, auch gern zur Schau stellt. Das mag nicht jedermanns Geschmack sein. Andererseits, warum denn nicht? Die Leute sehen ja, was er leistet, und seine Mitarbeiter wissen, dass das von ihnen erwirtschaftete Kapital produktiv, das heißt zum allergrößten Teil im Unternehmen bleibt. Alle profitieren.

Das ist Ökonomie. Und deshalb ist das Beispiel »Trigema« für mich interessant: Verantwortliches Handeln – Fairness, Gerechtigkeit, Verlässlichkeit, Umweltverträglichkeit, Nachhaltigkeit – rechnet sich. Darin liegt die entscheidende Erkenntnis. Es wäre sicherlich lehrreich, ist aber gar nicht unbedingt nötig, für das

»Prinzip Verantwortung« im Wirtschaftsleben zu werben, indem ich die gute, alte, meinetwegen christliche Moral bemühe und an das Gewissen etwa von Managern appelliere. Es reicht völlig aus, wirtschaftlich zu denken und sich am eigenen Nutzen zu orientieren: Denn mindestens mittel- und in jedem Fall langfristig, daran besteht für mich kein Zweifel, ist es die ökonomisch erfolgreichere Strategie, sozial und ökologisch verantwortlich zu handeln.

DIE WIEDERENTDECKUNG DES GANZEN
ODER »DEUS SIVE NATURA«

Unternehmen sollen nicht »gut«, aber sie sollten klug sein. Noch ist »Corporate Social Responsibility« (CSR), oder wie immer die verschiedenen Benennungen für verantwortliches Handeln heißen mögen, vielleicht nicht mehr als ein populärer Trend, auf den gegenwärtig fast alle westlichen Großunternehmen – und mit ihnen eine ganze Industrie von Beratern und Experten – aufspringen, weil sie sich einen Imagegewinn davon versprechen. Doch reine Lippenbekenntnisse werden in Zeiten einer ja ebenfalls globalisierten Öffentlichkeit zunehmend riskant, ein sogenanntes Greenwashing greift immer weniger. Wenn etwa der Ölkonzern Shell, der mehrfach mit seinen rüden Methoden zum Beispiel in Nigeria oder bei der Entsorgung von Öllagerplattformen (Brent Spar) von sich reden gemacht hat, nun in einer großformatigen Anzeige verspricht: »Wir helfen, die weltweite Energienachfrage in wirtschaftlich, ökologisch und sozial verantwortlicher Weise zu befriedigen«, dann wird der geneigte Betrachter wohl nur müde oder sarkastisch abwinken – woran auch die den Text schmückenden, Blumen ausstoßenden Schornsteine kaum etwas ändern dürften. Derartige Beschwichtigungs-Operetten werden sich mittlerweile eher gegen das Unternehmen selbst wenden und Glaubwürdigkeit wie Vertrauen weiter untergraben.

Da sich der Mehrwert des Guten, wie schon einmal erwähnt, im betrieblichen Alltag nur schwer beziffern lässt, da aber vor allem bei den großen, börsennotierten Unternehmen nach wie vor primär die messbaren Vorteile zählen, wird es gewiss noch eine Weile dauern, bis sich das am Kapitalmarkt orientierte Kurzfristdenken einer wahrhaft ökonomischen Vernunft beugen wird. Aber allein die Tatsache, dass auch die Konzerne begonnen haben, ihre soziale und ökologische Verantwortung zu entdecken – und sei es auch nur, dass sie vorerst in den PR-Schminktopf greifen, um sich einen saubereren Anstrich zu geben –, ist der eindeutige Beleg für einen Trend zum »Guten«, den ich für unumkehrbar halte: Die Marktwirtschaft wird moralisch werden – oder aber sich selbst aufzehren.

Tatsächlich hat ein entsprechender Umbau bereits begonnen. Denn Wolfgang Grupp und seine Textilfirma Trigema sind ja nur ein Beispiel unter vielen. Da gibt es den Lüneburger Luxusmöbel-Hersteller – und ehemaligen Profi-Fußballer – Robert Dekeyser, der seine Produkte nach jahrhundertealter Tradition auf den Philippinen flechten lässt und seinen dortigen mehr als 2.000 Beschäftigten neben einem fairen Lohn auch eine kostenlose Gesundheitsversorgung sowie Bustransfers zur Arbeit garantiert. Nur zufriedene Mitarbeiter liefern gute Qualität, weiß der erfolgreiche Unternehmer, dessen rund 70 Angestellte am Lüneburger Stammsitz nach Feierabend die firmeneigene Sporthalle oder das firmeneigene Fitness-Studio nutzen können. Die Outdoor-Möbel der Firma »Dedon« sind ein Renner; das Unternehmen, das im Jahr 2005 bereits knapp 60 Millionen Euro Umsatz verzeichnete, weist Jahr für Jahr zweistellige Wachstumsraten aus.

Auch der weltgrößte Hersteller von Blei- und Buntstiften, Faber-Castell, ein multinationaler Konzern mit knapp 400 Millionen Euro Umsatz und über 6.000 Beschäftigten an 16 Produktionsstandorten von Brasilien bis China, hat sich auf strikte soziale und ökologische Leitlinien verpflichtet, deren Einhaltung man sogar durch unabhängige Experten überwachen lässt. Für alle Werke gilt dieselbe Sozialcharta, in der Arbeitszeit und Arbeitsschutz ebenso geregelt sind wie die Gründung einer freien Arbeitnehmervertretung – auch in China, wo das bisher ja bekanntlich noch eher unüblich ist. Der traditionsreiche Branchenriese betreibt darüber hinaus seit Jahren eine konzerneigene Pinienplantage in Brasilien, wo das Holz für einen Großteil der Stifte umweltfreundlich, das heißt ohne Einsatz von Pestiziden, heranwächst. Diese Investition spart sogar Kosten, weil sie den Schreibgerätehersteller weitgehend unabhängig von den Schwankungen der Weltmarkt-Rohstoffpreise macht. Geleitet wird der als Aktiengesellschaft geführte Familienbetrieb in achter Generation von Anton Wolfgang Graf von Faber-Castell, der zugleich fast 90 Prozent der Anteile hält – dies eine gewisse Parallele zu Wolfgang Grupp und Trigema.

Viele weitere Beispiele ließen sich hier aneinanderreihen: von Ritter-Sport oder Bionade über die dm-Drogeriemarkt-Kette oder die Solarindustrie bis hin zu den ersten strikt ökologisch ausgerichteten Investmentfirmen. Aber da deren Vorbildfunktion inzwischen auch verstärkt zur Kenntnis genommen und entsprechend gewürdigt wird – »Soziale Kapitalisten« heißt etwa das 2007 erschienene, sehr lesenswerte Buch des taz-Journalisten Hannes Koch, in dem er zehn solcher Persönlichkeiten, darunter auch Graf von Faber-Castell, ausführlich portraitiert hat –, möchte ich hier auf weitere Details verzichten und stattdessen lieber das Gemeinsame des von Firma zu Firma im Einzelnen sehr unterschiedlichen Engagements erkunden.

– Die erste und bemerkenswerteste Gemeinsamkeit besteht für mich darin, dass Gewinn und Gewissen sehr wohl miteinander harmonieren, ja dass verantwortliches Handeln den ökonomischen Erfolg offenkundig eher mehrt als mindert.

– Die zweite und sicher auffälligste Gemeinsamkeit ist darin zu sehen, dass sich die allermeisten sozial und ökologisch vorbildlichen Unternehmen im Eigenbesitz der Verantwortlichen befinden, selbst wenn sie wie Faber-Castell an der Börse notiert sind. Nun haben es Eigentümer zum einen sicher leichter, die eigenen Vorstellungen im Unternehmen durchzusetzen als angestellte Manager, die zum Teil durchaus komplizierte Eigentums- und Machtverhältnisse und entsprechend schwierige Interessenlagen ausbalancieren müssen. Zum anderen sind Eigentümer aber auch auf eine zweifellos intensivere Art und Weise mit ihrer Firma identifiziert als angestellte Vorstände.

– Diese Identifikation erzwingt gewissermaßen die dritte und vielleicht wichtigste Gemeinsamkeit. Sie löst den Blick vom Kapitalmarkt, das heißt von kurzfristigen Profit- und Renditezielen, und lenkt ihn auf das gesamte Umfeld, in dem ein Unternehmen agiert. Und indem das Ganze in den Blick kommt, wird der ökonomische Betrieb als das erkannt, was er ist: als Teil eines komplexen Austauschprozesses mit der sozialen wie der natürlichen Umwelt. Wer dies auf Dauer missachtet, wird entweder vom Markt verschwinden oder durch nachhaltige Störungen des sozialen und ökologischen Gleichgewichts den Austauschprozess selbst, also den Markt insgesamt aufs Spiel setzen.

Verantwortliches Handeln, wie ich es an wenigen Beispielen demonstriert habe, ist nicht im klassischen Sinne »moralisch«. Es folgt nicht lediglich von außen gesetzten ethischen Richtlinien, sondern vor allem einer inneren, gleichsam pantheistischen Einsicht, wonach, allgemein gesprochen, alles miteinander verknüpft ist. Gott verwirklicht sich gewissermaßen in allen Dingen, so hat das Baruch Spinoza im 17. Jahrhundert genannt – »deus sive natura«, Gott nicht als personifizierter Schöpfer, sondern als Schöpfung selbst – und den Dummkopf vom Weisen dadurch unterschieden, dass Letzterer die Welt ganzheitlich zu sehen imstande ist. Immer mehr Seerosen haben zu wollen, weil die Blüten so schön sind, ist fahrlässig. Um die Idylle zu bewahren, muss ich »haushalten«. Insofern sind die heute verantwortlich agierenden Unternehmer und Manager für mich eine Avantgarde, sie sind die Weisen in einem zurzeit mehrheitlich unvernünftigen Marktgeschehen.

Pantheismus? Das mag abgedreht oder esoterisch klingen, ist aber als Bild durchaus ernst gemeint. Die geschilderten positiven Beispiele betreiben keine Wohltäterei – wie sie etwa für einen religiösen oder einen an moralischen Prinzipien orientierten Menschen selbstverständlich sein müsste, aber offenkundig nicht ist. Um das Richtige zu tun, mögen Gottes Führung und Gebote wie auch antike Tugendkataloge sehr hilfreich sein. Der Verweis darauf scheint aber nicht auszureichen. Sehr viel erfolgversprechender ist es, von allein auf das »Richtige« zu kommen, indem man den Zusammenhang anschaut. In diesem Sinne wäre »Pantheismus«, so hat es Arthur Schopenhauer einmal umschrieben, eine »vornehme Form des Atheismus«.

Bei den eben vorgestellten Unternehmern handelt es sich meines Erachtens nicht um »Moralisten«, die etwas im Zweifel Unvernünftiges tun, weil sie es für das »Gute« halten. Nein, sie tun etwas Gutes, weil es vernünftig und in ihrem ökonomischen Interesse ist. Sie sind durchweg rational gesinnte und gewinnorientierte Geschäftsleute, allerdings solche, die früher als andere erkannt haben, dass sie eine Fortführung ihrer Geschäfte eben nur durch nachhaltiges Wirtschaften gewährleisten können. Sie brauchen sich hierfür gar nicht mehr auf eine »unbedingte« Moral zu berufen, sondern haben vielmehr die »Bedingtheit« ihres Handelns erkannt. Sie sind auf das Vertrauen ihres Umfeldes und den Bestand ihrer Umwelt existenziell angewiesen – als Bedingungen, Voraussetzungen für jeden wirtschaftlichen Erfolg. Gerechtigkeitsdefizite und Umweltprobleme zersetzen ihre Geschäftsgrundlage. Und damit ist heute längst nicht mehr nur das unmittelbare Umfeld gemeint.

Die Globalisierung mit all ihren monströsen Fehlentwicklungen – und das ist gewissermaßen die Ironie der Geschichte, ihre Kehrseite – ist ja zugleich zu einem starken Motor einer so verstandenen »Moralisierung« geworden, weil sie das Bewusstsein geschärft hat, in *einer* Welt zu leben, Teil eines zusammengehörenden Ganzen zu sein. Was und wie auf der Schwäbischen Alb produziert wird, hat vielfältige Auswirkungen weit über Baden-Württemberg, Deutschland und Europa hinaus. Meine Mitarbeiter sind nicht nur Kostenfaktoren, ihre Zufriedenheit und Motivation bestimmen maßgeblich die Qualität meiner Produkte; nicht zuletzt ist jeder Beschäftigte zugleich auch ein Kunde – und ein Wähler, ein Nachbar, ein Vater oder eine Mutter, ein Freund oder ein Feind. Konsumverhalten und Energieverbrauch in den reichen Ländern zerstören Menschen sowie damit auch Märkte in den armen Regionen der Welt. Aus Hunger und Armut erwächst zwangsläufig Gewalt. Und welche Folgen etwa eine Massenmotorisierung Indiens oder Chinas für uns haben wird, lässt sich unschwer ausmalen – und übrigens gar nicht mehr verhindern.

Deshalb noch einmal: Es ist völlig hinreichend, hierbei ohne jeden moralischen Oberton ausschließlich ökonomisch zu argumentieren. So hat der indische Ökonom Pavan Sukhdev nach dem Vorbild von Nicholas Stern, dessen Bericht ich oben bereits erwähnt habe, im Mai 2008 eine neuerliche Untersuchung über die ökonomischen Folgen des »Umweltverbrauchs« vorgelegt. Im Auftrag der deutschen Regierung und der EU-Kommission sollte Sukhdev, der im Hauptberuf als Leiter der Abteilung »Globale Märkte« bei der Deutschen Bank in London tätig ist, praktisch den Wert der Natur und die Kosten ihres Verlusts ermitteln – ein gewissermaßen »pantheistischer« Auftrag.

Die Studie »Ökonomie von Ökosystemen und der Biodiversität« geht von der absolut berechtigten Annahme aus, dass die Nutzung der Natur bislang ökonomisch völlig falsch kalkuliert wurde. Die Ökosysteme – etwa Wälder und Meere – erbringen als »öffentliche Güter« Leistungen, die in der Regel keinen Preis haben, deren Kosten also bisher in keiner Rechnung auftauchen. Das ist kurzfristig natürlich ganz wunderbar, fördert aber die Ausbeutung natürlicher Ressourcen bis zur Erschöpfung, wodurch Schäden – zum Beispiel in Form von Einnahmeausfällen – entstehen, die den Wert des Nutzens am Ende weit übersteigen können.

Sukhdev demonstriert solche ökonomische Unvernunft am Beispiel von Korallenriffen, von deren »Dienstleistungen« weltweit etwa 500 Millionen Menschen profitieren: Riffe spielen als Nahrungsbasis vieler Fischarten für die Fischerei eine große Rolle, sie haben eine wichtige Funktion im Küstenschutz, sind wegen ihres Artenreichtums für die medizinische Forschung interessant und sie sind zudem eine einträgliche Einnahmequelle durch den Tauchtourismus. Alles in allem lassen sich diese Dienstleistungen auf bis zu 1.100 US-Dollar pro Hektar und Jahr summieren. Das klingt wenig? Allein in der Karibik, wo die Korallenriffe bereits zu 80 Prozent zerstört sind, gingen die Einnahmen aus dem Tourismus schon um 20 Prozent zurück – was einen Einnahmeausfall

245

von 300 Millionen Dollar pro Jahr bedeutet. Und die Riffe sind durch Überfischung, Verschmutzung, Algenwachstum, Meereserwärmung und andere Außeneinwirkungen weltweit in höchster Gefahr, mehr als 60 Prozent gelten als bedroht.

Ein anderes Beispiel ist die Fischereiindustrie, die weltweit sogar mit 20 bis 50 Milliarden Dollar jährlich subventioniert, das heißt zu einer Überfischung der Meere geradezu animiert wird. Ein Viertel der ursprünglichen Fischbestände ist bereits verloren, und die Chancen für Bestandserholungen sind angesichts der steigenden Effizienz der Fischereiflotten äußerst gering. Den Schaden durch Überfischung beziffert Sukhdev schon heute auf rund 100 Milliarden Dollar pro Jahr. Eine »Inwertsetzung« der Natur sei deshalb dringend geboten und zudem äußerst lukrativ. Fünf Billionen Dollar jährlich würden bereits gegenwärtig mit den Naturschutzgebieten weltweit erwirtschaftet, so der indische Forscher. Im Vergleich dazu nehme sich die Autoindustrie mit knapp zwei Billionen Dollar fast bescheiden aus, zumal etwa dieselbe Summe jährlich durch den fortschreitenden Waldverlust abgeschrieben werden muss.

»Das zentrale Ergebnis lautet«, so Pavan Sukhdev am Rande des Weltnaturschutzgipfels im Mai 2008 in Bonn, »dass es nicht nur möglich, sondern absolut notwendig ist, die wirtschaftliche Bedeutung der Biodiversität zu bewerten. Der Verlust des Artenreichtums hat sich so sehr beschleunigt, dass er gefährlich wird. Der Ressourcenverbrauch und die Zerstörung der Lebensgrundlagen verlaufen so rasant, dass kommende Generationen kein Auskommen mehr haben werden, wenn wir jetzt nicht handeln.«

Das Problem bleibt bestehen, dass diese Kosten, die sich tatsächlich seriös beziffern lassen, bislang schwerlich individuell zuweisbar sind, dass also niemand Konkretes, sondern die Allgemeinheit für sie aufzukommen hat. Dennoch könnten in einem ersten

Schritt mindestens alle Subventionen daraufhin überprüft werden, ob sie möglicherweise negative Auswirkungen auf die Umwelt haben, wie etwa die Fischereisubventionen und viele Agrarbeihilfen. Denn so viel immerhin sollten Berechnungen wie die von Nicholas Stern und Pavan Sukhdev unmissverständlich klargemacht haben: Nichtstun in diesem Bereich ist teurer als Handeln! Eine Missachtung ökologischer wie sozialer Zusammenhänge ist sowohl moralisch als auch ökonomisch desaströs. Was heute bis zur Neige ausgebeutet wird, steht schon morgen nicht mehr zur Verfügung.

Markt und Moral, Ökonomie und Ökologie lassen sich eben nicht auseinanderdividieren, sondern stehen als Ganzes in vielseitigen Wechselbeziehungen – eine Erkenntnis, die ich, ehrlich gesagt, schon während meiner Mitgliedschaft im Club of Rome während der 1980er-Jahre irrtümlich vor dem Durchbruch wähnte; doch da sollte, wie wir heute wissen, die heiße Phase einer entfesselten Globalisierung sowie einer die Ökonomie ablösenden »Egonomie« erst noch beginnen. Manche durch diese Fehlentwicklung verursachten Schäden und Beschädigungen lassen sich nicht mehr beheben. Ein zerstörtes Riff ist ein zerstörtes Riff, ausgestorbene Pflanzen- und Tierarten sind verloren, unwiederbringlich, ganze Branchen im Preiswettbewerb zerrieben. Und die fortschreitende Erderwärmung mit ihren absehbaren und noch unbekannten Folgen ist vielleicht noch zu begrenzen, aber nicht mehr aufzuhalten. Doch wie schon Konrad Adenauer wusste: »Niemand kann mich daran hindern, dass ich heute klüger bin als gestern« und dass ich morgen klüger sein werde als heute.

Vertrauen lässt sich wiedergewinnen, mehr Wohlstand kann erarbeitet, für mehr Gerechtigkeit und für Nachhaltigkeit kann gesorgt werden. Und zwar schon allein dadurch, dass ich mich ökonomisch vernünftig, dass ich mich nutzenorientiert verhalte.

Dutzende von verantwortlich handelnden Frauen und Männern zum Beispiel in der Wirtschaft stellen das täglich unter Beweis. Sie zeigen, dass die Berücksichtigung sozialer und ökologischer Werte vielleicht kurzfristig die Profitmarge schmälern mag, aber schon mittelfristig die erfolgversprechendere Strategie ist. Solcher Erfolg macht Hoffnung. So gibt es einige Anzeichen, dass sich sowohl das Verbraucherverhalten als auch die Unternehmensphilosophien zu ändern beginnen, dass sich der Blick wieder auf die Zusammenhänge, auf das Ganze weitet. Und zwar nicht nur durch die Einsicht, dass ein »Weiter wie bisher« an unseren Lebensgrundlagen zehrt, sondern auch durch die Erfahrung, dass Verantwortung und Rücksichtnahme das Leben buchstäblich reicher machen. In jeder Beziehung.

Die Zukunft der Marktwirtschaft.
Ein Memento

*Die Güter dieser Welt reichen
zwar nicht für jedermanns Habgier,
wohl aber für jedermanns Bedürfnisse.*

Mahatma Gandhi

Nun bin ich zum Ende hin erstaunlich optimistisch geworden.
Das war gar nicht beabsichtigt. Mein zwischenzeitlicher Zorn hatte mir irgendwie gut getan, ich wollte ihn nicht gleich wieder küh-
len. Die zunehmende Milde der letzten Seiten erwuchs jedoch aus
der Wirklichkeit und ist daher rundum positiv zu werten. Denn
das, was ich zuletzt beschrieben habe, ist ja nicht meiner hoffen-
den Fantasie entsprungen, sondern existiert tatsächlich und wird,
wie ich glaube, ein immer stärker werdendes Gewicht erhalten.
Das alles passiert, jetzt und durchaus machtvoll.

Stand das 19. Jahrhundert ganz im Zeichen des »Wie« und
kreiste das 20. Jahrhundert in immer schnellerer Rotation um das
»Wie viel«, so wird es im 21. Jahrhundert, davon bin ich überzeugt,
vor allem um das »Warum« gehen. Zwar ist der Drehkreisel der
Gier noch in Bewegung, aber die ersten Schleifgeräusche sind un-
überhörbar. Lieben, Verantwortung übernehmen, Altwerden, Erinnerung, Arbeit, Familie, Solidarität, Generationenvertrag – all
diese positiv besetzten Begriffe ragen wie Bremsklötze aus alten
Zeiten in die schöne, neue, schnelle Welt hinein. Sie sind nicht
High-Speed-tauglich. Aber wozu der ganze Stress, wenn für das,
was diese Begriffe bezeichnen und was für unser Leben unverzichtbar ist, kein Raum mehr bleibt? Warum das alles? Wo bleibt
das gute Leben? Warum soll ich mich einem Markt unterwerfen,

der arm macht – fragen beispielsweise die Milchbauern und stellen ihre Lieferungen kurzerhand ein, anstatt sich den Preisvorgaben der Handelsketten und des Weltmarktes zu beugen. Warum soll ich meine Produktion verlagern oder mein Unternehmen an die Börse bringen, wenn das Geschäft meinen Mitarbeitern und mir ein gutes Auskommen sichert – fragt Herr Grupp von Trigema. Und die Antworten auf solche berechtigten Fragen wenden sich immer häufiger gegen die vermeintlichen Gesetze des angeblich globalen Marktes.

Dennoch besteht kein Anlass für allzu großen Optimismus. Denn »wenn das Eis dünn ist«, weiß ein russisches Sprichwort, »helfen nur noch schnelle Schritte«. Zwar habe ich keinen Zweifel daran, dass sich das »Prinzip Verantwortung« am Ende durchsetzt. Ich weiß aber nicht, wie lange dieser Prozess dauern wird, und kann deshalb nicht sicher sein, ob wir ihn so rechtzeitig bewältigen, dass die Schäden verschmerzbar bleiben. Die Gegenkräfte sind groß, und nach wie vor sorgen immer neue Ereignisse für eine anhaltende Dominanz der schlechten Nachrichten: Insider-Geschäfte im Spitzenmanagement des Airbus-Konzerns, die Bespitzelung von Mitarbeitern und Journalisten seitens der Telekom, Millionenschäden durch extreme Wetterlagen, eine wachsende Kinderarmut und weiter steigende Spitzengehälter – ich könnte seitenlang fortfahren, und das Buch wäre wohl noch lange nicht zu Ende.

Ich möchte aber gern zu einem Ende kommen. Zumal das eine oder andere Beispiel mehr vielleicht die Aktualität erhöht, aber am grundsätzlichen Befund rein gar nichts ändert. Und der Befund lautet: Die Marktwirtschaft hat spätestens seit den 1980er-Jahren Pathologien ausgebildet, die den Sinn und Zweck des Wirtschaftens untergraben und sowohl das ökonomische als auch das demokratische Fundament unserer Gesellschaften ernsthaft zu beschädigen drohen. Gewinnstreben ist etwas anderes als Gier. Gewinnstreben kann Wohlstand schaffen, die Gier entwertet alles: die Natur, die Gesellschaft, den Menschen. Größtmöglicher Profit und Wachstum um jeden Preis als handlungsleitende Ziele sind ein Selbstzerstörungsprogramm, weil auch der vermeintliche »Gewinner«, der am Ende alles hat, buchstäblich nichts mehr damit wird anfangen können. Wenn der Teich kippt, finden auch die schönsten und größten Seerosen-Blüten keine Nährstoffe mehr.

Verantwortliches Wirtschaften ist das Gegenteil davon. Die wichtigsten »Nährstoffe« eines Unternehmers sind Arbeit, Kaufkraft und Vertrauen, kurz, seine Mitarbeiter und seine Kunden. Mein Erfolg als Manager hängt untrennbar von deren Wohlbefinden ab. Wer sich von mir schlecht behandelt fühlt, wird eine Gelegenheit suchen, es mich spüren zu lassen. Wer ohne Arbeit ist oder trotz Arbeit in Armut rutscht, fällt für den Konsum praktisch aus. Und wessen Werte ich nicht achte, der wird meine Produkte oder Dienstleistungen nur dann in Anspruch nehmen, wenn sie alternativlos sind. Aber was auf dieser Welt ist noch alternativlos, wenn die Genforschung sogar schon die Unvermeidlichkeit des Todes in Frage zu stellen beginnt?

Natürlich kann ich, immer die Halbjahresbilanz und die Renditeerwartungen meiner Shareholder im Blick, all das heute ignorieren und meine Profitmarge erhöhen, wenn ich meine Fertigung in ein Land verlege, in dem ich, verglichen mit meinem jetzigen Standort, zehn Mal so niedrige Lohnkosten aufzubringen hätte. Aber sobald ich das tue, setze ich das oben beschriebene Gefangenendilemma in Gang und zwinge die Konkurrenz zu ähnlichen Maßnahmen, sodass der schöne Kostenvorteil bald wieder dahin sein wird. Also ziehe ich weiter und weiter und weiter. Aber wohin eigentlich? In jedem Fall bis zur Entkräftung! Denn ein derartiger Turbokapitalismus hinterlässt verbrannte Erde, er zehrt seine

Nährstoffe – Mitarbeiter und Kunden, Kaufkraft und Vertrauen – bis zur Neige auf.

Dass hier irgendetwas falsch läuft, wird nun auch immer mehr Führungskräften unangenehm bewusst. Und das ist gut so. Also besinnen sie sich, nein, nicht gleich auf ihre Verantwortung, sondern mehrheitlich vorerst auf Imagepflege. Sie kleiden sich in »Corporate Social Responsibility«-Regeln und reden kleine Verbesserungen möglichst groß. Sie hängen sich Messingschilder in die Chefetagen und stellen ihre »Leitwerte« aus: »Langfristige Orientierung«, »Mäßigung«, »Wahrhaftigkeit«, »Gerechtigkeit«, »Vertrauen«, »Ökologische Nachhaltigkeit«, »Compliance«. Aber auch wenn der Glanz dieser polierten Vignetten im Arbeitsalltag vielfach noch keinen Niederschlag findet, will ich solche Initiativen nicht einfach als Schönfärberei abtun. Sie entfalten Wirkung, verströmen einen Geist.

Der Schönheits- und Ethikwettbewerb, in den auch die Konzerne jetzt eingetreten sind, wird, das prophezeie ich, eine dem Gefangenendilemma ähnliche Situation erzeugen, mit diesmal gewissermaßen umgekehrten Vorzeichen und ausschließlich positiven Konsequenzen. Jeder wird sich einen Vorteil davon versprechen, »noch verantwortlicher« als seine Mitbewerber zu erscheinen, seine Mitarbeiter fairer zu behandeln und seine Produktion umweltfreundlicher zu gestalten als die Konkurrenz. Und hierbei wird es irgendwann nicht mehr um Marketing gehen, sondern zum Schwur kommen müssen. Zwar lässt sich ein Publikum eine Weile durch schöne Inszenierungen täuschen und durch wohlgesetzte Absichtserklärungen hinhalten. Das ist es, was bislang noch überwiegend passiert. Die Natur hingegen reagiert ausschließlich auf Taten. Sie ist gewissermaßen unbestechlich.

Die Re-Moralisierung der Wirtschaft, die meines Erachtens zurzeit tatsächlich einsetzt, erfolgt deshalb im Wesentlichen über den Umweg der Natur – ein Umweg ist es deshalb, weil wir eigentlich längst wissen, was zu tun ist und verändert werden müsste. Doch leider bestätigt sich immer wieder, was schon Christian Morgenstern durchschaut hatte: »Es gibt für Unzählige nur ein Heilmittel: die Katastrophe.« Erst der Hurrikan Katrina machte den Klimaschutz in den USA als Thema salonfähig, erst große Schäden rufen den Gesetzgeber auf den Plan und zwingen auch den Markt zu einer Suche nach Alternativen. Allein auf das Selbstheilungsvermögen der Wirtschaft oder die Innovationskräfte des Wettbewerbs zu setzen, wie es die versammelte Lobbyschar regelmäßig fordert, wäre töricht. Nur aus dem erwähnten Dreieck – Katastrophe, Gesetz, Markt – kann offenbar die Kraft für nachhaltige Veränderungen erwachsen. Das ist die bittere Erfahrung der letzten Jahrzehnte.

Bleibt die Frage: Wie viel Katastrophe braucht der Mensch? Muss tatsächlich erst eine europäische Großstadt unter Wassermassen versinken, wie ein Nobelpreisträger unlängst resigniert gemutmaßt hat, damit endlich getan wird, was bereits heute möglich wäre? Ich gestehe, ich weiß es nicht. Vermutlich wird schon noch das eine oder andere passieren müssen, damit nicht mehr nur über Emissionsobergrenzen und alternative Treibstoffe, über Mindestlöhne, Finanzmarktregulierungen oder fairen Welthandel gestritten wird – immerhin. Sowohl das Wissen als auch die technischen Möglichkeiten, um entschlossen zu agieren, sind ja vorhanden. Und gerade die Manager und Unternehmer wären gut beraten, hierbei voranzugehen, nicht um ihr Image aufzubessern, sondern um ihre Unternehmen ökonomisch zukunftsfähig zu halten. Sie müssen sich nicht zu besseren Menschen veredeln, es reicht, wenn sie ihrer Führungsverantwortung gerecht werden.

Dynamik, Ehrgeiz, Fachwissen, ein kaum zu erschütterndes Selbstbewusstsein und ein ausgeprägter Erwerbssinn sind zweifellos hilfreiche Eigenschaften, um in Führungspositionen vordringen zu können. Um aber eine Führungspersönlichkeit zu werden, müssen Kompetenzen hinzukommen, die viele der heutigen Management-Darsteller vermissen lassen. Diese Kompetenzen ließen sich nun in einer Werteliste herunterleiern oder auf Messingschilder prägen. Aber das ist Unsinn. Die geforderten »Tugenden« sind Allgemeingut, sie werden aber erst im Handeln lebendig. Deshalb ist jedes der oben skizzierten Beispiele besser als irgendeine aufnotierte Verhaltensregel. Was ich als Chef vorlebe, ist allemal wirksamer, als was ich vorgebe. Oder in den Worten des von mir sehr geschätzten Alfred Herrhausen: »Wir müssen das, was wir denken, auch sagen, wir müssen das, was wir sagen, auch tun, und wir müssen das, was wir tun, auch sein.« Ich weiß, wie schwer das zu erreichen ist. Ich weiß aber auch, dass sich die Mühe lohnt.

Und natürlich, um das am Ende klarzustellen, bin ich kein Feind der *Nymphaea*. Ich wünsche mir vielmehr, dass es auch weiterhin Seerosen gibt – man darf die stark zehrende Lebensweise des schönen Krautwucherers nur nicht zum Prinzip erheben. Was wären das Leben und die Marktwirtschaft ohne Schönheit, Glamour, Luxus, ja selbst ohne den schönen Schein. Aber die Seerosen und der Teich, auf dem sie erblühen, sind eine untrennbare Einheit. So untrennbar wie Kopf und Körper: Wenn das Fallbeil einer Guillotine den Hals durchtrennt oder wenn die Blütenpracht vergessen macht, dass sie ihre eigene Lebensgrundlage aufzuzehren droht, und wir nicht regulierend eingreifen, um das zu verhindern – dann ist es aus für immer.

So weit ist es glücklicherweise noch nicht. Und wo Gefahr ist, wusste schon Hölderlin, wächst das Rettende auch. Es wächst zurzeit nur leider immer noch langsamer als die Gefahr, weshalb Nichtstun in jedem Fall teurer wäre als Handeln. Klar, jedes Handeln birgt ein Risiko, man könnte Fehler machen, scheitern. Also tasten wir uns, um nicht zu stolpern, lieber kriechend voran. Das ist aber auf dem dünner werdenden Eis, auf dem wir uns befinden, die denkbar schlechteste Fortbewegungsmethode. Davon sei dringend abgeraten, wir brauchen »schnelle Schritte«. Die, die heute schon aufrecht gehen, zeigen, was möglich ist, und geben die Richtung vor.

Und für den, der die Richtung kennt, wird es sogar möglich, in die Zukunft zu schauen, unter gewissen Voraussetzungen. Ganz zu Anfang dieses Buches hatte ich geschrieben, jeder Versuch, die Zukunft vorherzusagen, bleibe läppisch. Glücklicherweise. Nun, zum guten Ende, muss ich mich revidieren und Hannah Arendt recht geben, die einmal sinngemäß gesagt hat: Die Zukunft vorauszusehen ist ganz einfach. Man muss nur Versprechungen machen und sie auch einhalten.

◼DUMONT TASCHENBÜCHER

Alvtegen, Karin: Schuld. Kriminalroman (6105)

Dowlatow, Sergej: Der Koffer. Roman (6116)

Friedrichs, Ralf: Am Schluss haben wir nur noch für die Angestellten gearbeitet. Roman (6107)

Gesing, Fritz: Kreativ Schreiben. Handwerk und Techniken des Erzählens (6119)

Goeudevert, Daniel: Das Seerosen-Prinzip. Wie uns die Gier ruiniert (6108)

Gombrich, Ernst H.: Eine kurze Weltgeschichte für junge Leser (6109)

Heinrich, Susanne: So, jetzt sind wir alle mal glücklich. Roman (6106)

Hennig von Lange, Alexa: Peace. Roman (6110)

Hettche, Thomas: Der Fall Arbogast. Kriminalroman (6111)

Kredelbach, Thomas: Fünf Millionen Lösegeld. Kriminalroman (6113)

Kuhrt, Nicola/Meichsner, Irene: Warum kriegt der Specht kein Kopfweh? Geheimnisse des Alltags und ihre verblüffenden Erklärungen (6118)

Le Clézio, J.M.G.: Der Afrikaner (6104)

Lehnen, Claudia: Meine Freundin Britta (6114)

Leky, Mariana: Liebesperlen. Erzählungen (6117)

McGilloway, Brian: Borderlands. Kriminalroman (6112)

Miehe, Ulf: Puma. Roman (6103)

Mills, Jenni: Grab aus Stein. Roman (6115)

Mingels, Annette: Die Liebe der Matrosen. Roman (6101)

Murakami, Haruki: Sputnik Sweetheart. Roman (6100)

Stadler, Arnold: Ein hinreissender Schrotthändler. Roman (6102)